U0135588

燕琴
乾偉
藏書
1998.3.23

瞿同祖著

中國封建社會

里仁書局印行

陶序

中國社會形態的爭論，曾盛極一時。四年來表面上這種爭論消沈了一點，實在的說，爭論不獨是繼續，並且正在發展。與從前的爭論不同的是在那裏呢？從前的爭論，只爭一些抽象的理論只爭幾個名詞；現在大家都進了一步，有較爲豐富的材料，較爲具體的觀察。從前的所謂方法，不過把少數的材料，向預定的幾個抽屜裏一擺。現在的方法已經能够駕馭多數的材料，沒有牽強傅會的必要了。

我只說是現在進了一步。還是有些並不進步的人們，在那裏「炒現飯」。從前的爭論者，常嚴守他的邏輯：「你說的錯了，因爲是你說的。我說的纔對，因爲是我說的。」這種的邏輯，到如今還有人一樣遵守不替。根據這種邏輯的人，不獨是唯我論者，並且是正統論者。他爭得滿頭大汗的是「只有我這說法是眞正的馬克斯學說」。從我們看來，這種習慣，只能說是文人的積習。中國的文人，最會自命正統，自立門戶。

在這文人積習的各張門戶的爭論裏，我是最先受罵的一人。每一中國社會史家的開場白，每一中國社會史刊物的發刊文，首先攻擊的大抵就是我。即在今日的我自己，也並不是不想罵從前的我一頓。本來，幾年之間，我的見解便有三度的修改。那些唯我正統論者決不肯這樣做。他們是很護短的，一言旣出，至死不認錯。以他們這種態度來看我的作品，立刻可以抓住前兩年的一句話和後兩年的一句話的矛盾，來推論說：「陶某人的方法論本來是錯誤的。」

我並不說我的方法對，更不敢說「只有我的方法對」。我只有一點小意思，我認爲是對的。我要我的見解能够隨中國社會史園地的開發而進步。我不「炒現飯」，不取唯我，更無所謂正統。我也不會咬文嚼字引經典。經典的文句並不能替代一部中國社會史，雖然他是研究的前導與先驅。

瞿同祖先生綜合他對史學的心得與社會學的方法，以二年以上的工夫寫成這篇論文。

他常常和我來談論到周代的社會組織。我的意見雖不盡相同，但我對他沒有那樣的積習，又專心求眞，不爭名詞，注重材料，愼於論斷，是很佩服的。因把我的感想寫出以爲序。

一九三六年十月八日，陶希聖寫於北平寄寓。

楊序

美國社會科學的毛病，是只用本國的材料，而不用外國的材料；中國社會科學的毛病，是只用外國的材料，而不用本國的材料。尤其是社會學一門，因爲目下研究的朋友，太半歸自美國，熟於美洲社會情形，美洲實地研究，所以美國色彩甚濃，幾乎成爲一個只用美國材料，而不用中國材料，不用歐洲材料的趨勢。這種非常狀態，自然會引起相當反感的。一種反感是只用中國材料，一種是只用歐洲材料，都有一點矯枉過甚的毛病。單用中國材料，而不和歐洲材料、美洲材料作一種比較研究，也只有材料而沒有了解的。中國社會科學惟一的出路，是以歐洲上古社會、歐洲中古社會、歐美現代社會爲背境，去解釋過去中國的社會，現在中國的社會。瞿君同祖對於美國現在社會研究已具根基，對於歐洲中古社會情形亦極嫻熟，然後以之研究中國過去封建社會，顯已立於不敗之地。本書爲瞿君對於中國過去社會第一次的分析，費時雖僅二載，然其了解，其組織，已有若干獨到之處。比一班專講空洞理論，或一班專收零星材料的朋友，自然又高出一籌。瞿君誓以十年二十年之精力，從事於中國過去社會之研究，從此異軍突起，行見新進少年爲之膽寒，老師宿將爲之心服也。

二十五年十月，楊開道。

自序

我所用的觀點和方法，在導論中說的很詳細，用不着反覆贅言。但有一點不可不加以聲述。研究社會史者，因對於封建社會含義及內容有不同的看法，中國封建社會的時代問題便成了論戰的中心。我從開始動筆以至於寫成付印，始終持着不強我同於人，也不強人同於我的態度。我認爲社會科學家對於一種社會制度的研究，最要緊的是制度本身的了解，次要的纔是時代的問題，制度本身如果能徹底了解，起訖於何時代的問題，是比較容易解決的。

如果我不曾違反我的意志，始終以封建社會的全部社會現象爲討論的對象，而注意其整體的社會結構及功能；那麼，不問我們以爲封建社會發生於何時代，崩潰於何時代，此文都不失爲我國封建社會制度概括的描寫。詳細內容因時代不同或有變更，特徵或一般的現象卻是不會變的。從這一點來看，這篇論文，或許是對於研究我國封建制度不無參考價值的。

其次，有一點要解釋的。古代史料，極其零亂駁雜。只加以搜集條列，而不加以聯串，最多只是一本流水式的帳簿。如果想構成一張生動的圖畫，則主觀的見解與系統必不可少，而偏見和謬誤也在所難免。這是不可兩全的。我是採取後者的主張的。偏失之處，自知不少。本文的付印，就在於發抒我的主見，希望先進的批評與指教。

作者首當誌謝的是楊開道師，大綱及全文俱經其指導和修正。陶希聖先生熱心的批評，最爲感激。兩篇序文，都是在兩位先生百忙之中寫成的，尤爲不忘。此外，關於原料及方法的問題，得鄧之誠、洪業、吳文藻諸先生的指教不少。余妻佩瓊的鼓勵和幫助，是使此書早成的原因。圖表均出其手製。

作者早失怙恃，永慕之餘，惟恐有負先人的遺教和期望。此書之出，適值先父希馬先生五十冥壽，謹以我的第一部作品獻給他和先母余太夫人。

二十五年雙十節，同祖自序於北平。

導論

這篇論文從題目上來看，便可以曉得是中國封建社會史的研究。我應該在開始討論以前聲明一下。我的研究不純粹是歷史的研究，所以我並不企圖將中國封建社會的歷史按着年代先後依次的排列着，好像歷史家的敍說一樣。反之，只將各種事實提出來以爲各種社會現象的實證而已。我的研究也不只是一部分社會現象研究，所以我不僅着重於經濟制度或政治制度一方面的討論，而是以全部社會現象爲對象，逐一討論。

最要緊的，我不想將封建社會看成一種靜的制度，我企圖分析牠的形成以至於崩潰的過程，解剖牠的各種社會組織的功能，及彼此間的關係。希望能有比較深刻的描寫。

封建社會的意義是什麼？我想應該在討論以前先有一個概括的印象。我們曉得『封建』一名詞含意極其含混。英文的名詞爲feudalism是封土（fief）的意思。和我國封建子弟受民受疆土地的意義相彷彿。但內容如何，卻極難說。大英百科全書上便說用這名詞完全是爲了便利起見，實際上並沒有一定的系統，而各地的習慣也各不相同（註一）。但任何社會現象，只要不憚煩勞加以合理的分析，自能從紛亂無緒中，找出一些共同的原則或特徵來。關於封建社會，雖然各國的詳細內容不同，經過一番分別及綜合的研究，也是這樣的。觀察的眼光越銳敏，研究的方法越正確，所得的結論也越圓滿。亨利梅因（Henry Sumner Maine）從所有權上來看，特別着重於土地所有權的不平等一點上。以爲兩重所有權（double proprietorship）——主人封邑的優越，和農夫財產的卑微——爲封建意義的主要特徵（註二）。

他有見於土地權之重要，所以更有『土地統治權』(territorial sovereignty)的說法。認爲主人的統治權及權利，以及人民的義務，都以土地的有無爲根據的（註三）。維納格魯道夫（Paul Vinogradoff）抓住了社會不平等的重要性，以爲封建社會是基於釐定雙方相互的（reciprocity）權利義務的合同或契約（contract）關係的（註四）。

他也着重於土地的所有權，和梅因差不多。以爲有優越和卑微兩種。前者有所有權，而後者只有使用權。不但一切人的地位都以土地的有無來決定，土地的所有並且能決定政治上的權利和義務（註五）。

大英百科全書上亞當士(G. B. Adams)曾列舉五大原則如左：（一）臣屬於主人的關係。（二）平民只能耕種土地而無所有權。（三）耕種土地對於主人便有服役（不僅爲經濟的亦爲政治及道德的）的義務。（四）所有階級間都以忠誠服役及保護爲相互的關係。（五）主人與農民間的合同決定了一切權利關係（註六）。

同書盧弗特(A. E. Levett)描寫封邑，包含治理者及臣屬者兩部分。治理者的主權完全以土地所有權爲根據（註七）。

柯慈士克(Rudolf Kötzschke)在社會科學百科全書中封邑制度一節，說封邑是基於土地所有權的一種經濟社會及行政的組織。使握有土地及耕種土地的兩種階級聯繫在一起，而發生相互的關係（註八）。

卜魯克（Marc Block）以爲封建社會的要徵在於封邑及臣屬制度（System of Vassalage）（註九）。

以上各人的看法雖各有差異，但歸納起來，不外兩點：（一）土地所有權的有無。（二）主人與農民的相互關係。前者實係封建社會的基本特徵，爲封建社會的中心組織。後者只是當然的現象，有土地者爲主人，無土地而耕種他人的土地者爲農民。這樣便形成了特權與非特權階級，而確定了兩階級間的權利義務關係。換言之，特權階級的一切權利義務，都以他的封土爲出發點，他對在上的封與者有臣屬的義務，特別是兵役的供給（註一〇）。他對在下的臣民有治理的權利，最重要的是可以從他們那裏得到各種義務的供給。從非特權階級來看，因爲他沒有土地所有權，所以不是特權階級，而須對於給他耕地的主人忠誠的供給各種役作的義務。

根據以上所述，更簡要而言之，封建社會只是以土地組織爲中心而確定權利義務關係的階級社會而已。

其次，我們應當對於中國封建社會的時期加以確定。這比釐定封建社會的含義更爲困難。我國封建社會遠在上古時期，歷史的文獻太不充足，很難斷定。有些學者爲了避免眞僞的爭辯起見，認爲周代以前，雖有封建的傳說，但只是傳說而已，決不可靠。封建時代，應當從周代起。弗蘭克（O. Franke）即持此種見解（註一一）。

有些學者則願將古代史追溯得久一些，雖然史料不可靠，但不妨經吾人詳加選擇。於是有以甲骨文中已有侯伯的稱謂，因而斷言殷代已經是封建社會者。另有一派學者則持相反的見解，以爲侯伯的含意大有疑問，反對此說。

兩派都有相當的理由，但都不足令人心悅誠服，全盤接收他們的意見。固然同一字各時代的含意各不相同。殷代侯伯也許和周代的侯伯性質不大一樣，正如同周代侯伯的性質和漢代的侯伯又不一樣，不可不詳加考慮。陶希聖云：『春秋以前中國有許多封建諸侯，但是周以前又不能說是封建社會。那個時期的牧伯不過是氏族長，這許多氏族長（羣后）之上，冠戴着一個「元后」。——或許元后制是後人假定的也未可知。周統一中國以後，始大封功臣和子弟。例如太公封齊，一到，便滅了萊侯及莒侯。萊侯莒侯便是原來齊地的氏族長。……』（註一二）便是有見於此。但所說只是一種推論，並沒有事實的根據；只足備一說，不能引爲定論。據我個人的意見，殷代已有侯伯，見於甲骨，無可疑問。但決不能以此一端而證明殷代係封建社會。

僅以幾個單字，或一部分事實來作辯論的根據，雙方誰也不會心服，而爭論不決。最要緊的，必須以整個的眼光，來分析解剖整個的社會組織。不可僅僅以某一種組織或現象爲討論的根據。這樣便可以免去不少偏激的錯誤，而所得結論也比較可靠。我們如果仔細注意其經濟、政治、社會等組織的內容，看是否合乎封建的條件，便會減去不少主觀的錯誤。

同時我們應該充分地明瞭任何社會的過程都不是斷然截然的，其間經過多少年月的醞釀，而是逐漸形成以至於完成的。封建社會的進展也不能逃出這個公例。維納格魯道夫寫西歐封建社會史時，就曾鄭重的聲明封建社會不能嚴格指定發生於某一時期，牠們是逐漸興起的，逐漸崩潰的。必不得已，我們只能以封建制度顯著的成爲政治社會組織中心時的十一至十二世紀爲西歐的封建時代（註一三）。他這種謹愼而精確的眼光，確是值得我們稱許的。

殷代社會，據我的研究是以牧畜爲主要職業的氏族社會，但到了末期，舊的社會多少已經有些改變，新的社會多少已經有了相當的根基。所以如果說殷代不是封建社會，則確已有許多封建基礎，如果說是封建社會，則還不曾以封建爲中心組織。我們應該注意殷代只是醞釀時期，是興雲而未雨的時期，是形成的時期。到了周代，纔以政治的方式大行封建，封建成爲社會的中心組織，是大雨傾盆的時期，是完成的時期。

正和英國的情形一樣。在諾曼征服（Norman Conquest）以前，已經有了封建的事實，但經過征服以後，纔有系統的使農民屬服於主人，纔有正式的封邑組織，使在下者與在上者相互的關係愈具體化（註一四）。我國在周代以前，也已然有了封建的事實，但從周武王以政治的力量使全王國普遍的實行有系統的具體而嚴密的封建組織後，纔入於封建社會完成時期。

以同樣的眼光來看，封建崩潰的過程，也是逐漸的，而不是突然的。在春秋戰國時代，有些方面已呈崩潰現象，但社會組織仍以封建制度爲中心。因此我們不能說封建社會已經完全中止，直等到秦統一了天下，推翻了一切舊有的制度，纔結束了封建社會。

在導論中我說的已經太多了，最後應當將所根據的主要文獻說一下：

殷商的甲骨文

殷虛發掘報告

周代金文

易

尚書

毛詩

春秋

左傳
公羊傳
穀梁傳
國語
管子
晏子春秋
論語
孟子
史記

夏代的史料最缺乏，所可根據的，只有尚書「禹貢篇」、竹書紀年，及史記關於夏的記載。尚書一書中眞僞互出，而禹貢的眞實性最可懷疑。試思在周代，中國的疆域還只及於黃河流域一帶，此外的便是所謂蠻夷戎狄，不屬於中國範圍的地方。遠在夏代，怎會疆域如此之廣，包括九州?顧頡剛雖未能確證「禹貢」作於戰國，但古代地域決無如此之廣的論斷（註一五）極其正確，可以斷言「禹貢」爲後人所僞造無疑。至於竹書紀年的作者年代，至今尚無定論。無論如何，關於夏殷的部分，是後人追記的。所記是否可靠，不能令人不懷疑。所有關於夏的史料，不但極其缺乏，也極其不明確。本文雖有時引用夏代的傳說，但只以爲傳說，聊備參考而已。

關於殷商的材料，在從前也是被認爲傳說的時期，但自從光緒二十五年（一八九九）以來，王懿榮（註一六）、劉鶚（註一七）、孫詒讓（註一八）、羅振玉（註一九）、王國維（註二〇）、郭鼎堂（註二一）、容庚（註二二）等人無系統的搜掘、著錄、考釋，以及中央研究院歷史語言研究所從民十七（一九二八）以來，殷虛有系統的發掘（註二三）。無論是陶器等實物，以及甲骨文，都使人感到殷代古史的研究，是可能的。我討論殷代社會，便以這一類的材料爲主體。

周代是這篇論文的主體。周初的材料以周金文、易、尚書、「周書」、毛詩爲主。

這都是極可貴的史料，尤其是周代金文未經改竄，有實物可資證明。詩經是當時士大夫民人的詩歌集成，都是可靠的原料。

三禮的撰作年代極可懷疑，可以斷定至少是周代亡國以後的作品，到漢代出現。其中附會妄造的地方，到處都是。如果講周代社會，完全以周禮、禮記爲主要的根據，材料自然可以充實得多。但一切討論的基礎也就易於動搖了。本文爲愼重起見，除了用以與其他可靠的文獻互相參證外，是不單獨引用的。

春秋時代又是一個史料充分而可靠的時代。春秋、三傳、國語、論語、管子、晏子春秋都是很可寶貴的原料。管晏的書中，雖已經多少有些改竄。但不能全部推翻，而目爲僞書（註二四）。

戰國及秦的材料，孟子及史記是可信的書籍。

【注　釋】

註　一　G. B. Adams, "Feudalism," Encyclopaedia Britannica, 14th ed., 1929, vol. IX, p. 206.

註　二　H. S. Maine, Village Communities in the East and West, H. Holt, New York, 1876, p. 146; Ancient Law, J. Murray, London, 1906, p. 303.

註　三　Ancient Law, pp. 108-9.

註　四　P. Vinogradoff, The Growth of Manor, G. Allen, London, Macmillan, New York, 1911, p. 412.

註　五　P. Vinogradoff, "Feudalism," Cambridge Medieval History, 1922, vol. III, pp. 458 ff.

註　六　Adams, Op. cit.

註　七　A. E. Levett, "Manor," Encyclopaedia Britannica, 14th ed., vol. XIV, p. 820.

註　八　Rudolf Kötzschke, "Manorial System," Encyclopaedia of the Social Sciences, 1933. vol. X, p. 97.

註　九　Marc Block, "European〔Feudalism〕," Encyclopaedia of the Social Sciences, 1931, vol. VI, p. 205.

註一〇 亨利梅因也說當酋長授與臣下封邑時，兵役的供給，便是臣下對於他最普通的一種義務。
——Village Communities in the East and West, p. 132.

註一一 O. Franke, "Chinese 〔Feudalism〕, "Encyclopaedia of the Social Sciences, vol. VI p. 213.

註一二 陶希聖中國社會之史的分析，上海新生命，民一八，頁二七。

註一三 Vinogradoff, "Feudalism," Op. cit., p. 458.

註一四 Vinogradoff, Villainage in England, Oxford, 1927, pp. 131 ff.

註一五 顧頡剛「詢禹貢僞證書」，古史辨，北平樸社，民一五，第一册，頁二〇六—七。

註一六 據戩壽堂殷虛文字序說王懿榮是收藏甲骨文字的第一人。

註一七 劉鶚著有鐵雲藏龜（光緒二十九年），是開始著錄甲骨文的第一人。

註一八 孫詒讓著有契文擧例（光緒三十年），是攷釋甲骨文的第一人。

註一九 羅振玉的著錄最多，有
殷虛書契前編（民元）
殷虛書契菁華（民三）
殷虛書契攷釋（民三）

鐵雲藏龜之餘（民四）
殷虛書契後編（民五）
增訂殷虛書契攷釋（民一六）
殷虛書契續編（民二二）

註二〇　王國維著有戩壽堂所藏殷虛文字（民六）及上書之攷釋（民八）。

註二一　郭鼎堂著有
甲骨文字研究（民二〇）
卜辭通纂（民二二）
殷契餘論（民二二）

註二二　容庚著有殷契卜辭（民二二）

註二三　從民國十七年秋到二十一年冬，共經七次的發掘，有安陽發掘報告第一期（民一八），第二期（民一九），第三期（民二〇），第四期（民二二）。

註二四　胡應麟四部正僞，和姚際恆古今僞書攷，都說管晏二書眞僞相雜。

目錄

第五章　封建階級……二〇三

第六章　封建階級（續）……二五九

第七章　封建政治

中國封建社會

第一章　封建社會的形成

無論何種社會，都有一定的社會組織與功能，而將轉變爲另一種社會時，牠的社會組織與功能自然也有顯著的變化；否則舊的社會不會改變，而新的社會也斷不能形成。所以我們想研究某種特殊社會，最好能把握住前一期社會的結構，及其轉變蛻化的過程，以至於另一種社會結構的形成。這是最妥當的方法，可免去觀察上的許多錯誤。尤其是研究古代社會史，因爲文獻的模糊，史料的缺乏，僅僅劃定一時期爲研究的對象，前一時期不去管牠，後一時期也不去管牠，那麼發展與崩潰的程序怎能把握得住？歷史的進展是前後相連，因果相關的。爲研究便利及集中起見，自然可以假定某一時期爲對象，但對於首尾棄而不問，這種方法未免太冒昧太輕率了。研究中國封建社會的方法也是如此。我們應當仔細注意其發展、完成及崩潰的全部過程。這樣觀察的錯誤可免去不少，所得印象也比較的切實可靠。

在這起始的第一章，還未說到封建社會完成時期的社會組織功能及各種關係以前，讓我們如上所說的先來討論討論形成的過程。看看前一期是什麼社會？與封建社會有什麼不同點？這個舊社會怎樣蛻化成封建社會？這些問題，我希望在本章內能夠有簡明的回答。

第一節　牧畜經濟與農業經濟

封建社會，既是以土地制度爲中心，而確定權利義務關係的階級社會，種植農業不曾推廣以前，不會有土地制度，土地制度不曾成立以前，封建社會無論如何不會存在，這是誰也不否認的。

從古代文獻來考證，我們可以相信周代以前農業並沒十分發達，而成爲主要的生產方式。殷商時代不過是牧畜時期到初期農業而已。

那時人民所飼畜的牛羊其數極多，據殷虛書契祭祀時用牛羊之衆，多至三百（註一）。河南所發掘的甲骨中有角的牛羊極多，牛首的陶片（註二），都是證明殷代牧畜的繁殖。

在以牧畜爲主要生產的時代，牛羊肉自然是主要的食料。其他動植物只是輔助的食品。牧畜固然是主要的職業，但漁獵仍不失爲一種副業。殷虛書契中有「漁」字甚多（註三）。有許多字都象捕獸之形。例如彘字作[glyph]、[glyph]、[glyph]等形，象豕中矢；羅字作[glyph]、[glyph]、[glyph]等形，象鳥在畢中；罞字作[glyph]、[glyph]等形，象麋頭在网下；[glyph]字作[glyph]、[glyph]、[glyph]、[glyph]等形，象豕在罟下；罟字作[glyph]、[glyph]、[glyph]、[glyph]等形，象兔在罟下；率字作[glyph]、[glyph]等形，象鳥在畢中；阱字作[glyph]、[glyph]、[glyph]、[glyph]、[glyph]、[glyph]等形，象獸在阱中（註四）。此外卜辭中卜田狩者一百八十六，卜漁者十一（註五）。都可以看出田獵的遺跡。

我們應當注意經濟進展的劃分並不是斷然的。在以牧畜爲主要生產的時代，漁獵經濟依然存留，而簡陋的農業經濟也在逐漸發展的途中。所以不要以為商代完全是牧畜時代。實際上，他們逐漸的已學會了簡單的種植。大約在殷代的末期已經有了初期的農業。殷虛書契中已經有了「農」字（註六），「禾」、「黍」、「米」、「麥」等字（註七），可以證明這些植物已經在相當的種植。

他們所用的農具是非常簡陋的，只知道用鋤頭而已。甲骨文字[illegible]、[illegible]或[illegible]字，都是原始式樣的鋤形（註八）。「男」字作[illegible]、[illegible]、或[illegible]，象男子用鋤頭在田上耕種的樣子。「劦」字作[illegible]、[illegible]、[illegible]、[illegible]、[illegible]、[illegible]、[illegible]、[illegible]等形，象三人用鋤協力同耕（註九）。這種鋤頭只是最原始的一根彎着尖端的棍棒而已。

他們不知道用肥料，也不知道灌溉的方法，完全靠雨水的潤濕，所以，天時最有關係，收穫完全決定在雨水之上。卜辭中卜年（收成）者三十四，卜風雨者百〇二（註一〇），可以看出那時人民對天時的注意，不敢疏忽。他們既不能控制自然，又不能預測自然，所以只得藉重龜甲來預卜了。

郭鼎堂擧「盤庚」「不常厥邑，于今五邦」，「周書」「無逸」及詩經「生民」爲游牧及開始農業的證據，而肯定的說，「殷代末年是牧畜最發達的時期，也是農業已經發現了的時期。」（註一二）他的結論大致和以上所述相同。殷代末年原始的農業已經開始，是無可疑問的。

人們的經驗，一天一天地增積，而適應環境的能力，也一天一天的加高。對於舊有的生產方式，自然一天一天的感到不滿足，而代以新的有效的生產方式。

游牧民族，最初全然仰賴於畜牧，逐漸的纔對於耕種有相當的認識，但他仍不以之爲主要的生產方式，多半只使女人及奴隸去擔任這種工作。久而久之，他們便會感覺到畜牧經濟的利益遠遜於農業經濟。同樣的一方土地，若用於耕種，而不用於畜牧，便可以供給較多的食料，支持較多的人口，而且可以永遠的耕種着。經濟的大轉變於是開始。

以前認爲副業的農業，由此便擡高其價值，一躍而爲主要職業。男人們逐漸放棄他們的游牧生活，安定的住下來，專心一意的去從事耕種。牛羊的畜牧逐漸變為不重要，只有一部分人去做。

周代便是完全轉入了農業經濟的一個民族。武王誥戒妹土人民云：「妹土，嗣爾股肱，純其藝黍稷，奔走事厥考厥長。」（註一二）周公云：「嗚呼，君子所其無逸，先知稼穡之艱難，乃逸，則知小人之依。相小人，厥父母勤勞稼穡，厥子乃不知稼穡之艱難，乃逸，乃諺，既誕。否則侮厥父母曰：『昔之人無聞知』……自時厥後立王，（祖甲而後諸王，）生則逸，不知稼穡之艱難，不聞小人之勞，惟耽樂之從。自時厥後，亦罔或克壽，或十年，或七八年，或五六年或四三年。」又曰：「嗚呼，厥亦惟我周太王王季克自抑畏，文王卑服，即康功田功。」（註一三）很可以看出來殷代諸王還不講求稼穡，（他說高宗祖甲也只說「不敢荒寧」，「能保惠于庶民，不敢侮鰥寡」，也不曾說他們知稼穡之艱難，）到了文王以後，纔講求田功，使庶人勞於黍稷之稼穡。

這不過是隨意舉的一、二例證而已。我們從詩經中看出來農具的進步，田制的完備，貴族和農民以土地或耕種爲中心的隸屬關係，以及農民生活等情形，在在都足以反映出當時務農的社會。這些，以後將詳細的描寫，在這一章內不必去討論牠。

周初已以農業經濟爲主，所以年成不好，可以使全國的王公大臣以至於百姓都驚恐非常。周公爲流言所傷，避居於東。秋大熟，年成極豐。還未收穫以前，忽降天災，大雷電，大風，將禾盡行偃倒。邦人大恐，成王於是親往迎周公以歸（註一四）的故事，是極好的例子。

第二節　移徙的生活與安定的生活

在游牧社會中最與人民生存有關係的是牛、羊，而最與牛、羊生存有關的卻是水草。水草吃淨了便須再尋找一新地來牧畜牛羊。移徙生活無疑地是游牧民族的特殊生活。

夏商時代便過的是這種移徙游牧生活。

夏族曾經在河北河南山東一帶，下列地點往來移徙十一次：

冀（即晉陽）→陽城→冀→斟鄩→帝邱→斟灌→商邱→原→老邱→西河→斟鄩→河南（即夏邑）（註一五）

商族的遷徙極爲頻繁。從契到盤庚便一共遷了二十次。不可考者四，曾往來於下列各地：

亳→蕃→砥石→商（即商邱）→泰山下→商邱→殷→商邱→亳→囂→相→耿→庇→奄→〇→〇→〇→〇→殷→亳→河北（即殷）（註一六）

夏、商的遷徙，都是沿着黃河上下游，陝西、山西、河南、山東一帶黃土質區域內。河北東南部是號稱爲幽燕平原的，氣候嚴寒，雨量稀少，水草不繁殖，所以不宜於牧畜。夏人曾游牧於其地，商人卻不曾去過。山東，黃河斜流東西，是很好的平原。河南除去西北山地外，黃河以北屬幽燕平原。東部有汝、潁、沮等水，屬淮河流域，平野廣大，河流縱橫交灌，最適宜於牧畜。山西爲山地，在原始時代沈淪於石炭紀之大海，不宜牧畜。只有南部接連河南北部黃河邊近的地方，殷人去過一次。陝西北部高峻爲

夏族遷徙圖

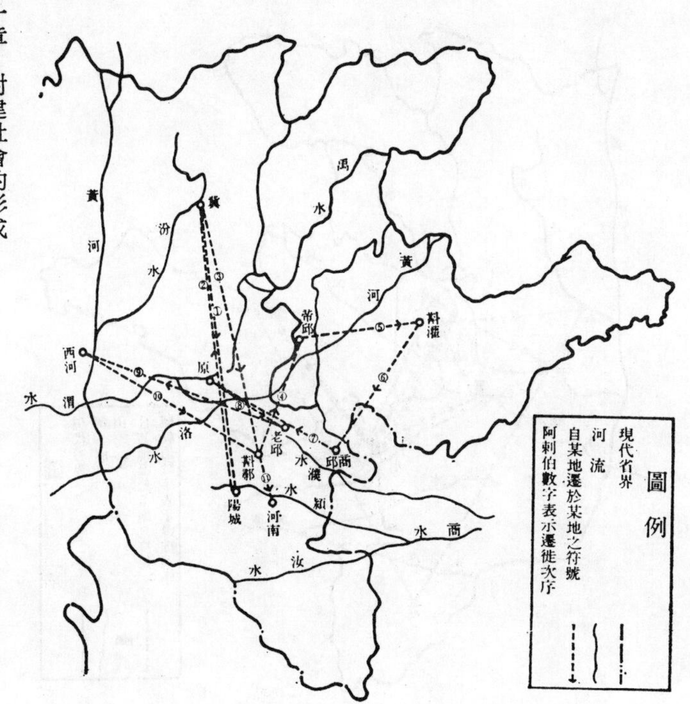

黃河
汾水
冀
西河
原
渭水
洛水
帝邱
斟灌
老邱
斟鄩
陽城
河南
商邱
濮水
潁水
汝水
圖例
現代省界
河流
自某地遷於某地之符號
阿剌伯數字表示遷徙次序

商族遷徙圖

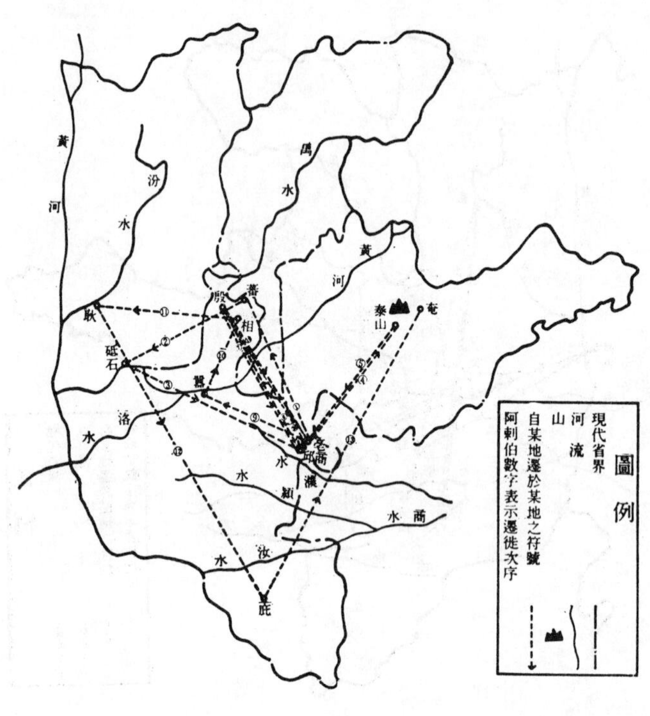
黃河
汾水
黃河
殷
相
耿
砥石
囂
泰山
奄
洛水
汝水
庇
圖例
現代省界
河流
山
自某地遷於某地之符號
阿剌伯數字表示遷徙次序

山地。只有中部渭水流域的關中平原及南部漢中平原可以牧畜。契最初居此，是商族發源地。總觀各地，以河南山東爲適宜於牧畜，最富於平原及水草，所以夏、商的游牧，大都集中在河南、山東一帶靠近河流的平原，以黃河流域爲中心。

當人們曉得利用土地推廣農業後，第一件最顯著的事便是人民的生活由不固定而趨於固定，可以在一片土地上永久的謀得食料，用不着東移西徙的去尋求生活的新地了。這種程序和其他一切程序一樣是逐漸的而不是突然的。當人們剛懂得耕植，而技藝極其簡陋的時候居處雖然較游牧時代來得固定，但隔不了多少年，土壤由肥而瘠的時候，仍得另尋新地。後來逐漸的懂得怎樣去維持土壤的肥腴，居處又比較以前固定些，遷徙的次數又比較以前少些。等到人們農業的經驗與技術高到可以使人年復一年的永遠在一地上耕種着，人們纔完全入於安定生活的時期。所以夏、商時遷移頻繁，到了盤庚以後，便找不出遷移的史料。「若農服田力穡，乃亦有秋」，「惰農自安，不昬作勞，不服田畝，越其罔有黍稷」等語，可以證明盤庚時代已以農業爲主業。而「民不適有居」，以及盤庚所云：「天其永我命於茲新邑」，「今予將試以汝遷，安定厥邦」，「今予試以汝遷，永遷乃家」，「用永地於新邑」（註一七）也可看出因了農業技術的進展，已漸入於安居的生活，所以人民安土重遷，而盤庚心中也以新邑爲永居之地。周朝從武王都鎬後，八百餘年間，只有懿王平王曾遷了二次。而這兩次的移居，乃是爲了逃避戎翟的侵略，並不是爲了生活上的要求（註一八）。與盤庚以前諸王的「不常寧」，「不常厥邑」，爲的是「視民利用遷」，「亦惟以汝（民）故」（註一九），完全爲了適合民生的需要，不得不遷者，不可同日而語。

這種轉變極其重要。生活安定以後，人口纔能繁殖起來，纔能有村落都邑，人們纔有餘暇來發展經濟以外的文化，和社會生活。

第三節　公產制與私產制

各國的學者，在研究了以畜牧爲主要職業的氏族社會後，幾乎每一個人都公認所有的牛羊土地都是屬於全族的，而不是屬於個人的（註二〇）。

亨利梅因竭力的描寫古代的法律，絕不以個人爲對象，而是以許多家庭（families）及團體爲對象的財產法的最初歷史也是如此。不是個人所有權（seperate ownership），而是屬於許多家庭及血緣團體(groups of kindred)權利的聯合所有權（joint ownership）（註二一）。

西朋（F. Seebohm）研究威爾斯氏族制度的結果，也鄭重地說明公產制是牧畜社會的產物。他們都是血緣團體，所以能有均分財產的公產規定。男子達十四歲，便可以從酋長那裏領來牛隻，他死後仍將牛隻退還給酋長。牛是屬於全族的，所以受牛及歸牛，不以父親或家庭爲對象，而從代表全族的酋長那裏授受（註二二）。

維納格魯道夫也說在畜牧及初期農業的時代，土地是屬於族的，屬於血緣團體及大家庭（enlarged households）的，個人只能有領用的權利（註二三）。

殷商時期是氏族社會，是牧畜社會，牛、羊、土地之屬於全族所有，似乎可信，雖然，找不出關於財產所有的證據。

在牧畜社會氏族社會裏，大家一起去牧畜牛羊，用不着分析這是誰的牛羊，大家全明白這是屬於全族的，不是屬於個人或酋長的。酋長不過是全族的代表人而已，並沒有經濟超越權。到了周代，農業發達，不是氏族社會。以後情形便不同了，一方面爲了耕種及居處的固定，將土地劃成許多份，一方面爲了分治的便利，及分封子弟的原故，將土地分封給許多貴族，私產制度於是隨而發生。

但我們不要誤以爲周代的私產制度是和現在一樣的。原來那時的土地私有，是只限於貴族階級，庶人是沒有享受的權利的。封建社會便建築在這種一方面是富有土地私產的貴族階級，與一方面是領種貴族田地的農民階級的權利義務關係上。梅因古代法也這樣說，封建意識的主要特徵便在於領主的優越所有權，及農民的卑微財產兩重所有權（double proprietory）上（註二四）。

關於這些在「土地制度」及「封建階級」兩章內將詳細地討論，這裏只提出一個輪廓就是了。

第四節　同等承繼權與獨子承繼權

夏、商的承繼制度與周以後最大的不同點，是沒有長幼嫡庶的分別，也沒有一系相承的習慣。弟可繼兄而立。

夏啓崩，先傳位於長子太康，太康崩，便傳位於中康，以次相承，都是中康的子孫，不降崩，傳位於弟扃，扃傳於其子廑，廑崩，又傳給不降的兒子孔甲（註二五）。

殷代的承繼法和夏相髣髴，兄終弟及的制度更爲明顯。以弟的資格來承繼兄位的一共有十四人（註二六）。

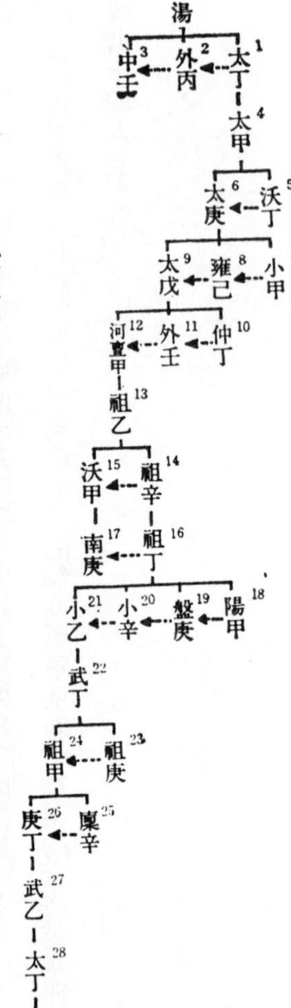

（附註數目字表示承繼次序，凡兄終弟及者，以虛線別之，而醒眉目。）

因爲所有的兒子都是平等的，所以所有同一世代的兄弟都可以做酋長。長兄傳於次弟，次傳三，以次相傳，兄弟都已傳完纔傳子或姪，以及於下一輩。下一輩也是同一世代的兄弟依次傳授，具同等的資格。太丁未立而卒，不傳於其子，而傳於弟外丙，弟中壬。中壬崩，纔傳給太丁子太甲。祖辛傳弟沃甲，沃甲傳祖辛子祖丁。祖丁又傳沃甲子南庚，南庚又傳給祖丁子陽甲的事實，是極明顯的（註二七）。

到了周代，纔確定了嫡庶的分別，及嫡長子一系相承的承繼制度。這些在第五章講宗法制度時將有詳細的討論。

王國維分析殷、周的制度也看出這點，而加以注意。他說：「商之繼統法以弟及爲主，而以子繼輔之，無弟然後傳子。自湯至於帝辛二十九帝中，以弟繼兄者凡十四帝。（此據史記「殷本紀」，若據「三代世表」及漢書「古今人表」則得十五帝。）其傳子者亦多傳弟之子，而罕傳兄之子。蓋周時以嫡庶長幼爲貴賤之制，商無有也。故兄弟之中有未立而死者，其祀之也與已立者同。……」（註二八）此外郭鼎堂據卜辭三十一帝十七世，直接傳子的只十一二三，也認爲這是氏族社會所必有的現象（註二九）。

第五節　平等自由的社會與階級社會

在氏族社會中所有的人都有相當血統關係——至少他們心目中都如此想，彼此認爲是一個祖先的子孫，是同類的兄弟，沒有什麼歧異。

不僅中國的氏族社會如此，凡是氏族社會都是這樣的。梅因便認爲自由是氏族社會的特性，而企圖去解釋如何由自由的氏族社會轉變成封建社會的問題（註三〇）。西朋研究英國經濟史的結論也和梅因相同，認爲以血統爲組織中心的氏族社會，每個族人都是自由平等的（註三一）。

他們的地位都是自由平等的，共同享受公產的利益，共同生活着。他們對酋長的關係，是屬於血緣的。酋長只是全族的代表人而已，他們之間並沒有任何階級的差異。但對非我同類的異族人，便不是這樣了。是被認爲異類的仇敵的，決不能以自由平等相待遇。遇見時便想他們將要謀殺我們，侵奪我們的財產。所以異族相遇，戰爭是不免的結果。戰爭中殺戮異族極其凶殘。有時也饒恕了俘虜的死罪，但決不會好好地將他們釋放，或引以爲朋友的，而是以他們爲奴隸，與牛馬同等待遇，使他辛苦操作。

我們曉得在全然的牧畜社會，因經濟的關係，奴隸是不合經濟需要的，所以遇見敵人，總是盡力的殺戮，不留着他們。到了已經有初期農業的時候，他們纔逐漸的領略到奴隸的用處。

我們知道游牧人民，不但是天性好動的，並且喜歡騎着馬或駱駝，拿着弓箭槍矛到處去和獸類，及非其族類的異族人相搏戰。戰術極精，勇敢善鬪，對於彎着腰拿着鋤頭，安定而不冒險的工作，認爲極端可恥。只有不能吃苦耐勞而怕死的女人及奴隸纔屑於去做這種工作。所以奴隸逐漸的因農業推廣而增加其需要。殷代書契上已有「俘」字及「奴」字（註三二）。周金文中關於俘虜人數的記載多至萬餘人（註三三）。可以看出這種趨勢。

殷、周兩民族，便是兩個沒有血緣關係的異族，所以周族克服了殷族以後，便將所有的殷民都降爲奴隸，爲他們耕作服役。武王以殷餘民封康叔，由他去治馭役使（註三四）。並誥戒殷民當感周族不殺之恩，臣事王室，不得有異心，否則有罰（註三五）。

除了奴隸階級之形成外，周族中還有一顯著的變化，酋長成爲天子，他的家屬族人也成爲貴族，成爲封邑主。至不濟的也成爲握有土地的自由民。我們曉得游牧民族天性是好鬪的，他們輕視耕作的習氣仍然不變。雖然他已經懂得了農業的利益，但仍不尊重牠。他們強迫被征服的異族人爲他們工作，他們成爲主人。一天到晚騎射遊蕩。疲倦了坐下來，自有人捧上魚肉及飮食來，只須張口來吃。吃飽了再想其他享樂的方法。但久而久之，游牧民族的一部分人也因環境的改換，不常遷徙，安於逸樂，而放棄了以前的生活，變成了上述的自由農人。——自然他們不是與天子諸侯卿大夫關係密切的貴族，否則也可坐食而役使他人了。

封建階級於是乎成立，一切的權利義務關係都決定於所在階級的地位。這種由血緣團體變爲異族相雜的團體，由自由社會變成自由階級與不自由階級相對處的社會，是從氏族社會變成封建社會的一大關鍵。在以後各章將次第的討論，這裏只提出一個綱領來，作一楔子而已。

【注　釋】

註　一　羅振玉云：

「其祭時牢鬯之數無定制，一以卜定之。其牲或曰大牢，或曰小牢，或牛、或羊、或豕、或犬。其牛又曰牡，曰牝，曰羊，曰犆。其用牲之數或一，

卜辭中用一，牛者曰且乙、曰且辛、曰且丁、曰小乙、曰且甲、曰妣己、曰唐、曰乙、曰丁。用一牡者曰母庚、曰父甲、曰父庚、曰父辛。用一牢者曰大庚至於中丁，曰且辛。

或二，

用二牛者曰且辛，曰父己，曰母庚。用牡者曰妣己。用二牢者曰且庚，曰妣庚。用一牛一羊者曰妣己。用二犬者曰王矢。

或三，

用三牛者曰大甲，曰且乙，曰罠。用三白牛者曰王亥。用三牢者曰大戊、曰小辛、曰武丁、曰丁。用三小牢者曰母己。用三羊者曰且乙。

或五，

用五牢者曰大甲，曰大戊，曰且乙，曰妣庚。

或六，

用五羊一牛者曰甲。用三小牢卯三牢者曰羔。

或九，

用九牛者曰唐。

或十，

用十牛者曰咸。用十白豕者曰且辛。用十牢者曰大甲、曰且乙、曰且辛、曰父乙。

用九牛一羊者曰甲。

或十五，

用十五牢者曰丁。用十五羊者曰甲。

或二十，

用十牛十羊者曰丁。

或三十，

用三十牛者曰丁。用三十牢者曰大甲，曰妣庚。

或三十三，

用三羊卅牢者曰妣庚。

或三十七，

用三十七牢者曰丁。

或四十，

用四十牛者曰王亥。

而止于百。

用百牛者曰彈，曰寅尹。用百豕者曰䌽。用百羊者曰大丁、大甲、且乙。又有僅曰牢、曰牛、曰羊、曰牡、曰小牢、曰羊、曰犬，而不言其數者。其僅言牢者曰大甲，曰大戊。僅言牛者曰南庚。僅言羊者曰武丁，曰康且丁。僅言牡者曰且乙。僅言小牢者曰南庚、曰小乙。僅言羊者曰且戊，曰妣己。僅言犬者曰父甲，曰父庚。」

見羅振玉，增訂殷虛書契攷釋，東方學會，民十六，卷下，頁六〇—六一。（卜辭原文可參閱同書，卷下，頁一一—二五）。

按羅氏言祭祀用牛止於百，考之卜辭，實不止此。「曰貞御㞢牛三百」（同書，卷下，頁一九）豈不是曾用牛至三百？

註　二　見安陽發掘報告第一期，中央研究院歷史語言研究所，民十八。

註　三　羅振玉殷虛書契前編，民元，影印本，卷一，頁二五；卷五，頁四四—四五；卷六，頁五〇；卷七，頁九—一三。

註　四　增訂殷虛書契攷釋，頁二八、四九—五〇。

註　五　同上，卷下，頁三四、四二。
註　六　殷虛書契前編，卷五，頁四八。
註　七　同上，卷三，頁二九；卷四，頁三〇、三九、四〇、四一；卷七，頁三六。藏龜，頁二〇六，二四八。
註　八　同上，卷一，頁二四、二六；卷五，頁三二。
註　九　孫海波，甲骨文篇，北平哈佛燕京學社，民二十三，第十三，頁七—八。
註一〇　增訂殷虛書契攷釋，卷下，頁四五—五一。
註一一　郭鼎堂，中國古代社會，上海現代，民二十，頁一一四—九。
註一二　尚書，「周書」，「酒誥」。
註一三　同上，「無逸」。
註一四　同上，「金縢」。
註一五　詳竹書紀年，「夏后紀」；雷學淇，紀年五帝夏后地邑圖。
註一六　書序稱：「自契至湯八遷，湯始居亳，從先王之居。」所謂八遷，可考者：世本，「居篇」云：「契居蕃」，「昭明居砥石」。士弱云：「陶唐氏火正閼伯，居商邱，……相土因之。」（左、襄九）竹書紀年，「夏后紀」亦云：「商侯相土作乘馬，遂遷於商邱，」又，帝芬三十三年，「商侯遷于殷，」孔甲九年，殷侯復歸於商邱，「殷商紀」云：湯卽位居亳。共六遷。王國維說：「自契至於成湯八遷，」謂契本帝嚳子，實本居亳，居蕃爲一遷。昭明居砥石爲二遷。又引荀子成相篇，「契玄王，生昭明，居於砥石，遷於商，」以爲昭明曾由砥石遷商，爲三遷。引左，定四，祝鮀論周封康叔曰：「取於相土之東都。以會王之東蒐，」而推論「相土之時，曾有二都。康叔取其東都，以會王之東蒐，則常在東岳之下。蓋如泰山之祊爲鄭有者。此爲東都，則商邱乃其西都矣。疑昭明遷商後，相土又東徙泰山下，後復歸商邱，是四遷五遷也。」「商侯遷於殷」爲六遷。殷侯復歸於商邱爲七遷。湯居亳爲八遷。」（「觀堂集林」，卷十二，頁一，王忠愨公遺書初集，民十六）今從王說，有此八遷。

湯以後五遷，據竹書紀年，「殷商紀」，仲丁卽位，自亳遷於囂。河亶甲卽位，自囂遷於相。祖乙卽位，自相遷於耿。二年圮於耿，自耿遷於庇。南庚自庇遷於奄。盤庚自奄遷於殷。（書序及「殷本紀」俱云殷卽亳，實誤。「盤庚」三篇俱云遷於殷，不曾言亳。書序當係附會。如以殷亳爲一地，則武丁自河徂亳，武乙又返於殷之說，如何講得通？——詳後）共五遷。（書序所云與紀年相同，只不曾說祖乙曾居於耿。）

實際上並不止五遷。盤庚在遷殷之前，卽曾五遷，所以「盤庚上」云：「不常厥邑，于今五邦。」書序云：「盤庚五遷。」史記「殷本紀」亦云：「五遷無定處。」不過五遷之中，除殷外，不可考罷了。是則連仲丁、河亶甲、祖乙、南庚及盤庚，共遷了九次，其中可知者五。

盤庚後曾否再遷？據竹書紀年，不曾離殷，丁山引國語，「楚語」，「殷武丁能聳其德，至於神明，以入於河，自河徂亳。」及史記，「殷本紀」，「帝武乙立，殷復去亳，徙河北。」云「亳在河之南，殷在河之北。」「楚語」云：「武丁入於河，自河徂亳，是盤庚都殷之後，殷人都邑，又一遷也。武丁入亳，而殷之亡國，實在河北，是自盤庚後，國都必再遷。……武乙潦河而北，復盤庚故居，是盤庚後國都再遷也。」（「由三代都邑論其民族文化」，中央研究院歷史語言研究所集刊，第五本，第一分）所論頗可信。

綜上所論，契至成湯八遷，湯以後至盤庚九遷，可知者五。盤庚以後二遷。凡二十一遷，所遷之地不可知者四。

關於各地所在，可參閱雷學淇，紀年殷商地邑圖。

註一七　尚書，「商書」，「盤庚上」，「盤庚中」，「盤庚下」。

註一八　據史記，四「周本紀」，只平王曾東遷於洛邑。太史公所謂：「學者皆稱周伐紂居洛邑，其實不然。武王營之，成王使召公卜居九鼎焉，而周復都豐鎬。至犬戎敗幽王，周乃徙於洛邑。」說得很清楚。另據竹書紀年，「周紀」，則在平王以前，懿王也曾因避翟亂而有一度的遷徙。

註一九　尚書，「商書」，「盤庚上」。

註二〇　許多學者中，F. W. Maitland 便是反對公產學說的一人。他以爲個人財產制在文化的進展過程中，實較公產制爲低下。公產制的成立，必須在酋長或首領的權力很大的集權政體之下。（見 F. W. Maitland, Domesday Book and Beyond, Cambridge, 1921, p. 345.）

他的理論最大的錯誤，便是以現代的眼光來批評原始的制度，而有公產制高於私產制的成見。誰都知道事實是與他的說法相反的。私產制的發生，確是在公產制以後的。固然有計劃的複雜的現代共產制度不是原始人民所能想到的，但原始式的公產制，在事實上，是發生於私產制以前的。

註二一　H. S. Maine, Ancient Law, pp. 270-1.

註二二　F. Seebohm, The Tribal System in Wales, Cambridge, 1904, pp. 64-5.

註二三　P. Vinogradoff, "Village Communities," Encyclopaedia Britannica, 14th ed.,

Vol. XXIII, p. 154.

註二四　Ancient Law, p. 303.

註二五　見史記，二，「夏本紀」。

註二六　同上，三，「殷本紀」。

註二七　同上。

註二八　王國維，「殷周制度論」，「觀堂集林」，卷十，頁二。

註二九　郭鼎堂，中國古代社會，頁二七五。

註三〇　Village Communities in the East and West. Lecture V.

註三一　F. Seebohm, The English Village Community, Cambridge, 1926 p. 439.

註三二　殷虛書契前編，卷一，頁二四；卷四，頁二六。

註三三　「王各周廟，……告曰，王□盂以□伐戚方，□□□□□□（執嘼）[三]二人，隻聝□[四千]□[八百]
□[二]□聝，孚人萬三千八十一人，孚（馬）□□匹，孚車□[十]兩，孚牛□[三]百□[五十]□[五]牛，羊廿[卅]
八羊。盂□[或]□□□□□□□□□我𢓊[征]執嘼一人，隻聝百卅七聝，（孚人□□□□人。）
孚（馬）□[百三]□匹，孚車百兩。」——小盂鼎文，見郭鼎堂，兩周金文辭大系，東京文求堂書店，昭和七年，頁三五。

註三四　見尚書，「周書」，「康誥」，「酒誥」，「梓材」。按書序稱成王以殷餘民封康叔。但康叔是成王叔父，誥書中何以稱之爲『弟』？必爲武王，而書序誤以爲成王。

註三五　「惟三月，周公初於新邑洛，用告商王士。王若曰：『……今惟我周王，丕靈承帝事，有命曰割殷，告勑於帝。惟我事不貳適。惟爾王家我適。……予惟時其遷居西爾。非我一人奉德不康寧，時惟天命無違。朕不敢有後，無我怨。……我乃明致天罰，移爾遐逖。比事臣我宗多遜。』王曰：『告爾殷多士，今予惟不爾殺。予惟時命有申。今朕作大邑於玆洛。予惟四方罔攸賓，亦惟爾多士，攸服奔走臣我多遜。爾乃尚有爾土，爾乃尚寧幹止。爾克敬，天惟畀矜爾。爾不克敬，爾不啻不有爾土。予亦致天之罰於爾躬。……』」——尚書，「周書」，「多士」。

第二章　封建社會的完成

在導論及上章中，我已經解釋了殷代末年已經入於封建的醞釀及形成時期；但全部社會組織還不曾完全封建化，直到周滅殷，以政治的力量實行封建，封建成爲社會組織的中心，纔入於完成時期。現在讓我來描寫這一時期的情況。

所有的人民與土地既爲周室所獲得，整個的都是屬於天子一人的（註一）。但爲了領土太廣，人民衆多，一人的精力實在管不到，於是大封諸侯。

在分封以前，他不能不先爲自己打算打算。於是第一件事他先劃出一部分土地作爲自己的，正如分家產與子女，自己先留出一筆贍養費來。

所劃出來的地方稱「王畿」，一共有千里（註二）。這塊土地是完全屬於他的，由他的卿大夫來治理，賦役供王室之用。

王畿以外的地方，便分封給同姓及異姓的諸侯，使他們各自爲政，各自治理他們的封地。

第一節　分封的情況

第一步便是劃出一地來作爲封地，然後令人去勘定田土，劃定經界（註三）。土地畝數及經界的釐定是極其重要的。一方面是諸侯國邑大小的根據。尤其重要的，便是王室的册籍上可以詳載田地的畝數，土壤的高下，人民的多少，是向諸侯徵賦徵兵役的根據（註四）。

國邑的範圍已經確定以後，便可以審度情形，指定諸侯的居處——邑的所在。接着就令人替他鳩工興造諸侯的宮室，及祭祖宗的廟堂（註五）。

原來的居民當然是屬於封邑主，而不得遷徙的。勘定田地時便連人民也在計算之列。受封時所鑄的鼎文上，邑內庶人多少有時記載的很清楚（註六）。卽使不寫明也是屬於他的。所以金文中有「受民受疆土」的話（註七）。授土時同時有授民的儀式（註八）。

此外人民臣僕奴隸的賜與，也數見不鮮。這在鼎文上都有記載可稽（註九）。經界已經勘定，寢廟已經完工，接着便是人的遷入。一切正如我們買地造房及搬入的情景一般。主人還未遷入之前，首先遷入的當然是臣僕奴隸。天子所賜並受封者原來有的私奴都次第遷入（註一〇）。

什麼事都辦妥，便只等主人大駕的光臨了。在榮行以前，天子又送給他許多禮物。這些禮物不外乎乘車、牛馬、弓矢兵器、圭瓚秬鬯、鐘鼓、樂器、衣飾、旂旗等物（註一一）。圭瓚、秬鬯、鐘鼓、樂器是賜以供祭祀的，賜弓矢兵器是予他以征伐的特權。這種賜頒是含有特殊意義的，非衣飾、金銀等平常器物可比（詳第五節）。

就封以前，必詔賜册命，詳述所賜田地、都邑、庶人、臣僕、車馬、戎兵的數目。這等於委任狀，是就封地的根據。受封者稽首拜謝，頌天子萬年，為紀念及垂示後人，以表明他的勳勞起見，總是將這詔書的原文銘刻在鼎彝上，世世保守永以為國寶。若是這寶器失了，差不多便等於失國。

封賜土地頒詔書時，天子必親臨訓話。訓話中除了敬共祭祀（註一二），善治其國，善理其民（註一三），一類官樣文章外，最主要的却看重於輔翼王室一點（註一四）。這是封建屏藩用意之所在，自不能不反覆訓誥，這些寫爲文章的訓誥，至今還可以從書上找到。

最後便是走馬赴任了，臨行以前天子設宴爲之餞行（註一五）。

第二節　同姓諸侯與異姓諸侯

一民族侵入另一民族，而有其土地人民，同族的人都成爲天之驕子，享有許多權利，土地的分封，便是最大的權利。

一來同是族人，看在祖宗的關係上，自當如此，才不負同族的情分。二來以流血得來的領土人民，交與異族人去負責治理，實在不放心。唯有同一祖先的族人纔能甘苦相共，不致於有意外的激變。

武王克殷以後所封同姓諸侯極多，到管、蔡謀叛後，同姓受國者較前尤多（註一六）。荀子說周兼併天下以後，立七十一國（註一七）。其中兄弟有國的，據成鱄說共十五人（註一八），同姓族人受封的，成鱄云四十人（註一九），荀子云五十三人（註二〇），太史公云五十五國（註二一）。所說無大出入，姬姓諸侯大約在四五十人左右。

各家都不曾將國名說出來，只有富辰說的最詳細。他說文王子受封的有管、蔡、郕、霍、魯、衛、毛、聃、郜、雍、曹、滕、畢、原、酆、郇十六國，武王子有邘、晉、應、韓四國；周公子孫有凡、蔣、邢、茅、胙、祭六國（註二二）。與成鱄所說的武王兄弟之國者十五人，相差只一人。兩說足證可靠，而富辰能將十六國國名列舉出來，據我想比較更可靠。但所謂姬姓四、五十國卻誰也不能一一列舉出來。

異姓諸侯並不全是異族人，我們不要忘記了異族人相遇，總含有仇視心理。除非少數不得已情形之下，怎能封以土地，或仍許有其土地，使為諸侯？當時天子稱同姓諸侯曰「伯父」、「叔父」或「兄弟」，稱異姓諸侯曰「伯舅」、「叔舅」（詳後），足證多係同族親戚。

我們試將被稱爲伯叔及舅的諸侯加以分析，也許可以看出一些道理來。

稱伯父的（註二三）有

晉侯

吳子

稱叔父的（註二四）有

魯侯

晉侯

稱兄弟的（註二五）有

晉鄭等同姓國

稱伯舅的（註二六）有

齊稱叔舅的不見於史料

晉侯係成王弟唐叔虞之後，吳子係文王伯父太伯之後。魯侯係武王弟周公旦之後。鄭係宣王弟之後。這些不但是同姓，而且確有家屬關係。齊係姜尚之後，係異姓，但與王室互爲婚姻（詳第六章），確爲王舅（註二七）。那麼稱同姓爲伯叔兄弟，稱異姓爲伯舅叔舅，無復可疑。

但有一般人因此引儀禮「覲禮」，「同姓大國則曰『伯父』，其異姓則曰『伯舅』，同姓小邦則曰『叔父』，其異姓小邦則曰『叔舅』」，卻是錯誤的。大約伯父伯舅是指年長於天子的諸侯，叔父叔舅是指年幼於天子的諸侯，和我們親屬的稱謂一樣。

從事實中我們可以看出伯叔的形容詞不甚嚴格的。吳子係小國，曾被稱「伯父」，晉係大國，曾被稱爲「叔父」，可見與國的大小毫不相干。

我以爲伯父叔父兄弟和舅都是汎稱，一以表示同姓相親，一以表示異姓相關，不必斤斤於此。這種稱謂是很客氣的，不稱伯父，便稱叔父，除了王子朝一例外，不曾見有稱諸侯爲兄弟的，小一輩的稱謂，更不必說了。同樣的道理，便只有伯舅或叔舅的稱謂，而不會稱諸侯爲甥的。

這些異姓諸侯不外三類：

（一）前代帝王之後　武王時封神農、黃帝、帝堯、帝舜，大禹之後，成王時又封成湯之後（註二八）。

（二）功臣　王室初創的時節，必賴許多人來出力擁護，爲獎勵起見，既定天下，必依次封之。這種獎賞，完全是汗馬功勞換來的，周初姜尚父最著勳勞封於齊（註二九）。

（三）本來存在的部落　周代所有的異姓諸侯，是不是俱爲王室所封？也有自成爲國，而不爲王室所滅，仍容其存在者否？這問題不可不加以注意。據史記的記載，可以將各國建國的經過，條列於下。本來存在或非王室直接所封者，旁加黑點，以清眉目。

齊　「於是武王已平商而王天下，封師尚父於齊營邱。」（註三〇）

殷　「封紂子武庚祿父，使管叔蔡叔傅之，以續殷祀。」（註三一）

「武王巳克殷紂，復以殷餘民封紂子武庚祿父，比諸侯以奉其先祀勿絕。」（註三二）

陳　「至於周武王克殷紂，乃復求舜後，得嬀滿，封之於陳，以奉舜祀。」（註三三）

杞　「周武王克殷紂，求禹之後，得東樓公，封之於杞，以奉夏后氏祀。」（註三四）

宋・「周武王伐紂克殷，微子乃持其祭器，造於軍門，肉袒面縛，左牽羊，右把茅，膝行而前以告。於是武王乃釋微子，復其位如故。」（註三五）

楚・「楚之先祖出自帝顓頊高陽，高陽者，黃帝之孫，昌意之子也。……其後中微，或在中國，或在蠻夷。……熊繹當周成王之時舉文武勤勞之後嗣而封熊繹於楚蠻，封以子男之田，姓羋氏，居丹陽。……熊渠曰，我蠻夷也，不與中國之號諡，乃立其長子康爲勾亶王，中子紅爲鄂王，少子執疵爲越章王，皆在江上楚蠻之地。……楚曰，我蠻夷也，今諸侯皆爲叛，相侵或相殺，我有敝甲，欲以觀中國之政，請王室尊吾號。〔王室不聽，楚熊通怒，自立爲王〕……成王惲元年，初卽位，布德施惠，結舊好於諸侯，使人獻天子，天子賜胙曰，『鎭爾南方夷越之亂，無侵於中國。』於是楚地千里。」（註三六）

越・「越王勾踐，其先禹之苗裔，而夏后帝少康之庶子也，封於會稽，以奉守禹之祀，文身斷髮，披草萊而邑焉。」（註三七）

焦、祝、薊「武王追思先聖王，乃褒封神農之後於焦，黃帝之後於祝，帝堯之後於薊，帝舜之後於陳。」（註三八）

秦・「非子居犬邱，好馬及畜，善養息之。犬邱人言之周孝王。孝王召使主馬於汧、渭之間，馬大蕃息，……於是孝王曰，『昔柏翳爲舜主畜，畜多息，故有土，賜姓嬴，今其後世亦爲朕息馬，朕分其土爲附庸，邑之秦，使復續嬴氏祀，號曰秦嬴。……秦之先帝顓頊之苗裔……周幽王用褒姒，廢太子，立褒姒子爲適，數欺諸侯，諸侯叛之，西戎、犬戎與申侯伐周，殺幽王酈山下，而秦襄公將兵救周，戰甚力，有功，周避犬戎難，東徙雒邑，襄公以兵送周平王，平王封襄公爲諸侯，賜之岐以西之地，曰，『戎無道，侵奪我岐豐之地，秦能攻逐戎，卽有其地，與誓封爵之』，襄公於是始國，與諸侯通。……文公以兵伐戎，戎敗走，於是文公遂收周餘民有之，地至岐，岐以東獻之周。」（註三九）

從上引各段原文中，我們可以看出來，異姓諸侯中，除了王戚，前代帝王之後，功臣倖臣外，有數國是本來存在，並不是受周之封始爲諸侯的。不可忽略。

宋微子持祭器請罪，武王復其位。越在少康時，已居會稽，是久已有其國，非周室所封。不過宋經過王室的備案，准予繼續存在。越則置王室於不顧，而王室亦不暇多事。秦本不成爲國，因周平王之命，奪西戎所侵地而有之。

楚的情形是比較繁雜的。據史記，楚在周成王時，已封爲子男，後來更自強大，自立爲王，在這裏我對於楚開國的記載，不免有些懷疑。楚是當時所謂蠻夷之族。周室怎會加以封號而予其地？「祝融八姓，於周未有侯伯。」（註四〇）是極明確的證據。周昭王南征不復（註四一），豈非侵楚未成？楚果爲周室諸侯，也不勞昭王南征了。卽據史記，熊繹果已受封，熊渠——熊繹五世孫，怎會說：「我蠻夷也，不與中國之號謚」，而自立其諸子爲王？

我們可以相信，除了宋係前代帝王殷族之後，又可憐微子的賢明知罪，而加以承認之外，若越若秦若楚的爲諸侯，都是多少有些出於無可奈何的情勢。越與周的交涉，無記載可尋。大約是因僻處南越，爲周室勢力所不達，因而未被侵及。昭王之伐楚，楚之不與中國號謚，及後來請王室加以尊封，未得許可，自立爲王。王室無可如何，只求楚鎭於南夷，無侵及中國的妥協局面。周平王因秦襄公的力量，得返王室，自己也曉得被戎侵略之地，無力收復，而說：「秦能逐戎，卽有其地，與誓封爵之」的情勢。都可充分看出來，秦楚的建國，不但非周室所封，且並非周室所願。我已經提到異姓諸侯並不全是同族人。也有少數異族人，在不得不封，及無可奈何情勢之下，立國或存在的。上述宋、越、秦、楚的故事，只是我們所知之實例而已。當時所謂夷狄的許多異族部落，都是如此的。史伯與鄭桓公的談話告訴我們，成周之南的荆蠻、申、呂、鄧、陳，北方的狄、潞、洛泉、徐、蒲，東方的宋、薛、鄒、莒。除了異姓甥舅，即「蠻荆戎狄」。祝融八姓：已姓，昆吾、蘇、顧、溫、董。董姓：鬷夷、豢龍，爲夏所滅。彭姓，彭祖、豕、韋、諸稽，爲商所滅。禿姓，舟人，爲周所滅。妘姓，鄔、鄶、路、偪陽。曹姓，鄒、莒，未滅，皆爲采衞，或在王室，或在夷狄。芈姓惟荆芈最爲強大，不可侵偪（註四二）。異姓及異族部落或次第被強大的夏商周所呑滅或依然存在的情形，最爲明顯。能存在的，都是勢力比較強大的。楚雖先後爲昭王所伐（見前），爲鄭桓公所窺伺（註四三）。而不失國，便是勢力強大的原故。強弱兩種勢力本來是積不相容的，周室強盛的時候，四鄰的異族，都有被侵略的危險，久而久之，周室日衰，便不但無侵滅他們的能力，反而有被侵偪的可虞了。所謂：「王室將卑，戎狄必昌，不可偪也。」（註四四）「蠻夷戎狄。其不賓也久矣。中國所不能用也。」（註四五）的是實情。

總結起來，異姓中非受王室直接受封的諸侯，可分爲三類。

1. 本來存在，因而封之。——以宋爲例。

2. 本來存在，因鞭長不及，或勢力懸殊，無法干涉。——以越、楚爲例。

3. 命其自行開闢土地，而予以承認的。——以秦爲例。

講到因而封之及自行開闢土地二點，不但對於異族的部落如此。就是對於同族親屬的就封，恐怕也有不少如此的，不見得俱是王室佔下土地後，由天子直接分配與衆人。周武王克殷，求泰伯仲雍之後，這時，仲雍曾孫周章已爲吳君，於是因而封之（註四六）。宣王庶弟友鄭桓公，初封於鄭，後來桓公開闢虢鄶十邑，請於王，徙其民，居以爲國（註四七）。是顯明的例證。

朱子與門人對於封國的談話，很有獨到的見解。錄於下以補充以上的討論。

「先儒說孟子所論（五等之地）乃夏、商以前之制，周禮是成王之制，此說是了。但又說是周斥大封域而封之，其說又不是。若是恁地，每一國添了許多地，便着移了許多人家社稷，恐無此理。這只是夏商以來漸漸相吞併，至周自恁地大了。周公也是不奈他何，就見在封他。且如當初許多國，也不是先王要恁地封，便如柳子厚說様。他是各人占得這些子地，先王從而命之以爵。不意到後來相呑併得恁大了。且如孟子說周公之封於魯也，地非不足而儉於百里，太公之封於齊也，地非不足而儉於百里，這也不是當時封許多功臣親戚，也是要他因而藩衞王室。他那舊時國都恁大了，卻封得恁地小，教他與那大國雜居，也於理不順。據左傳所說：『東至於海，西至於河，南至於穆陵，北至於無棣』，齊是恁地濶。詩『復周公之宇』，魯是恁地濶。這個也是勢着恁地。……」（註四八）

讓我們分別將周朝同姓異姓諸侯之可知者列一表以淸眉目。

同姓諸侯據富辰語（註四九），共下列二十八國：

魯——叔旦

管——叔鮮

蔡——叔度

燕——召君奭
衞——康叔
曹——叔振鐸
滕
郕——（史記作成）——叔武
霍——叔處
毛
聃——（史記作冉）——季載
郜
雍
畢
原

酆

郇——（或作荀）（註五〇）

以上俱文王子，見富辰（註五一）、侯獳（註五二）、子魚（註五三）、僖負羈（註五四）語，及史記（註五五）。

邘

晉——唐叔虞

應

韓

以上俱武王子。見富辰（註五六）、侯獳（註五七）、子魚（註五八）、僖負羈（註五九）等語，及史記（註六〇）。

凡

蔣

邢

茅

胙

祭

以上俱周公子孫（註六一）。

吳——太伯

以上太王長子，季歷兄，文王伯（註六二）。

以上二十八國，都是富辰說的。各國來源極清楚，是最可靠的原料，據馬端臨從春秋左傳上所集姬姓國還有以下二十六國（註六三）：

鄭——桓公，厲王少子，宣王庶弟（註六四）。

東虢——虢仲，王季子，文王弟。

西虢——虢叔，仝上（註六五）。

隨

芮

賈

單

息

滑

虞——太王子虞仲之後（註六六）。

周

甘

頓

巴

唐

召

尹

北燕

胡

劉

耿

魏

溫

焦

邢

揚

如此同姓諸侯便有五十四國了，據世本「氏姓篇」亦云芮、息、魏、隨、賈等國係姬姓，與通考相合。但以胡爲歸姓，不知孰是。

異姓諸侯據馬氏通考（註六七）

宋 子姓，微子啓後（註六八）

箕 仝

齊 姜姓，姜尙後（註六九）

許 仝，太嶽之後（註七〇）

紀 仝

州 仝（註七一）

申 仝

秦 嬴姓，顓頊之後（註七二）

穀 仝

葛 仝

徐　仝（註七三）

梁　仝

鄦　仝

郯　仝

邳　仝

黃　仝（註七四）

陳　嬀姓，舜之後（註七五）

杞　姒姓，禹之後（註七六）

越　仝

鄫　仝

沈　仝

楚　羋姓，熊繹之後（註七七）

|荆 仝

|夔 仝

|薛 |任姓（註七八）

|郳 |曹姓（註七九）

|小郳 仝（註八〇）

|郘 仝

|宿 |周姓

|須句 仝

|任 仝

|顓頊 仝

|莒 |已姓，出自少皞（註八一）

|南燕 |始姓（註八二）

鄧　曼姓（註八三）

舒　偃姓（註八四）

舒鳩　仝（註八五）

蓼　仝（註八六）

六　仝

偪陽　嫿姓，祝融之孫陸終第四子求言之後（註八七）

鄅　仝（註八八）

夷　仝（註八九）

羅　熊姓（註九〇）

鄀　文姓

共四十四國，據世本「氏姓篇」見於左傳的異姓國還有姜姓向國，是則共四十五國。

此外據馬氏（註九一）還有

具爵而不具姓的國八：

譚

弦

宗

萊

杜

賴

鍾吾

蘇

及爵姓俱失的二十六：

戴

鄅

貳
軫
絞
牟
遂
權
陽
共
冀
道
栢
厲

項

英氏

江

巢

庸

崇

舒庸

邿

鑄

亳

房

桐

是則同姓諸侯共五十四，異姓諸侯共四十五，姓不詳者三十四。所有諸侯無論同姓異姓，春秋時代依然存在的共有一百三十二國。

荀子說同姓族人受封的共五十三人（註九二），太史公說共五十五人（註九三），和以上所說同姓諸侯共五十四國相差只一二人。

荀子說：「周兼制天下立七十一國，姬姓獨居五十三人。」（註九四）可以看出同姓諸侯數目遠超過於異姓諸侯。從理想上推度，這種情形是合乎情理的，但據上述同異姓諸侯之數，一爲五十四，一爲四十五，相差只九人，看不出這種趨勢來。大約其姓不詳的諸侯中，還有許多是同姓的。荀子太史公所說的數目只是周初所封，或只舉其所知者而已。

異姓諸侯數目雖看不出遠遜於同姓諸侯，但以封地的重要性來說：卻大有歧異。周初所封異姓諸侯不得而詳，試以春秋時各國所處的地理形勢來看（註九五），便可以看出這種歧異來了。展開地圖來看，同姓諸侯中，鄭初在陝西西南部（華州），後徙河南中部（新鄭、滎陽等地）。晉在山西中部（太原、平陽等地）。衞在河南北部（衞輝等地）。蔡在河南南部（汝南等地）。魯在山東中部（泰山、曲阜等地）。滕在山東西北部（濟南等地）。曹在山東西南部（曹州、定陶等地）。除了吳在江蘇南部（姑蘇）長江流域外，其餘諸國都在王室附近，黃河上下游之區。土地肥美，河流所經，便於灌溉，宜於耕種，是最好的地方了。

反觀異姓諸侯，在河南中部的有許（許昌），東部有宋（商丘、夏邑等地），北部有陳（宛丘等地）。在山東東部的有杞（高密），南部有小邾（滕縣），西部有邾（兗州、鄒縣），西南有莒（沂州等地），北部有最著名的大國之一——齊國（臨淄等地），陝西的中部有大國秦（汧渭之間）。湖北北部有大國楚（襄陽、荆山、荆門等地）。江蘇西北有薛（徐州）。浙江北部有越（會稽）等地。

除了宋、陳、許、杞、邾等小國是處於內地的外，大國之在黃河流域的只有齊、秦二國。齊國是姜太公之後，在當時以殊功首封的。其餘各國，秦近戎狄，是最危險的地方，時常有被侵略的可能。楚、越遠處南邊，在那時是未開化的野蠻地方。若對待同姓決不能使他們跋涉邊地，備嘗艱苦，或時常有兵事的危險。這些歧異完全基於維護族人的觀念。

此外在地位上也有許多地方顯示種種歧異。楚子與魯、衞、晉，並事周康王。魯、衞因爲是王的母弟，齊因爲是王舅，都分得一鼎。熊繹因爲是異姓，又無親戚的關係，所以獨沒有得着，隔了許多時候，靈王還引爲不平，將索於王（註九六）。

第三節　諸侯的等級

諸侯的等級是最難明瞭的事。戰國時代雖去周初不遠，而且仍有諸侯，然而僭亂不堪，已經失了原來的法度。不但普通人茫然不知，就是孟子的學生北宮琦也不明白，不但他不明白，就連鼎鼎大名的大儒，他的老師孟先生也說不清楚。也只是聽說過大略而已（註九七）。

如果將所有關於諸侯等級的記載及傳說都加以討論，混亂和矛盾的情形將使你頭痛腦漲無所適從。

最好的方法是請你將那些不可靠的記載，及無稽的傳說，都以快刀斬亂麻的手段，剔出來丟到字紙簏裏去。然後再埋下頭來好好的去研究那些可信的材料。

究竟諸侯一共有幾等爵位？讓我先不去引用那些紛歧的記載及傳說，來煩亂我們的頭腦，不妨費些功夫將春秋上所有關於諸侯爵位的稱謂，都摘錄下來，按等級分類作表，以為討論的根據。這樣的原料最可靠，這樣的研究方法最有事實的根據。

公　周公　僖九。

宋公　隱三、四、八；桓一一、一二、一三、一五、一六；莊二、一四、一五、一六、一九、二七、三二；僖元、二、三、四、五、六、七、八、九、一五、一六、一八、一九、二一、二二、二三、二八；文二、七、一四；宣元、七、九；成二、三、四、五、七、八、九、十、一三、一五、一六、一八、一九、二一、二二、二三、二八；襄三、五、七、九、十、一一、一五、一六、一八、二一、二二、二四、二五；昭十、一三、一九、二五；定四、一一、一四；哀八。

侯

齊侯　隱三、六、七、八、九、十、一一；桓二、三、一三、一四、一五、一七、一八；莊四、七、一四、一五、一六、一九、二三、二七、三十、三二；閔元；僖元、二、三、四、五、六、七、八、九、十、一一、一五、一六、一七、二七、二八、三三；文一四、一五、一六、一七；宣元、四、九、十、一四；成二、五、七、九、十、一三、一六、一七；襄六、一六、一七、一九、二十、二一、二二、二三、二七；昭一三、二一、二五、二六、二九；定七、九、十、一二、一三、一四、一五；哀元、五、十。

晉侯　僖九、一五、二四、二八、三二；文元、二、三、四、六、一三；宣七、九、一一、一七、一八；成三、五、七、八、九、十、一一、一二、一三、一五、一六、一七、一八；襄元、三、五、七、八、九、十、一一、一二、一五、一六、一八、二十、二一、二三、二四、二五、二六；昭二、十、一三、一六、二一、三十、三一；定四；哀一三、一五。

衞侯　隱八；桓一二、一三、一五、一六；莊六、一四、一五、一六、二五；僖四、五、六、八、九、一五、一六、二二、二五、二八、三十；文四、一三、一四；宣元、七、九、一七；成二、三、五、七、九、十、一二、一三、一四、一五、一六、一七、一八；襄元、三、五、七、九、十、一一、一四、一六、一八、二十、二一、二二、二四、二五、二六、二七、二九；昭七、一三；定四、七、八、九、十、一三、一四、一五；哀元、二、一二、一六。

蔡侯　隱八；桓二、一六、一七；莊十；僖一四、二一、二七、二八；文十；宣一七；襄二四、二六；昭四、五、一一、一三、二十、二一、二三；定四；哀四。

陳侯　隱四；桓二、一一、一二、一五、一六；莊元、四、一五、一六、二七；僖四、五、六、一二、一五、一六、二一、二七、二八；文二、一三、一四；宣元、一一；襄三、四、五、七、二十、二三、二四、二六；昭四、五、八、一三；定四、八；哀元。

滕侯　隱七、一一。

薛侯　隱一一。

杞侯　桓二、三、一二。

紀侯　桓六、一三、一七；莊四。

鄧侯　桓七。

邢侯　僖一六。

隋侯　哀元。

伯

曹伯　桓九、十；莊二三；僖元、四、五、六、七、八、九、一五、一六、一八、二一、二八；文九、

一二、一四、一五；宣元、七、九、一四、一七；成三、五、七、九、十、一三、一五、一六、一七；襄五、七、九、十、一一、一六、一八、二十、二一、二二、二四、二五；昭一三、一四、一八、二七；定四、八；哀八。

鄭伯 隱元、三、八、十、一一；桓元、二、一一、一二、一三、一四、一五；莊四、一四、一五、一六、二一、二七；僖元、四、五、八、九、一五、一六、二一、二七、二八、三二；文二、一三、一四；宣三、七、九、一一；成四、五、六、九、一三、一五、一六、一八；襄二、三、五、七、八、一一、一六、一八、二十、二一、二二、二四、二五；昭四、一二、一三、二八；定四、七、八、九；哀一五。

秦伯 僖一五、文一二、一八；宣四；成一四；昭元、五、九；哀三。

穀伯 桓七。

滑伯 莊一六。

杞伯 莊二七；文一二；成五、七、九；襄六、九、十、一一、一六、一八、二十、二二、二三、二四、二五；昭六、一三、二四、二六；定四；哀八。

薛伯 莊三一；襄五、九、十、一一、一六、一八、二十、二二、二四、二五；昭一三；定四、一二；

哀十。

北燕伯 昭三。

凡伯 隱七。

祭伯 隱元。

單伯 隱一四；文一四、一五。

毛伯 文九；宣一五；昭二六。

召伯 宣一五；昭二六。

郰伯 文一二。

子

楚子 僖二一；文九、十、一一；宣四、九、十、一一、一二、一三、一五、一八；成一六、一八；襄一一、一三、二四、二六、二八、三十；昭元、四、五、一一、一二、一六、二六；定一五；哀元、六。

莒子 隱二；僖二六、二八；成八、九、一四；襄三、五、七、九、十、一一、一六、一八、二十、二一、二二、二四、二五；昭一三、一四、二三、二六；定四。

邾子　莊一六；宣元、一七；成五、六、一八；襄元、三、五、七、九、十、一一、一六、一七、一八、一九、二十、二一、二三、二四、二五、二八；昭元、一一、一三、二六；定三、四、一四、一五；哀七、八、十。

小邾子　僖七；襄七、九、十、一一、一六、一八、二十、二三、二四、二五；昭三、四、一三、一七；定四；哀四。

吳子　襄一二、二九；昭一五；定四；哀一三。

滕子　桓二；莊一六；僖二二；文一二；宣九；成一六；襄五、六、九、十、一一、一八、二十、二四、二五、三一；昭三、四、一三、二八；定四、一五；哀二、四、一一。

譚子　莊十。

鄫子　僖一四、一九。

單子　成一七；襄三；昭二二。

宋子　僖九。

郜子　僖二十。

衞子　僖二五、二八。

陳子　僖二八；定四。

杞子　僖二三、二七。

潞子　宣一五。

尹子　成一七。

邾子　襄七；昭一七。

徐子　昭四。

頓子　昭四；定四。

胡子　昭四；定四。

沈子　昭四、五；定四。

劉子　昭一三、二二；定四。

男

許男　莊一六；僖四、五、八、九、十、一五、一六、二一、二二、二七；文五、一四；宣一七；襄二

四、二六；昭四、五；定四、二八；哀元、一三。

從表中我們可以看出幾個事實：（一）確有公侯伯子男五等爵位（二）最要緊的是各國爵位的固定。例如宋永稱宋公；齊、魯、衞等永稱爲侯；鄭、曹、秦等總是稱伯，楚、吳等國總是稱子；（後楚、吳自稱爲王，係僭稱非常法）許永稱爲男。（三）但其中有二變例，不可不加注意與分別。

(a)有降爵的例子：

杞　本侯，莊二十七年黜稱爲伯，僖公時且曾一度黜爲子，旋復稱伯（見林註）。

薛　本侯，莊三十一年黜爲伯。

滕　本侯，成十七年降稱子（見杜註）。

單　本伯，成十七年降稱子（見杜註）。

杞　本侯，莊二十年稱伯，僖二十三年黜稱子（見杜註）。

降爵以後，便永從降爵的稱謂，並沒有發見時而稱伯，時而稱侯，又時而稱伯的一種不固定的例子。可見並不是隨意的。

(b)宋襄公曾一度稱子。左丘明加以解釋道:「桓公卒未葬，而襄公會諸侯故曰『子』。凡在喪王曰『小童』公侯曰『子』。」(註九八)這一類的例子很多:

宋 僖九左傳。

衞 僖二五、二八，杜註。

陳 僖二八、定四，杜註。

以上俱父喪未葬，稱子的例子。只有:「衞文公旣葬成公，不稱爵者，述父之志，降名從未成君，故書子以善之。」(註九九)及「衞侯出奔，其弟叔武攝位受盟，非王命所加，從未成君之禮故稱子。」(註一〇〇)二事，稍爲有些不同。但仍從新君未卽位的義例。像這一類的例子，的確是當故君未葬時稱子，旣葬以後又復原稱，左氏所說是無疑義的。

根據以上所有事實的證明，我們可以得下列的結論，諸侯確有公、侯、伯、子、男五等爵位，除非升黜是不可以改稱的。

再擧一例，許穆公本是男爵，因死於軍中加二等，葬以侯禮（註一〇一），可見確有五等，男爵加二等纔葬以侯。

也許有人要懷疑，既然諸侯有五等，以公爲最大，何以不稱「諸公」，而泛稱諸侯呢？原來公爵是有限制的，只有「天子三公，及王者之後稱公，其餘大國稱侯，小國稱伯、子、男」（註一〇二），所以周公旦以天子三公而稱公，宰孔稱爲宰周公（註一〇三），宋以殷後而稱公。此外春秋上不見有公爵。

但不要太固執了，通常的稱公，與公爵的稱謂是不同的。凡公、侯、伯、子、男不加以國號，都可以稱公。春秋上稱魯侯皆曰「公」，諸侯薨皆從諡稱某公，不僅宋公如此，其例見下：

宋隱三；莊三；成三、一五；昭一一、二六。

魯桓一八；閔元；文元、二、九、一八；成元、一八；襄三一；定九。

齊桓一五；莊九；僖一八、二七；成九；襄一九；哀五、十。

晉僖三三；文六；襄一六；昭十、一六、三十。

衞隱五；桓一三；僖二五；成三、一五；昭七；哀二。

蔡隱八；宣一七；襄三十；昭一三、二一；哀四。

陳莊二；僖一三；宣一二；昭八、二四；定四、八。

杞襄六、二三；昭六；定四；哀九。

薛昭三一；定一二；哀十。

曹桓十；莊二四；僖七；文九；宣一四；成一三；襄一九；昭一四、一八、二八；定八。

鄭桓一一；莊二一；宣三；成四；襄八；昭一二、二八；定九。

秦昭六、九；哀四。

劉定四。

滕昭三、二八；哀四、一一。

邾　昭元。

許　僖四；文六；宣一七；襄二六；昭一九；哀一三。

這種例子極明顯，卒時仍稱其爵位，葬時纔加謚稱公。例如：「冬十有二月己卯，晉侯重耳卒……癸巳，葬晉文公。」（註一〇四）「王正月庚申，曹伯終生卒……夏五月，葬曹桓公。」（註一〇五）「六月丁巳，邾子華卒……葬邾悼公。」（註一〇六）「夏，許男成卒……葬許元公。」（註一〇七）其例極多。但這種「公」的稱謂與公爵的稱謂是迥乎不同的。或僅稱「公」而不名其國；或名其國而加其謚，如晉文公、邾悼公、許元公之類是。決不能如稱宋公一樣而稱爲晉公、曹公、邾公、許公。此處所云「公」當如爾雅所釋：「公，君也」，而不是公侯的「公」。這種分別極其重要，否則便要如郭鼎堂氏之以爲王、公、侯、伯、子、男乃國君的通稱（註一〇八）。或傅斯年氏之以爲「公」是一切有土者的泛稱，並非班爵之號了（註一〇九）。

五等之說既已證實，當再詳論五服的問題。在史籍上這是一個最紛亂不決的問，各說極不一致，其正確性極可懷疑。

各家所說不出二種：

一、五服說

甸服——五百里

侯服——五百里

綏服或賓服——五百里

要服——五百里

荒服——五百里

五服論以「禹貢」及國語為根據（註一一〇）。二者所說相同，五服名稱除綏服一作賓服外完全相同。

二、九服說

侯服——方五百里

甸服——方五百里
男服——方五百里
采服——方五百里
衞服——方五百里
蠻服——方五百里
夷服——方五百里
鎭服——方五百里
蕃服——方五百里

九服論是以周禮及佚周書爲根據的。兩書完全相同（註一一二）。

二種不同的記載雜亂無章，可謂至矣。不但名稱互異，層次不同。連服數都不一致，多至九服，少至五服，相差懸殊，更爲荒誕。試問諸侯之服共有幾種的根本問題，還不能解答，怎能進而詳論各服的名稱？相距里數？及其職務貢賦？

如果照五服九服的說法，那末土地都成爲極整齊的方形。當中一個方千里的四方形，千里之外一五百里四方形，成爲一服，此服外又一五百里的四方形，成爲另一服，依次排列，以至於五個，或九個。先不要說這樣呆板固定的劃法地理環境是否應允，（這種純爲許多四方形所套成的地圖，自古迄今，誰也不曾見過，恐怕只有古代迷信天圓地方的人會想像得出，臆造得出）這種精確里數的測量與劃分，試思在工程測量尙未發明的上古時期如何辦得到？其爲臆說僞造可知。但我們不能因此而武斷的根本否認服的制度，我們應該從可靠的材料上來證明服的有無及性質。

周金文中關於服的記載：

令彝——「衆卿事寮，衆諸尹，衆里君，衆百工，衆諸侯：侯田男，」（註一一二）

這文獻關係極其重要，可以與「周書」相參證。

「丁未祀於周廟，邦甸侯衞駿奔走，執籩豆。」——「武成」。

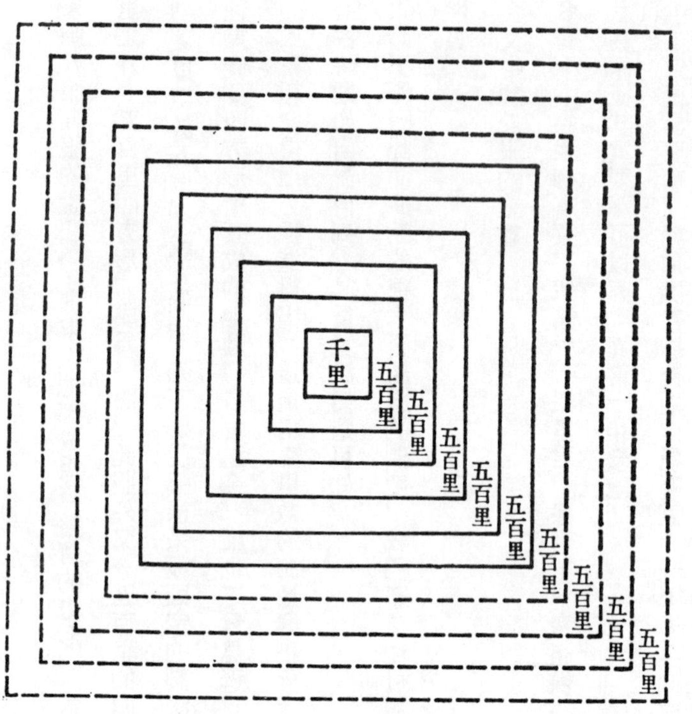
千里
五百里
五百里
五百里
五百里
五百里
五百里
五百里
五百里
五百里

「侯甸男邦采衞百工播民和。」——「康誥」。

「越在外服：侯甸男邦伯；越在內服：百僚庶尹，惟亞惟服宗工，越百姓里居。」——「酒誥」。

「越七日甲子，周公乃朝用書，命庶殷侯甸男邦伯。」——「召誥」。

「小臣屏侯甸，矧咸奔走。」——「君奭」。

「王若曰庶邦侯甸男衞。」——「康王之誥」。

所說略同，所謂：「衆諸侯侯甸男。」及「侯甸男，邦伯」者，豈不是說侯甸男是諸侯三服，是包括於衆諸侯衆邦伯之中的，（伯者長也，邦伯卽國之長，或國君之意，等於諸侯。）而諸侯之服只有侯甸男三種，尤其明顯。五服或九服足徵皆後人附會臆造之說。

我們由上引例證並可以知道服分內外兩種。百官臣僚屬於內服，是王畿以內的官吏。侯甸男屬於外服，是王畿以外的諸侯，所以稱外服。

侯甸男本身的解釋極爲困難。但我們也可測知其大略。我們可以確定服決不是爵位的等級，（公、侯、伯、子、男纔是爵位的等級）大約只是封地距離王畿遠近的一種指示而已。「禹貢」，「周官」，侯周書，國語所說五百里一服的制度，雖係僞造，但能引起其作僞的根據的制度本身，卻不可一概駁斥。不同服代表不同距離的制度，當時一定有的，久之時過境遷，從人只聽說有這麼回事，究竟如何都不明白，因而附會成各說，不可置信。

大約侯離王畿最近，甸較遠。男最遠。「周官」及「職方篇」都說王畿之外方五百里曰侯服，侯服之外方五百里爲甸服，又其外方五百里爲男服。五百里一服之說當然是極其荒謬的，但侯甸男由近而遠的次序大約可信。關於次序及距離的確定，除非再有新的考古材料發現，是不容易驟然解答的。

誠如上所述公侯伯子男是諸侯五等爵位，侯甸男是諸侯國土距離王畿遠近的三種服。前者表示諸侯之尊卑，後者卻沒有這種顯示，與尊卑沒有關係，各爵可以遠處在男服，也可以處在侯服或甸服，完全以地域來決定。二者是並行不悖的。所以晉以侯爵處在甸服，稱爲「甸侯」（註一一三），曹以伯爵處在甸服，稱爲「伯甸」（註一一四），鄭爲伯爵處男服，而稱爲「伯男」（註一一五），餘可以類推。

還有一問題，當於此節結束前略加討論，「周書」不同於金文的，於侯、甸、男三服之外還有衞服一項。衞者何？據我看必爲附庸無疑。孟子解釋不直接隸屬於天子而附於諸侯的稱爲「附庸」（註一一六），這一點是對的，可與他書互證。「酒誥」明明的以侯、甸、男爲邦伯，而以衞列於三種邦伯之後不與同列。金文也只以侯甸男置於衆諸侯之下，無衞一項（見前），可以證明是諸侯以下的附庸。

因爲附庸不曾受王册命，是無爵的，所以不能稱爵而名，受爵以後纔能稱某子（註一一七）。

第四節　國土的大小

從散氏受封的金文中，國土的大小雖然不能確知，但估計從某地到某地，又折而經某地到某地，一封至於二封以上劃界的情形，涉地之多，封地之廣，卻可斷言（註一一八）。

金文中有不少關於田邑數目的記載，比散氏盤給我們的印象更具體些。我們不妨把那些材料摘錄下來，作一比較研究，這或者會予我們以討論的便利，不致於太趨於空泛。

（一）以田爲單位的

四田——卯𣪘（註一一九）

五田——舀鼎（註一二〇）

七田——大克鼎（註一二一）

十田——不嬰𣪘（註一二二）

百田——敔𣪘（註一二三）

（二）以邑爲單位的

二百九十九邑——子仲姜鎛(註一二四)

(三)以縣爲單位的

三百縣——叔夷鐘(註一二五)

或稱田，或稱邑，或稱縣，名稱旣不一，所代表的里數或畝數當然不同，不能不分別及綜合的加以討論，否則所得仍是空泛的印象。

有一些人以周禮，「小司徒」，「四井爲邑，四邑爲丘，四丘爲甸，四甸爲縣，四縣爲都」爲根據。他們承認周禮所說的是對的，於是設法證明「田」字卽古經文之「甸」字。王國維便是此派的代表，他說古「田」、「甸」、「乘」同聲，而解釋田甸的相同。並且進而引司馬法，「四丘爲甸，甸六十四井，出兵轂一乘」的說法爲旁證，確定十田之田出車十乘，爲丘四十，爲邑一百六十(註一二六)。更有人於引用上述材料外，更引用漢書，「食貨志」，周六尺爲步，井方一里的說法來推算甸邑的里數的。

這一派人無疑地是先有周禮的影子，然後尋求相合的證據來湊合。這種主觀的，排斥與自己意見相反的材料的方法，是最危險的。如果他們也曾顧到田邑的性質分別，也許就不致於設法強合於周禮了。然而他們是極其聰明的，引用周禮漢書不但可以依次的解釋了邑、甸、縣的分別；並且還可明白的告訴你一邑有多少方里，一縣有多少方里。這種說法令人難以不信，但他們忘了所用的材料的可靠性的缺憾，是難以彌補的。周禮爲後人所僞造已不容否認，班固以漢人來說周朝度量衡的制度，其可靠程度斷不能無疑了。以爲唯一的證據，而企圖用以解釋周代田畝大小的全部制度，所用方法尤其不科學。

試以班氏所說的周初畝數與他種材料相較，便知其不可靠。按他的說法：「六尺爲步，百畝一夫，三夫爲屋，三屋爲井，井方一里。」那末，一畝有百步，百畝有萬步，一屋有三萬步，方一里的井有九萬步了。另據早於漢書的穀梁傳，一里只有三百步（註一二七），兩說未免衝突過甚。

周禮論者的批評已經夠了，讓我們另用一種方法來討論，我們不妨從左傳中尋撿這一類的材料。

晉郤至與周爭鄇田，因爲溫邑本來是屬於郤至的。劉康公單襄公銜王之命到晉侯面前和郤至互相理論。劉子、單子說狐氏、陽氏治溫邑，還在郤至以先，而且追源溯本，溫是「王官之邑」，怎能以爲己有？（註一二八）

楚國軍隊圍宋，班師的時候，子重請從申、呂邑中，取田以爲賞田。楚王許之，申公、巫臣卻不可，說若去此田，申、呂「所以成邑」的因素便失去了。（註一二九）

晉侯因公孫段恭而有禮，賜以州田。州縣本來是欒豹的「邑」，欒氏亡，范宣子、趙文子、韓宣子都想據以爲己有。文子說：「溫，吾縣也。」二宣子說：「晉之別縣不唯州，誰獲治之？」文子因二人這番說話，便不再請求州了。（註一三〇）

此外僅言田或邑的地方尤其多，特指出數則。

王取鄭國鄔、劉、蔿、邘之田，而另給鄭人以原來屬於蘇忿生的下列各處的田——溫、原、絺、樊、隰、郕、欑、茅、向、盟、州、陘、隤、懷一共十三處。（註一三一）

鄭請祀周公，願以鄭所有的祊田，和魯所有的許田相對換。（註一三二）

翼哀侯侵曲沃、陘庭之田。（註一三三）

公傅奪卜齮田。（註一三四）

晉侯敗曹，將所取侵地分給諸侯。魯取濟西田，自洮以南，至於濟。（註一三五）

叔孫僑如圍棘，取汶陽之田。（註一三六）

鄭伯伐許，取鉏、任、泠、敦之田。（註一三七）

郤錡奪夷陽五的田，郤犨與長魚矯爭田。（註一三八）

齊國因魯國已經臣服，便將濟西田歸還給魯國。（註一三九）

楚子使公子成以汝陰之田爲條件，說鄭同盟。（註一四〇）

以上是關於田的記載，以下是關於邑的：

鄭共叔段求封於制，莊公不可，說：「制巖邑也……他邑惟命，」與以京邑。後來大叔又收貳以爲己邑。（註一四一）

衞人因新築人于奚叔有救孫桓子免於難的功勞，「賞之以邑」。（註一四二）

鄭伯因入陳的功勞，大賞羣臣。賜子展八邑，子產六邑，子產辭不受，鄭伯固與之，只受三邑。（註一四三）

桓魋請以鞍易薄，宋公因薄爲宗邑不肯，而益鞍七邑。後來桓魋因謀叛事敗，出奔。魋弟司馬牛將向巢的邑與珪退還給宋公。（註一四四）

鄁因莒內亂，叛而歸魯。春秋書云「取鄁。」左氏釋之云：「凡克邑不用師徒曰取。」（註一四五）

從以上許多史料中，我們可以得以下的結論：

一、田和邑是有分別的。

二、田是邑中的一部分，無田也不成其爲邑。

溫是郤至的邑，鄇田是屬於溫邑的，所以纔能與王室爭田，而以「溫，吾故也」爲根據。劉子、單子以溫本來是王官的邑爲辯論。若鄇田不屬於溫，何必雙方俱以溫爲辯論的中心？州田也是屬於溫的。子重請取於申、呂以爲賞田一事，最爲明顯。申公巫臣所說：「不可，此申、呂所以成邑也。」一語最足證明田是邑的一部分，無田也不成其爲邑了。

我們不但以左傳爲論斷的根據，爲求信起見不妨再引一般金文來證明。

鬲從盨——「章氏𦈡夫𠂤鬲从田，其邑旃𢆶𦊊，復雙鬲從其田。其邑𡨦𢷼言二邑與鬲从。𡨦氏小宮𠂤鬲从田，其邑彶眔句商兒眔雠，戈復限余鬲从田，其邑𦕓𣗥甲三邑，州瀘二邑，凡復双，復双鬲從H十又三邑。乎右鬲從善夫克。」（註一四六）金文雖語意欠明，但前句言田，後句言「其邑」即指此田所在之邑，卻甚明顯。

三、足證田小於邑，與釋「田」以爲「甸」，引周禮「四邑爲邱，四邱爲甸」，邑小於甸的說法正相反，事實不容否認。

已經證明了田和邑的關係，我們就應更進而解釋何爲「甸」，何爲「邑」了。據魯人公羊氏的解釋，田和邑只是性質上的分別。與大小並沒有什麼關係。他以爲「田多邑少稱『田』，邑多田少稱『邑』。」（註一四七）

田用不着解說，邑是什麼？另據左丘明解釋：「凡邑有宗廟先君之主曰『都』，無曰『邑』。」（註一四八）

合兩說以觀之：田是在郊野的，是農夫所耕之田，而邑是田不甚多的土地，是貴族及官吏居住的地方，所以有宗廟神主的邑便成爲國都了。

田是出兵賦的基本組織，所以邑無田不能單獨存在。申公、巫臣不肯將申、呂的田給予子重。以爲申、呂所以成邑，所以取兵賦，必賴此田，若取去申、呂之田，便不成其爲申、呂的理由，便是基於所述事實的。

「大夫食邑，士食田」（註一四九）的道理也可以如此解釋，大夫是居於邑中的，所以食邑。

以上已經將田邑解說明白，那麼金文中賜縣，「縣」是什麼？

既然推翻了以周禮來解釋田邑的說法，有連帶關係的縣，當然也不能以周禮所說來解釋。左傳上關於縣的材料：

「初州縣，欒豹之邑也。……文子曰：『溫、吾縣也。』二宣子曰：『……晉之別縣，不唯州，誰獲治之？』」（見上）

似乎縣卽邑，但再看以下二事，便知不然。

楚子伐陳，滅以爲楚縣。楚臣都向楚子致賀，只有申叔不然。楚子使人責申叔道：「諸侯縣公皆慶寡人，女獨不慶寡人，何故？」申叔以奪蹊踏田地牛爲比喻，說伐陳是討有罪。今「縣陳」是貪陳國的富庶了。楚子於是仍以與陳。（註一五〇）

簡子將伐陳時，誓師道：若能克敵者「上大夫受縣，下大夫郡，士田十萬。」（註一五一）

「薳啓彊曰：『……韓厥七邑，皆成縣也。……因其十家九縣長轂九百，其餘四十縣，遺守四千。』」（註一五二）

不但可以確知邑與縣是有分別的，並且可以測知縣的面積是很大的，決非田邑可比。上大夫受縣，士受田，其間高下可知。陳是侯國，滅以爲縣，其大尤其可知。

根據以上的論斷，我們便可以解釋受田邑及縣的記載了。第一、我們知道田和邑性質上雖有不同，田雖小於邑，是邑的一部分，但並不一定多少田爲一邑。第二、縣是最大的，但一縣有多大的面積，或多少邑組成一縣呢？據遷啓彊所謂九縣有戎車九百乘，四十縣有四千乘，則一縣可以出百乘之賦，似乎可信。杜註亦云，「成縣，賦百乘也。」知道了以上的情形，我們大可以知道斤斤於多少田爲一邑，多少邑爲一縣，這種遞進的算法，是不合乎歷史事實的。

金文上說賜五田就是賜田五處，說賜邑二百九十九卽二百九十九邑，說賜縣多少就是多少，意盡如此。各田各邑各縣的畝數豈能一致？未免太近於玄想了。

關於田邑縣的辯論可以終止了，說了半天還沒有說出國土的大小。

古來說國土的大小，不外乎以里數計。

管子說定壤之數，天子之制方千里，諸侯方百里，子七十里，男五十里。(註一五三)

孟子說：「天子一位，公一位，侯一位，伯一位，子男同一位，凡五等也。……天子之制地方千里，公侯皆方百里，伯七十里，子男五十里，凡四等。」又云：「大國地方百里，……次國地方七十里，……小國地方五十里」(註一五四)可見公侯有地百里，稱大國；伯七十里，稱次國；子男五十里，稱小國，一共三等。

此外，「王制」所云和孟子盡同，係根據孟子，不必去說牠，管子是三級制，所謂諸侯當包括公侯伯三種，都是方百里，子是一種，男是一種。孟子所說也是三級制，但以公侯爲一級，伯爲一級，子男同一級。

我們應當注意一件事，管、孟二人所說雖不同，但(一)同爲三級制，而各級的里數也相同，都是以百里、七十里、五十里爲差的。(二)公侯及男的里數都一致。(三)所不同者只是伯和子的國土。不知孰是。

所說三級的分土制度與「周書」所說「列爵惟五，分土惟三」(註一五五)相參證，可知其無疑。但管、孟所說究竟誰是誰非？若以下一段記事來看，似以孟子所說爲確。

魯、晉本同是侯國，吳想以魯哀公見晉侯。子服景伯說若如此，晉便成了諸侯之伯，而魯成了子男，若爲子男便將和邾一樣的屬於晉，而以半邾的職貢屬於吳，不能若前之以八百乘事吳了。（註一五六）可見子男本是同一位的。

以上是國土大小的大略，眞是極其簡略。研究我國史最困難的，莫過於關於數量的記載，何況上古史周初封建制度？到春秋戰國時，諸侯互相兼併吞滅，早已非原來面目，所以要以春秋戰國的國土大小爲論證的根據，那便錯了。關於正常的記載，諸侯因不利於他們，早已毀去。孟子時已經看不見，只不過嘗聞其大略而已。難怪我們今日討論之難了。

古書上關於數量記載的不可靠，誰也知道，但因此凡是數目字都略而不論，也未免過於抹煞一切。至少牠可供人參考比較。五十里七十里百里的說法，若認爲不容否認的事實，未免過於信古，過於固執。但我們從中卻可以看出大國次國小國的差異來。至少可以得一國土大小因爵位而不同的概念。

第五節　諸侯與天子的關係

上文已經說過了天子攫有異族的土地後，除了王畿千里外，俱以分封多數同姓親屬，及少數的異姓功臣。這些諸侯各人便帶着他的族人親屬去治理他的土地人民，這種政治完全是分化政治，中央不過問，不過二者的關係仍很密切，不容忽視。

1.貢賦　賦役是最要緊的一種關係，否則便不成其爲封建制度了。天子雖然將王畿以外的土地分封給諸侯，並不是一件十分慷慨的事。其中多少不免有些自私的成分。一來他一人治理不了這麼許多土地。二來給諸侯以相當的甜頭，而實際上不異委託他們去做王室各地地產的經紀人，及各地的召兵員，諸侯對王室繳納貢賦及役——特別是兵役，確是不容推辭的義務。

周禮所記各種諸侯依次幾年一貢物，及其所當貢物的情形（註一五七），無疑地只是後世儒者理想的制度，而不是眞的事實。國語祭公謀父所說：「甸服者祭，侯服者祀，賓服者享，要服者貢，荒服者王，日記月祀，時享歲貢。」（註一五八）也不合於事實。祭公也自認爲係先王之制，足證非當時制度，至多不過是一種傳說而已。

但無論如何，諸侯有一定的貢賦，卻是確實不容否認的事實。魯僖公時齊侯以諸侯之師伐楚。楚人質問興師問罪的理由。管仲很巧妙的以楚不貢包茅於王室，致使王室不能釀酒以祭祀爲辭。楚人也自知其罪，因說道：「貢之不入，寡君之罪也。敢不共給。」（註一五九）足見諸侯納貢於王室，是不可諉避的一種義務。

根據以上事實，我們能否斷定諸侯所入貢賦只以共王祭祀爲限？我敢說決不如此。包茅是楚國的出產，所以入貢，可以推知諸侯所貢物，只限於本地的產物。穀梁氏所說的：「古者諸侯時獻於天子以其國之所有。」（註一六〇）不但足以證明此說，並且使我們更堅強的排斥禮記國語所說的各種諸侯按服按年，各依次進貢某類物的制度，這未免太不近於人情，而過於理想化了。

但諸侯雖不按服而貢；因等級不同，所貢卻有多少的不同。公侯地多，自然所貢者多，這是極合乎情理的。

晉侯盟諸侯，鄭子產對於貢賦有所爭執，說：「昔天子班貢輕重以列。列尊貢重，周之制也。卑而貢重者，甸服也。鄭伯男也，而使從公侯之貢，懼弗給也。」(註一六一)

這一段話最可證明：「輕重以列」和「列尊貢重」就是說貢賦的輕重因爵位大小而不同。爵越大所貢越多。從他的話中，更可以看出公侯的貢相同。鄭是伯爵，不應同於公侯。孟子說公侯百里，伯七十里，子男五十里。公侯地一樣多，所以所貢相同。兩說可以互證。我們可以相信諸侯所貢因爵位等級國土大小而不同，公侯一位，伯一位，子男同一位。

子產說：甸服卑而貢重卻不可解。甸只是國土離王畿的遠近與「輕重以列」有何關係？

據左丘明所說：「諸侯不貢車服，天子不求私財，」(註一六二) 金銀財物及車是不在貢物之列的。

諸侯雖有納貢的義務，但依禮王室卻不應開口向諸侯有所要求。所以天子使家父來魯求車，使毛伯來求金兩事，當時的大史家——孔子，便以譏諷的筆調記下來，左丘明、公羊、穀梁三氏都以同樣的見解來解釋經文，以爲是非禮的行爲，天子是無求的（註一六三）。

2.貢賦是經常的，若遇王室有特別災難，仍當盡力接濟。王室有天災時，便着人遍告於諸侯。雖不必明言有所求，各國自然會以救濟爲責的。隱公時周室來告饑，公爲之請糴於宋、衞、齊、鄭各國。左丘明稱爲有禮（註一六四），便是說隱公當如此。

3.役

(a)工役　工役中最重要的莫如爲王室築城。成王時東都——成周便是令各國諸侯各出民役合力築造起來的（註一六五）。敬王時因周室亂勞諸侯久戍，遣使臣富辛石張到晉國去勸晉侯合諸侯修成周城。晉人商量的結果，答應了。魏獻子使伯音復命道：「天子之命，敢不奉承，以奔告諸侯；遲速衰序，如是焉在。」（註一六六）

這一件事是極可寶貴的材料。築城的情形也可以看出來。晉侯於是遣魏舒，韓不信到京師去與各國諸侯所遣大夫會合。士彌牟測量城的丈數、高度、厚薄及溝洫的深淺以後，便審度遠近，指定取土的地方。並預計所需時日、人工財用及作工時所需的糧食。最後便根據測量及計算，分配各國所應當擔負的修城地段，及丈數。寫下來交給各國大夫（註一六七）。一共合力做了三十天纔告完工。（註一六八）

如果諸侯違抗命令，不肯任役出財力，便屬抗天子命，不勤王室而有大罪。宋仲幾不肯任役，致觸怒士彌牟，而將他捕送京師治罪（註一六九）。這事與晉國回答王使，「天子之命，敢不奉承」的語氣合觀，可以想見諸侯對於役的義不容辭了。

(b)但工役並不是最要緊的，最主要的乃是兵役。天子兵是不夠抵禦外侮的，須靠勤王之師。天子所最依賴於各國，所最望於各國的報酬，便是兵役。

兵役可分二種來說：

㈠爲王室平亂

ⓐ戍　當王畿感到寇敵的偪脅，而兵力不足時，王便使人告於諸侯，而各國以兵來戍守王城（註一七〇）。這種兵役的期限當然是不定期的，一到沒有防守的必要時便退去。

周襄王時因爲戎人時來侵略，諸侯曾兩度戍周（註一七一）。敬王時因王子朝之內亂，也曾徵諸侯戍周。（註一七二）

城戍士卒都是由各國大夫率領的。齊仲孫湫致戍於周。晉閻沒戍周。晉魏舒、士彌牟城成周，宋士幾不受功（見前），可爲例證。諸侯不親往是因爲城戍工繁無定，諸侯不能久離職守。

講到戍之往返頻繁，諸侯戍兵來，則敵不來侵擾，一旦返國，便又擧兵來侵，的確不如城之一勞永逸。僖公十三年，諸侯戍周，十六年又往戍守。戍的期限又不固定，敬王十年中竟有五年的勤戍（註一七三）。人民的職業，及糧餉等，都是極嚴重的問題。敬王使富辛、石張如晉勸以城代戍。「俾戍人無勤，諸侯用寧，蝥賊遠屛，」及范獻子所說：「與其成周，不如城之。」（註一七四）便是這個道理。古代戰爭兵器不利，只要城池修得堅固，便可以少數的人防多數的敵兵，不虞侵入了。

ⓑ平王室之亂　城戍的工作是比較緩和的。若敵兵已攻入於王畿，或王室有內亂發生，便需要迅速的抵禦與平定。但王師兵力薄弱，不敷調用。唯一的方法只有坐待諸侯的援兵。

王室有難，立卽告於諸侯。魯成公元年，王使人來告兵敗（註一七五）。僖公二十四年，襄王因母弟王子帶的叛亂，蒙塵出奔鄭國的氾地，使人告於魯、晉、秦等國（註一七六）。

諸侯得了天子不幸的消息，勤王的義務是不容推辭的。襄王奔鄭，秦伯陳兵於河上，將以納王。狐偃勸晉侯不要失去這機會，以勤王爲宣示大義，號召諸侯的要圖。晉侯於是離開秦師，單獨行動，以敏捷的手段分兩路兵，一路圍溫，殺那謀反的大叔，一路到氾護送襄王返於王城（註一七七）。雖然以勤王爲要名要義的工具，然而勤王的深入人心，卻可確知。到了春秋末年，王室衰微，諸侯不用命的時候，勤王一事仍然是被視爲諸侯的義務的。敬王因王子朝的亂事出奔狄泉。晉侯因鄭子大叔的諷勸，徵會於諸侯。明年晉、宋、衞、鄭、曹、邾、薛、小邾各國大夫會於黃父。簡子令各國預備米粟兵卒，命以次年爲期。昭公二十六年，晉師克鞏，召伯逐王子朝，王安然返（註一七八）。

㈡爲王討諸侯　以上是禦外侮平內亂以保護王室。還有一種兵役，是因爲諸侯之中有不盡職，不從王命，甚至謀叛而討伐之，以保全天子的威信，王室的秩序，及整個的統一。

最簡單的是命諸侯在王室爲卿士者討之。宋公不共王職，鄭伯以天子左卿士的資格，以王命討宋（註一七九）。及曲沃叛王，王命虢公伐之，別立哀侯於翼（註一八〇），都是這一類的例子。一國單獨不能戰勝，纔合別國之師。鄭伯伐宋，不勝，便以王命告於諸侯。魯、齊、鄭三國聯軍大敗宋師（註一八一）。蔡、衞、郕違王命，不會合伐宋。齊、鄭爲此便侵入郕國，討其違王命（註一八二）。

有時王室自己出兵討伐，而命諸侯出師共伐。鄭伯不朝，桓王親自任中軍主帥，而以虢、蔡、陳、衞四國的人馬伐鄭（註一八三）。王子朝謀反不成，逃往楚國。王命王官伯劉文公令晉、宋、蔡、衞、陳、鄭、許、曹、莒、邾、頓、胡、滕、薛、杞、小邾及齊共十八國的力量浩浩蕩蕩預備大舉侵楚。沈國不肯加入聯軍，致爲蔡所滅。未幾，劉文公卒，伐楚的計劃纔因而中止（註一八四）。

諸侯不共王職，甚至謀叛，自然不爲天子所容。此外諸侯互相侵犯，不但私自用兵不敬天子，而且擾害秩序，破壞封建，其罪不小。春秋時諸侯互相侵略，已成爲昭彰而頻數的事。王室毫無制止能力。二百四十年中，楚師圍江，晉以告於周，王叔桓公於是受王命，與晉陽處父共伐楚救江（註一八五）是僅見的事。

4. 巡狩　天子巡行視察諸侯之國，稱爲巡狩（註一八六）。

「王制」所說的詳細法制（註一八七）雖不一定可靠，但巡狩的功用在視察民風，考察政治，及一一禮樂制度，卻是可信的。

孟子也說：「入其疆，土地辟，田野治，養老尊賢，俊傑在位，則有慶，慶以地。入其疆，土地荒蕪，遺老失堅，掊克在位，則有讓。」（註一八八）

5. 朝聘　除天子巡狩外，更令諸侯以時來朝覲。這兩種都與天子諸侯以常接見的機會。

朝與聘是有分別的。諸侯自己來親朝，稱爲「朝」。如魯僖「公朝於王所。」（註一八九）而聘卻是諸侯不親來，但使卿大夫來。如「穆叔如周聘，」（註一九〇）「齊侯使仲孫湫聘於周，」（註一九一）「晉韓宣子聘於周，」（註一九二）「晉侯使隨會聘於周，」（註一九三）「晉羊舌肸聘於周。」（註一九四）諸侯來朝的意思，晏子說是爲「述職」（註一九五），孟子解釋述職是來報告所司的職務（註一九六）。

諸侯不來朝是有罪的。所以孟子曰：「一不朝則貶其爵，再不朝則削其地，三不朝則六師移之。」（註一九七）

王因諸侯來朝，路很遙遠，所以在王郊分別賜有朝宿之邑，預備來朝食宿的地方。

公羊傳解釋許田爲魯朝宿之邑。便說：「諸侯時朝乎天子，天子之郊諸侯皆有朝宿之邑焉。」(註一九八) 這和「王制」所說的湯沐之邑 (註一九九) 相合，但不知所謂「視元士」，一邑皆不及五十里的說法確否？(元士受地視附庸，不及五十里。)

諸侯是負社稷之守的，不能時離職守。所以非朝之年有聘。使卿往聘的職務只是納貢賦而已。韓宣子聘於周，王使人問以何事來聘？對曰：「將歸時事於宰旅，無他事矣。」(註二〇〇) 便是確證，所謂時事者便是「四時貢職。」(杜註)

6. 諸侯卿大夫中有由中央直接任命的，這樣一方面天子可以知道各國諸侯的政治。一方面更不啻有人監察諸侯的行動。魯莊公元年，單伯逆王姬。公羊氏謂：單伯者何？吾大夫之命乎天子者也。」(註二〇一) 與「王制」所云：大國三卿皆命於天子，次國三卿中有二卿命於天子，一卿受命其君；小國二卿，皆命於其君的情形大同小異。

7. 隨王祭祀

「天子祀上帝，諸侯會之受命焉。」(註二〇二)

天子祭泰山時，諸侯也來會祭。在泰山下各國都有湯沐邑，爲食宿之所。祊便是鄭受於天子，從祀泰山的湯沐邑（註二〇三）。

8.天子對於諸侯的頒賜

(a)天子四時祭祀後，必以祭肉賜於諸侯。魯定公十四年，天子使石尙來賜生的祭肉——脤（註二〇四）。齊桓公時，天子使宰孔賜祭肉——胙（註二〇五）。可見祭肉之賜，不止同姓諸侯，異姓諸侯也有分。

(b)喪事的賜頒 不外乎助生送死兩類：天王使宰咺，來歸魯惠公仲子的車馬——賵（註二〇六）屬於第一類。王使榮叔歸魯夫人，風氏的含玉（註二〇七）屬於第二類。據何休註含的「口實」各階級不同。「天子以珠，諸侯以玉，大夫以碧，士以貝。」（註二〇八）

(c)因諸侯勤謹公職，或對王室有功，而有所嘉獎。

㈠賜服飾器用

金文中卽有不少這類的記載。如毛公鼎、小臣單觶、令毁、禽毁、小臣宅毁、旅鼎、呂鼎、剌鼎、彔毁、彔伯㦰毁、縣改毁、吳彝、師湯父鼎、牧毁、豆閉毁、師奎父鼎、利鼎、師遽鼎、舀黃、卯毁等不勝枚舉，總觀所賜不外乎秬鬯、盤皿、圭璋、金玉、車馬、弓矢、斧鉞、袞衣、華飾、旂旗等物。

我們再看春秋史上所載的事件。王以后之鞶鑑賜鄭伯，以爵賜虢公（註二〇九），都是很榮幸的。還有一種賜與則不僅是尊榮，而且更含有特殊的意義，不可以等閑視之。

襄王賜晉文公下列各物：

大輅之服，戎輅之服，彤弓一，彤矢百，旅弓矢千，秬鬯一卣，虎賁三百人，鈇鉞及南陽之田。（註二一〇）

我們應當注意特別是：弓、矢、鈇鉞，是有重大的意義的。諸侯得到這賜物便可以專征伐擅生殺的。

金文中錫服飾器用的雖然不可勝數；但得兵器之賜的，卻只有下列幾處。

毛公所受兵器不詳，但有：「錫女玆兵」一語。——毛公鼎

叔夷受「車馬戎兵。」——叔夷鐘

師毀受「戈琱戓𩊄必彤沙。」——師毀𣪘

伯晨受「旅五旅，彤弓彤矢，旅弓旅矢，冟戈，虢胄。」——伯晨鼎

師湯父受弓矢。——師湯父鼎

師奎父受「戈琱」。——師奎父鼎

毛公鼎文說得最明白：「錫汝玆兵，用歲用征，」即是與以征伐權利的意思。這與襄王冊命晉文公所說的：「敬服王命，以綏四國，糾逖王慝」（註二一一）等語，具有同樣的意義。「王制」所云：「諸侯賜弓矢然後征，賜鈇鉞然後殺」，與此互相參證，可以相信。

㈡賜田邑　王賜秦、晉以邠、岐之田（註二一二），是賜田的確證。

全部土地已經於初行封建時劃分與各諸侯，此時賜田邑只有一種辦法：

ⓐ於周邑內取以賜之。惠王賜虢公以周邑酒泉，賜鄭伯以虎牢以東之地（註二二三），便是這類的例子。

ⓑ取自因得罪而追還的田邑賜之。溫本來是周司寇蘇忿生的封邑，後來蘇忿生奉王子頹謀反不成，出奔狄、衞，襄王於是以溫賜晉文公（註二二四）。因爲田邑已分封殆盡，頒賜田邑，對於王室是很困難的問題，所以這種賞賜是極不常有的。試看虢公、鄭伯因討殺王子頹，晉文公因平頹叔、桃子、大叔之亂，使惠王及襄王能重入王室（註二二五），以正天子位，一番汗馬功勞，纔能得田邑的賜頒，便知其不易了。

自然無罪也可強取，但是不合乎道理的。桓王奪蘇忿生十二田，惠王奪子禽、祝跪及祭父的田，諸人懷恨，便從王子頹爲亂叛王了（註二二六）。

㈢賜命　賜命有兩種：一是生前的，一是死後追命的，前者如同天子使毛伯衞錫魯文公命（註二二七），後者如同魯莊公時，天子使榮叔追命桓公（註二二八）是。

錫命的意思，據公羊解釋卽加服。(註二一九)如果他所謂服卽侯甸男之服，那末，服是所在國距王畿遠近的表示，並與諸侯尊卑沒有關係，何用賜？

我們不妨從事實上來看。桓公、文公受了賜命，仍然是侯爵，不曾超擢，可見命與爵位是沒有關係的。「王制」所說：「制三公一命卷，若有加則賜也，不過九命，次國之君不過七命，小國之君不過五命，」雖然不足爲信，但頗足供我們的參考。

賜命雖然不能提高爵位，但據我猜測，與禮儀服飾上都有好處。左丘明所說的：「凡諸侯薨於朝會加一等，死王事加二等，於是有以衮斂。」(註二二〇)或卽指此。許穆公本是男爵，因卒於師加二等，葬之以侯，可以看出來，只是葬禮如侯，並不曾由男爵陞爲侯爵。

9. 通慶弔

天子崩必以遍告諸侯。周靈王崩，王人來各國告喪，問崩日，以甲寅告(註二二一)。足以證明徧訃各國是正常。頃王崩，因周公閱與王孫蘇爭政，不赴於諸侯，春秋上便沒有記載，左氏云：「凡崩薨不赴則不書，禍福不告亦不書，懲不敬也。」（註二二二）足見不赴乃是變態不敬的行爲。

諸侯聞訃，當致賻。所以平王崩，魯未致賻，王室使武氏子來求賻。左氏云：「王未葬也。」杜註云：「魯不共奉王喪，致令有求，經直文以示不敬。」（註二二三）穀梁云：「歸之者，正也，求之者，非正也。周雖不求，魯不可以不歸；周不以求之，求之爲言，得不得未可知之辭也。交譏之。」（註二二四）

天子葬時，諸侯都當親往參與葬禮。靈王葬時，運氣不好，恰恰同時楚葬康王。鄭伯、魯侯、許男等往楚送葬，不及往周。魯於是未往會葬。（杜註，經不書魯，未會葬）鄭國想派印段到周室去，伯有以爲印段太年少官卑了。子展以王事靡盬，不遑啓處，只要不缺禮就行了，並沒有一定常法可守。而且以事晉楚卽所以蕃屏王室爲辭，仍如前議（註二二五）。從上引記載中，我們可以曉得天子葬時，諸侯確應前往會葬，否則鄭魯等國諸侯爲何往楚送葬？從此事並子展語氣中，我們更可以曉得當時晉楚強盛，王室衰弱，小國諸侯，寧可不敬天子，對於強國，卻不敢敷衍從事。如果天子葬，不必親往會葬，楚子的葬禮，更可不必參加。諸侯死，天子且遣大夫來會葬（詳後），何況天子之喪？伯有還有些自知理屈，子展的話，完全是畏懼強横，而欺侮王室的心理。事晉、楚卽等於蕃屏王室，及王事無常法的話，非強詞奪理而何？

諸侯死了也告於天子。公羊解釋春秋經文上凡諸侯卒皆書其名，而葬不名，卒書日，而葬不書日（如：「夏六月，己亥，蔡侯考父卒」，「八月，葬蔡宣公」之類）的道理：「卒從正，而葬從主人。……卒赴，（何註：赴天子也。緣天子閔傷，欲其知之。又臣子疾痛，不能不具以告，）而葬不告。」（註二三六）足以證明此說。

天子既知諸侯之喪，便遣使臣往弔，且賜含賵等物（見前）。到葬的時候，更派卿大夫前來參與葬禮。所以魯僖公之喪，天子使叔服來會葬。公羊云：「禮也。」穀梁云：「其志重天子之禮也。」（註二三七）

以上是天子諸侯間一般的關係，還有一種，是天子和一、二諸侯間的特殊關係。

10.諸侯爲王卿士　鄭武公、莊公、虢公忌父，都以諸侯的資格兼爲王室的卿士（註二三八）。他們都握有相當的政權。鄭伯以天子左卿士的名義討宋，而且徵諸侯共伐（見前），可以想見。若無政權，王有貳心於虢，將黜鄭伯，而以虢公爲卿士時，鄭伯也不必怨王了（註二三九）。

11.通婚　天子娶諸侯女爲后，及嫁女於諸侯（詳第六章），都足以使雙方關係更密切，往來及情感因而增進。

【注　釋】

註一　「溥天之下，莫非王土，率土之濱，莫非王臣。」——詩，「小雅，」「北山之什，」「北山。」

註二　「邦畿千里，維民所止。」——詩，「商頌，」「玄鳥。」

「昔我先王之有天下也，規地千里，以爲甸服，以供上帝山川百神之祀，以備百姓兆民之用，以待不庭不虞之患，餘以均分公侯伯子男，使各有寧宇。」——國語，「周語中」

子產曰：「且昔天子之地一圻。」——左傳，襄二十五年。

「方千里曰王圻。」——逸周書，「職方篇。」

註 三 「亹亹申伯，王纘之事；於邑於謝，南國是式。……王命召伯，徹申伯土田。……王命召伯，徹申伯土疆。……」詩，「大雅，」「蕩之什，」「嵩高。」

「江漢之滸，王命召虎，式辟四方，徹我疆土。」——同上，「江漢。」

註 四 詳第五節。

註 五 「王命召伯，定申伯之宅。……申伯之功，召伯是營；有俶其城，寢廟既成，既成藐藐。……」——「嵩高。」

註 六 大盂鼎：「王曰盂，……受民受疆土……錫女邦嗣四伯，人鬲自馭至於庶人六百又五十又九夫。錫夷嗣王臣十又三伯，人鬲千又五十夫。」——兩周金文辭大系，頁三三。

註 七 同上。

註 八 「王命申伯，式是南邦，因是謝人，以作爾庸。」——「嵩高。」

子魚曰：「分魯公以……殷民六族，條氏、徐氏、蕭氏、索氏、長勺氏、尾勺氏。……

分康叔以……殷民七族，陶氏、施氏、繁氏、錡氏、樊氏、饑氏、終葵氏。……聃季授土，陶叔授民。」——左，定四。

註　九　子仲姜鎛：「陶叔又成榮於齊邦，侯氏錫之邑二百又九十又九邑，與𨛭之民人都鄙。」

——兩周金文辭大系，頁二四九。

令毀：「隹王於伐楚伯，在炎。隹九月既死霸丁丑作册矢令障宜於王姜。姜商令貝十朋，臣十家，鬲百人。」……同上，頁四－五。

大盂鼎：「錫女邦嗣四伯，人鬲自馭至於庶人六百又五十又九夫。錫夷嗣王臣十又三伯，人鬲千又五十夫。」——見上。

令鼎：「余其舍女臣十家。」——同上，頁二五。

不嬰毀：「錫女……臣五家。」——同上，頁一〇三。

大克鼎：「錫女井家𤔲田於畯山，以厥與臣妾，……錫女史小臣靁龠鼓鐘，錫女井退𤔲人耤，錫女井人奔於量。」——同上，頁一二四－五。

師毀毀：「僕馭百工臣妾。」——同上，頁一一一。

叔夷鐘：「余錫女車馬戎兵，釐僕三百又五十家。」——同上，頁二四五。

𣪘毀：「錫女夷臣十家用事。」——郭鼎堂，古代銘刻彙攷，中，頁一五－一六。

註一〇　「王命傅御，遷其私人。」——詩，「崧高。」

註一一　大盂鼎：「王曰盂，……受民彊土，錫女鬯一卣，冕衣市舃車馬。錫乃祖南公旂用遝。……」——兩周金文辭大系，頁三三—三。

不嬰段：「錫女弓一矢束。」——同上，頁一〇三。

大克鼎「錫女介市參冋草悤。……錫女史小臣靁龠鼓鐘。」——同上，頁一二四—五。

叔夷鐘：「余錫女車馬戎兵。……」——同上，頁二四五。

毛公鼎：「錫女秬鬯一卣，祼圭，瓚寶，朱市悤黃，玉環，玉瑹，金車，桒縟較，朱䩞鞃靳，虎冪，熏裏，右厄。畫轉，畫輯，金甬，遣衡，金踵，金豙，刺𢦏，金簟弼，魚箙，馬四匹，攸勒，金嚨，金雁，朱旂二鈴，錫女茲兵，用歲用政。」——同上，頁一五一。

卯段：「錫女馬十匹牛十。」——同上，頁九二。

「王遣申伯，路車乘馬。……錫爾介圭，以作爾寶。」——詩，「嵩高。」

「釐爾圭瓚，秬鬯一卣。……」——詩，「江漢。」

註一二　「龍旂承祀，六轡耳耳。春秋匪解，享祀不忒。皇皇后帝，皇祖后稷，享以騂犧，是饗是宜。降福既多，周公皇祖，亦其福女。」——詩，「魯頌」「閟宮」。

「秋而載嘗，夏而楅衡。白牡騂剛，犧尊將將。毛炰胾羹，籩豆大房。萬舞洋洋，孝孫有慶；俾爾熾而昌，俾爾壽而臧。保彼東方，魯邦是常。不虧不崩，不震不騰。三壽作朋，如岡如陵。」——同上。

「恪愼克孝，肅恭神人。」——尚書「周書」，「微子之命」。

註一三　「予嘉乃德，曰篤不忘。上帝時歆，下民祗協。庸建爾於上公，尹茲東夏。欽哉！往敷乃訓，愼乃服命，率由典常，以蕃王室，私乃列祖，律乃有民。……」——同上。

「不敢侮鰥寡，……用保乂民，……用康保民，……天畏棐忱，民情大可見，小人難保，往盡乃心，無康好逸豫。乃其乂民。……若保赤子，惟民其康乂。……汝亦罔不克敬典，乃由裕民。……用康乂民。……裕乃以民寧，不汝瑕殄。……明乃服命，高乃聽，用康乂民。」——「周書」，「康誥」。

「皇天無親，惟德是輔；民心無常，惟惠之懷。爲善不同，同歸於治；爲惡不同，同歸於亂。爾其戒哉，愼厥初，惟厥終，終以不困，不惟厥終，終以困窮。懋乃攸績，睦乃四鄰，以蕃王室，以和兄弟，康濟小民。率自中，無作聰明亂舊章。詳乃視聽，罔以側言改厥度。則予一人汝嘉」——同上，「蔡仲之命」。

註一四　「大啓爾宇，爲周室輔。」——詩，「魯頌，」「閟宮」。

「以蕃王室。」——「微子之命。」

「尚胥暨顧綏爾先公之臣服於先王，雖爾身在外，乃心罔不在王室，用奉恤厥若，無遺厥子羞。」——「周書」，「康王之誥」。

「昔者成王命我先君周公及齊先君太公曰：『女股肱周室，以夾輔先王。賜女土地。質之以犧牲。世世子孫無相害也。』」——國語，「魯語上」。

註一五　「申伯言邁，王餞於郿。」——詩，「嵩高」。

註一六　「富辰曰，昔周公弔二叔之不咸，故封建親戚，以屏藩周。……」——左，僖二四。

註一七　荀子，「儒效篇。」

註一八　成鱄對曰，「……昔武王克商，光有天下。其兄弟之國者十有五人，姬姓之國者四十人，皆舉親也。」……左昭二八。

註一九　同上。

註二〇　「儒效篇」。

註二一　史記，十七，「漢興以來諸侯年表」。

註二二　富辰曰：「昔周公弔二叔之不咸，故封建親戚以屏藩周。管、蔡、郕、霍、魯、衞、毛、聃、郜、雍、曹、滕、畢、原、酆、郇、文之昭也。邘、晉、應、韓、武之穆也。凡、蔣、邢、茅、胙、祭、周公之胤也。」——左，僖二四年。

註二三　「天子曰，天降禍於周，俾我兄弟並有亂心，以爲伯父憂。〔謂晉侯〕我一二親昵甥舅，不遑啓處。……」——左，昭三二年。

「吳王夫差既退於黃池，乃使王孫苟告勞於周曰，……周王答曰，苟，伯父命女來，……今伯父曰：『戮力同德。』伯父若能然，余一人兼受而介福。伯父多歷年以沒元身，伯父秉德已侈大哉。」——國語，「吳語」。

註二四　「王曰『叔父』〔成王稱周公〕，建爾元子，〔謂伯禽〕俾侯於魯，大啓爾宇，爲周室輔。」——詩，「閟宮」。

「晉侯請隧，王弗許，曰：『王章也，未有代德，而有二王，亦叔父之所惡也。』」——左，僖二五。

註二五　「王子朝使告於諸侯曰：『……諸侯替之，而建王嗣，用遷郟鄏，則是兄弟之能用力於王室也。……則有晉、鄭，咸黜不端，以綏定王家，則是兄弟之能率先王之命也。』……若我一二兄弟甥舅。……」——左，昭二六。

註二六　「天王使宰孔賜齊侯胙曰：『天子有事於文、武，使孔賜伯舅胙。』齊侯將下拜。孔曰：『且有後命。天子使孔曰：以伯舅耋老，加勞賜一級，無下拜。』」——左，僖九。

註二七　子革對曰：「齊，王舅也，魯、衞，王母弟也。」——左，昭一二。

註二八　史記，四，「周本紀」。

註二九　同上。

註三〇　同上，三二，「齊太公世家」。

註三一　同上，三三，「魯周公世家」。

註三二　同上，三七，「衞康叔世家」。

註三三　同上，三六，「陳杞世家」。

註三四　同上。

註三五　同上，三八，「宋微子世家」。

註三六　同上，四〇，「楚世家」。

註三七　同上，四一，「越王勾踐世家」。（按吳越春秋亦云：「至少康恐禹迹宗廟祭祀之絕，乃封其庶子於越，號曰無越。」可見的係少康時所封，終周之世，不曾消滅，後且稱王。）

註三八　同上，四，「周本紀」。

註三九　同上，五，「秦本紀」。

註四〇　國語，「鄭語」。

註四一　左，僖四。

註四二　國語，「鄭語」。

註四三　桓公有遷居的野心，問南方可克否？史伯說：「……天之所啓，十世不替。夫其子孫必光啓土，不可偪也。……」——同上。

註四四　同上。

註四五　同上，「楚語上」。

註四六　史記，三一，「吳太伯世家」。

註四七　國語，「鄭語」，參看史記，四二，「鄭世家」。

註四八　朱子語類，八六，「周禮」。

註四九　左，僖二四。

註五〇　見世本，「姓氏篇」；馬端臨，文獻通攷，二六一，「封建攷」。

註五一　「管、蔡、郕、霍、魯、衞、毛、聃、郜、雍、曹、滕、畢、原、酆、郇，文之昭也。」——左，僖二四。

註五二　「曹叔振鐸，文之昭也。」——左，僖二八。

註五三　「昔武王克商，成王定之，選建明德，以藩屏周。故周公相王室，以尹天下，於周爲睦。分魯公以……而封於少皞之虛。分康叔以……而封於殷虛。……三者皆叔也。……

武王之母弟八人，周公爲太宰，康叔爲司寇，聃季爲司空。……曹，文之昭也。」——左，定四。

註五四　「先君叔振，出自文王。」——國語，「晉語」，四。

註五五　史記，四，「周本紀」；三三，「魯周公世家」；三五，「管蔡世家」；三七，「衞康叔世家」。

註五六　「邘、晉、應、韓，武之穆也。」——左，僖二四。

註五七　「先君（謂晉）唐叔，武之穆也。」——左，僖二八。

註五八　「分唐叔以……而封於夏虛，……三者皆叔也。……晉、武之穆也。」——左，定四。

註五九　「晉祖康叔，出自武王。」——「晉語四」。

註六〇　史記，三九，「晉世家」。

註六一　「凡、蔣、邢、茅、胙、祭，周公之胤也。」——左，僖二四。

註六二　史記，三一，「吳太伯世家」。

註六三　通攷，「封建攷。」

註六四　史記，四二，「鄭世家」。

註六五　宮之奇曰：「虢仲、虢叔，王季之穆也。」——左，僖五。

註六六　宮之奇曰：「太伯、虞仲，太王之昭也。」——同上，僖五。

史記：「吳太伯世家」云：「太伯弟仲雍，皆周太王子，而王季歷之兄也。」又云，武王封周章弟虞仲於虞。是仲雍亦名虞仲。司馬貞索引云：「蓋周章之弟字仲，始封於虞，故曰虞仲。」

註六七　通攷，「封建攷」。

註六八　世本，「氏姓篇」。

史記，三八，「宋微子世家」。

註六九　世本，「氏姓篇」。

史記，三二，「齊太公世家」。

註七〇　「夫許，太岳之胤也。」（鄭莊公語）——左，隱一一。

註七一　世本，「氏姓篇」。

註七二　史記，五，「秦本紀」。

註七三　參看世本，「氏姓篇」。

註七四　同上。

註七五　世本，「王侯大夫譜」。

註七六　史記，三六，「陳杞世家」。

註七七　同上，又世本，「氏姓篇」。

註七八　史記，四〇，「楚世家」。

註七九　參看世本，「氏姓篇」。

註八〇　世本，「氏姓篇」。

註八一　「氏姓篇」。

註八二　同上。

註八三　同上。

註八四　同上。

註八五　同上。

註八六　同上。

註八七　同上。

註八八　同上。

註八九　同上。

註九〇　同上。

註九一　通攷，「封建攷」。

註九二　荀子，「儒效篇」。

註九三　史記，一三，「漢興以來諸侯年表」。

註九四　「儒效篇」。

註九五　據杜預，春秋地名，蘇軾，春秋列國圖說、東坡指掌春秋圖，高士奇，春秋地名考略，及程廷祚，春秋地名辨異。

註九六　左，昭一二。

註九七　孟子，「萬章下」。

註九八　左，僖四。

註九九　同上，僖二五，杜註。

註一〇〇　同上，僖二八，杜註。

註一〇一　同上，僖四。

註一〇二　公羊，隱元。

註一〇三　春秋，隱元。

註一〇四　左，僖三二、三三。

註一〇五　同上，桓十。

註一〇六　同上，昭元。

註一〇七　同上，哀元。

註一〇八　郭鼎堂，古代社會研究，頁三〇八。

註一〇九　傅斯年，「論所謂五等爵」，中央研究院歷史語言研究所集刊，第二本，第一分。

註一一〇　「五百里甸服，百里賦納總，二百里納銍，三百里納秸服，四百里粟，五百里米。五百里侯服，百里采，二百里男邦，三百里諸侯。五百里綏服，三百里揆文教，二百里奮武衞。五百里要服，三百里夷，二百里蔡。五百里荒服，三百里蠻，二百里流。」

——尚書，「夏書」，「禹貢」。

「夫先王之制，邦內甸服，邦外侯服，侯衞賓服，蠻夷要服，戎狄荒服。甸服者祭，侯服者祀，賓服者享，要服者貢，荒服者王。」——國語，「周語上」。

註一一一　「職方千里曰國畿，其外方五百里曰侯畿，又其外方五百里曰甸畿，又其外方五百里曰男畿，又其外方五百里曰采畿，又其外方五百里曰衞畿，又其外方五百里曰蠻畿，又其外方五百里曰夷畿，又其外方五百里曰鎭畿，又其外方五百里曰蕃畿。」——周禮，

「夏官司馬」。

「方千里曰王圻，其外方五百里曰侯服，又其外方五百里爲甸服，又其外方五百里爲男服，又其外方五百里爲采服，又其外方五百里爲衞服，又其外方五百里爲蠻服，又其外方五百里爲夷服，又其外方五百里爲鎭服，又其外方五百里爲蕃服，」——佚册書，「職方篇」。

註一一二　兩周金文辭大系，頁六。

註一一三　「今晉，甸侯也。」——左，桓二，師服語。

註一一四　「曹爲伯甸。」——左，定四，子魚語。

註一一五　「鄭，伯男也。」——左，昭一三，子產語。

註一一六　孟子，「萬章下」。

註一一七　春秋，莊公五年，「秋，郳犂來來朝。」傳云：「名，未王命也。」僖公時纔受封爲子爵。七年，經云：「夏，小邾子來朝。」杜註，「郳犂來，始得王命而來朝也，邾之別封，故曰小邾。」

註一一八　「用夨戣散邑，迺卽散用田。眉：自瀗涉以南至於大沽。一封以陟二封。至於邊柳，復陟瀗，陟雩，𠭯䜌𨸏以西封於敝𢦏桂木，封於芻逨，封於芻道內。陟芻，登於厂淚，封剳析陕。陵剛析，封於眾道，封於原道，封於周道。以東封於𩫏京彊右。還封於眉道。以南封於𥻫逨道。以西至於𨜾莫眉。井邑田：自根木道左至於井邑封道，以東一封。還以西一封。陟岡，三封。降，以南封於同道。陟州剛，登析，降棫，二封。……」——兩周金文辭大系，頁一三七。

註一一九　「錫於𢑚一田，錫於宻一田，錫於隊一田，錫於𢦏一田。」——同上，頁九二。

註一二〇　「舀則拜稽首，受兹五田。」——同上，頁八二。

註一二一　「錫女田於埜，錫女田於渒，錫女井家𦃄田於畯山、以𠂤臣妾，錫女田於康，錫女田於匽，錫女田於陴原，錫女田於寒山，錫女史小臣霝龠鼓鐘，錫女井退𦃄人耤，錫女井人奔於量。敬夙夕用事，勿灋朕命。」——同上，頁一二四—五。

註一二二　「錫女弓一矢束，臣五家，田十田。」——同上，頁一〇三。

註一二三　「錫田於敆五十田，於早五十田。」——同上，頁一〇七。

註一二四　「侯氏錫之邑二百又九十又九邑，與鄩之民人都鄙。」同上，頁二四九。

註一二五　「余錫女𨜏都𦐤𦐤，其縣三百。……」——同上，頁二四四。

註一二六　王國維，「不嬰敦蓋銘文攷釋」，「觀堂古金文攷釋」，頁九，王忠慤公遺書初集。王氏原文「爲邑四十，」實誤，四邸爲甸，四邑爲邱，四井爲邑，則十田爲邱四十，為邑方為一百六十。大約邱字誤寫為邑字。

註一二七　穀梁，宣一五。

註一二八　左，成一一。

註一二九　左，成七。

註一三〇　左，昭三。

註一三一　同上，隱一一。

註一三二　同上，桓九。

註一三三　同上，桓二。

註一三四　同上，閔二。

註一三五　公羊，僖三一。

註一三六　左，成三。

註一三七　同上，成四。

註一三八　同上，成一七。

註一三九　同上，宣一〇。

註一四〇　同上，成一六。

註一四一　同上，隱元。

註一四二　同上，成二。

註一四三　同上，襄二六。

註一四四　同上，哀一四。

註一四五　同上，昭四。

註一四六　兩周金文辭大系，頁一三〇—一。

註一四七　公羊，桓元。

註一四八　左，莊二八。

註一四九　「晉語四」。

註一五〇　左，宣一一。

註一五一　同上，哀二。

註一五二　同上，昭五。

註一五三　管子，卷二三，「事語」。

註一五四　孟子，「萬章下」。

註一五五　尚書，「周書」，「武成」。

註一五六　左，哀一一。

註一五七　「……謂之侯服，歲一見其貢祀服；……謂之甸服，二歲一見其貢嬪物；……謂之男服，三歲一見其貢器服；……謂之采服，四歲一見其貢服物；謂之衞服，五歲一見其貢財物；……謂之要服，六歲一見其貢貨物。」——周禮，「秋官」。

註一五八　國語，「周語上」。

註一五九　左，僖一五。

註一六〇　穀梁，桓一五。

註一六一　左，昭一三。

註一六二　同上，桓一五。

註一六三　三傳，桓一五及文九。

註一六四　左，隱六。

註一六五　「昔成王合諸侯城成周以為東都。」——左，昭三二，富辛述天子語。

註一六六　左，昭三二。

註一六七　同上。

註一六八　同上，定元。

註一六九　同上，又公羊傳云：「仲幾之罪何？不蓑城也。」

註一七〇　「王以戎難告於齊，齊徵諸侯而戍周。」——左，僖一六。

註一七一　左，僖一三及一六。

註一七二　同上，定六。

註一七三　同上，昭三二。

註一七四　同上。

註一七五　同上，成元。

註一七六　同上，僖二四。

註一七七　同上，僖二五。

註一七八　同上，昭二三—二六。

註一七九　同上，隱九。

註一八〇　同上，隱五。

註一八一　同上，隱十。

註一八二　同上。

註一八三　同上，桓五。

註一八四　同上，定四。

註一八五　同上，文三。

註一八六　晏子春秋，四，「景公問何修則乎先王之遊，晏子對以省耕寔第一。」及孟子，「梁惠王下」。

註一八七　「天子五年一巡守。歲二月，東巡守至於岱宗，柴而望祀山川，覲諸侯，問百年者就見之。命大師陳詩以觀民風。命市納賈以觀民之所好惡志淫好辟。命典禮考時月，定日，同律禮樂制度衣服正之。山川神祇有不舉者爲不敬，不敬者君削以地。宗廟有不順者爲不孝，不孝者君黜以爵。變禮易樂者爲不從，不從者君流，革制度衣服者爲畔，畔者君討。有功德於民者，加地進律。五月，南巡守至於南嶽，如東巡守之禮。八月，西巡守至於西嶽，如南巡守之禮。十有一月，北巡守至於北嶽，如西巡守之禮。」——禮記，「王制」。

註一八八　孟子，「告子下」。

註一八九　左，僖二八。

註一九〇　同上，襄二四。

註一九一　同上，僖一三。

註一九二　同上，襄二六。

註一九三　國語，「周語中」。

註一九四　同上，「周語下」。

註一九五　「諸侯之天子爲述職。」——晏子春秋，「景公問何修則乎先王之遊，晏子對以省耕寔第一」。

註一九六　「述職者，述所職也。」——孟子，「梁惠王下」。

註一九七　「告子下」。

註一九八　公羊，桓元。

註一九九　「方伯爲朝天子，皆有湯沐之邑於天子之縣內，視元士。」

註二〇〇　左，襄二六。

註二〇一　公羊，莊元。

註二〇二　國語，「魯語上」。

註二〇三　公羊，隱八。

註二〇四　穀梁，定一四，釋曰，「脤者何也，俎寔也。祭肉也。生曰『脤』，熟曰『膰』。」

註二〇五　左，僖九。

註二〇六　「賵者何？喪事有賵。賵者蓋以馬，以乘馬乘帛。車馬曰『賵』，貨財曰『賻』，衣被曰『襚』。」——公羊，隱元。

「賵者何也？乘馬曰『賵』，衣衾曰『襚』，見玉曰「含」，錢財曰『賻』。」——穀梁，隱元。

註二〇七　公羊，文五。

註二〇八　同上，何休註。

註二〇九　左，莊二一。

註二一〇　參看左，僖二八及昭一五。

註二一一　同上，僖二八。

註二一二　竹書紀年，「晉紀」。

註二一三　左，莊二一。

註二一四　同上，成一一。參看莊一九及僖十。

註二一五　同上，莊一九、二〇、二一。僖一一。

註二一六　左，隱一一，莊一九。

註二一七　同上，文元。

註二二八　公羊，莊元。

註二二九　同上，文元。

註二三〇　左，僖四。

註二三一　同上，襄二八。

註二三二　同上，文一四。

註二三三　同上，隱三，及春秋杜註。

註二三四　穀梁，隱三。

註二三五　左，襄二九。

註二三六　公羊，隱八。

註二三七　同上，穀梁，文元。

註二三八　左，隱三、八。

註二三九　同上，隱三。

第三章　封建社會土地制度

第一節　采邑主的絕對私有

當時的貴族受封，而擁有廣大的領地，已經在上章說過了。這一節我所要說的，乃是他們的私有權。

關於這一點，我們最好從下列各方面來說：

（一）大的封邑主能以他的田邑分賜給他的親屬和手下的官吏，成爲許多小封邑主。這種複封制是組成封建制度中分封網層的要素。同時也可見封邑主對於他的封地有絕對的私有權，封給了他，便由他自由處置，天子是不再過問了。

鄭莊公封弟共叔段爲京城大叔（註一）。晉昭侯立，封桓叔於曲沃，爲曲沃伯（註二）。

雖然這是分封的例證，但這是非常的，是不合於法的。因爲按封建的原則，必須「本大而末小」（註三），必須有一定的法度（註四），否則便尾大不掉，一國分成爲二了。所以祭仲諫莊公、公子呂及子封都以爲國不堪有貳，請莊公決心討之（註五）。

按理只有天子能建國分封，公侯伯子男諸侯，雖能分封親屬及官吏，但只能「立家」，不能立國。封桓叔爲曲沃伯，將晉分爲二，顯然是違制的。師服所以大發「本大而末小」，及「天子建國，諸侯立家」的議論（註六）。

但是諸侯可以分封家屬，卻是無可疑的，只要他顧慮到封建上的原則，不要違制。

諸侯賜臣下的例子尤其多。晉郤至與周爭鄇田，說：「溫吾故（邑）也。」（註七）季孫將以孟孫的成邑與杞（註八）。宋桓魋請將鞍薄二邑對換（註九）。都是卿大夫有邑的證明。

賞田邑的記載，更爲明顯。

趙簡子伐鄭時，誓師道：「克敵者上大夫受縣，下大夫受郡，士田十萬。」（註一〇）

鄭伯克陳，賞有功者。賜子展八邑，子產六邑。（註一一）

曹圍宋，師還，子重請取於申呂以爲賞田。（註一二）

魯僖公賜季友汶陽之田及費。（註一三）

晏子爲莊公臣，言大用，每期賜爵益邑。（註一四）

慶氏亡，分其邑，與晏子邶殿，其鄙六十。（註一五）

景公祿晏子以平陰與稾邑。（註一六）

新築人仲叔于奚救孫桓子免於難，衛人賞之以邑。（註一七）

從衛人賞邑一事看來，似乎不僅卿大夫可以受田邑。既名之曰新築人，可知其無官爵。林註以爲係「守新築大夫」，不免曲解。

卿大夫受田邑的多寡，是與官祿的大小有關係的。趙簡子誓師辭所謂：「上大夫受縣，下大夫受郡，士田十萬，」（見前）極爲顯見。鄭伯賜子展八邑，賜子產六邑。子產辭邑，曰：「自上以下，隆殺以兩，禮也。臣之位在四，……請辭邑。」公固與之，方受三邑（註一八）。更足證明。

我們或可以找出卿大夫受田邑的確數來。

第一、我們應該曉得諸侯封國的大小既因爵位的差別而不同。那末，不但卿大夫本身有大小不同，卿有正副之分，大夫有上中下三等（詳第六章卿大夫階級），小國卿大夫與大國卿大夫在地位上也是有分別的。叔孫曰：「列國之卿，當小國之君，固周制也。」（註一九）「王制」上也說：「次國之上卿，位當大國之中，中當其下，下當其上大夫。小國之上卿，位當大國之下卿，中當其上大夫，下當其下大夫。」兩說相髣髴。卿大夫等級之不同，可以確知。

卿大夫等級既有差異，受田畝數自有差異。

孟子說：「天子之卿受地視侯，大夫受地視伯，元士受地視子男。大國地方百里，君十卿祿，卿祿四大夫，大夫倍上士，上士倍中士，中士倍下士，下士與庶人在官者同祿，祿足以代其耕也。次國地方七十里，君十卿祿，卿祿三大夫，大夫倍上士，上士倍中士，中士倍下士，下士與庶人在官者同祿，祿足以代其耕也。小國地方五十里，君十卿祿，卿祿二大夫，大夫倍上士，上士倍中士，中士倍下士，下士與庶人在官者同祿，祿足以代其耕也。」（註二〇）和「王制」所云：「諸侯之下士視上農夫，祿足以代其耕也，中士倍下士，上士倍中士，下大夫倍上士，卿四大夫祿，君十卿祿，次國之卿三大夫祿，君十卿祿，小國之卿倍大夫祿，君十卿祿。」所說大致相同。據孟子所說則：

天子之卿——百里

大夫——七十里

元士——五十里

諸侯之卿大夫

下士——百畝（孟子云：「下士與庶人在官者同祿，祿足以代其耕也。耕者之所獲，一夫百畝，百畝之糞，上農夫食九人，上次食八人，中食七人，中次食六人，下食五人，庶人在官者，其祿以是爲差。」是庶人在官之祿，即農夫受田

之數，以百畝爲標準）

中士——二百畝

上士——四百畝

大夫——八百畝

小國之卿——一千六百畝

次國之卿——二千四百畝

大國之卿——三千二百畝

另據叔向云：「大國之卿一旅之田，上大夫一卒之田。」（註二二）所說係以田邑中所出卒乘數量爲標準。古時計田邑，或以里數畝數計，或以卒乘計，都是一樣的。地大居民自多，所出卒乘也多。地小，所出卒乘也少。二者是有連帶關係的。

一卒一乘到底是多少人？不妨姑以管子所說爲根據。他說：「是故五十人爲小戎，里有司率之，四里爲連，故二百人爲卒，連長率之，十連爲鄉，故二千人爲旅。」

（註二二）

能出二千兵卒的田邑，不可謂小。二百人，便只有一旅的十分之一，卿大夫田邑大小懸殊可見。

賜邑的數目，是以百邑爲頂點的。所以衞獻公與子鮮免餘邑六十，辭曰：「唯卿備百邑，臣六十矣，下有上祿，亂也。」（註二三）大夫大約以六十邑爲最多。所以宋左師請賞（註二四）。齊莊公與晏嬰邶殿邊鄙之邑（註二五）。及子鮮有邑的數目，俱爲六十。子鮮已經有邑六十，再與之「免餘邑六十」，便是「下有上祿」，而爲亂制。後來公固與之，纔「受其半以爲少師。」（註二六）則是以少師的資格而接受九十邑的。

官吏所受田邑，是否終身享用？我以爲無罪是不歸還，而可以世世享用的。晏子老，辭邑，景公曰：「自吾先君定公至今，用世多矣，齊大夫未有老辭邑者矣。今夫子獨辭之，是毀國之故，棄寡人也，不可。」（註二七）又說道：「昔吾先君桓公與管仲狐與穀，其縣十七，著之於帛，申之以策，通之諸侯，以爲其子孫賞邑。寡人不足以辱而先君，今爲夫子賞邑，通之子孫。」（註二八）可見田邑是可以世世享用的。

再擧一例：不但老不歸邑，連死也不歸還，而由子孫享用的。鄭公孫黑肱有疾，召室老宗人立段，使黜官薄祭，留邑足以共祭祀而已，餘盡歸還於公。並說道：「吾聞之，生於亂世，貴而能貧，民無求焉，可以後亡。」當時的君子都稱贊他能愼戒（註二九）。足證他善戒，纔歸邑，而且假如當時的法制卿大夫死須歸邑，則當盡歸之，何能留數邑而歸餘邑？封建社會重世襲，田邑不過其一端而已。

但假如不得國君之歡，或犯了罪，情形就不同了。慶氏以罪亡。景公分其邑與晏子（見前）。晏子得寵時，每朝賜爵益邑，不信任時，每朝致邑與爵，至於「爵邑盡。」（註三〇）都是很好的例子。

（二）封邑主對於土地的自由分配

這也足徵知封邑主的絕對私有權。通常是將他的封土分成三部分。

a. 公田

詩經中言及公田的地方只有一處。

「雨我公田，遂及我私。」(註三一)

管子亦云：「正月令農始作服於公田。……」(註三二)

所謂公田，便是封邑主自己劃出來的一部分田土。公者，便是主人的意思。和英國封建社會所謂公田(Lord's demesne)相髣髴。

b. 私田　便是分給農民耕種的田地了。詩經中所說的「遂及我私」(註三三)，和「駿發爾私」(註三四)。私卽是農民的私田。

c. 山林川澤及廢地　土地之可耕種者，或劃爲公田，或劃爲私田，剩下來的，便是不可耕種的山林川澤及廢地了。

(三) 封邑主土地利用權

從上引詩經原句中，便可以曉得當時的人民，不但對於公田有力役的義務，而且先公而後私。詳細的情形，我們可以留在另外一章再講，我所要說的，只是表示封邑主可以從公田上得到人民的耕役，因而可以坐享其成。若土地不爲封邑所絕對私有，怎能如此？

山林川澤及廢地之由封邑主獨專其利，也可證明封邑中全部土地是完全歸他一人私有的。

晏子說：山林澤藪及海的產物，各有專官守之（註三五），足見是禁止百姓砍伐獲取的。晏子勸齊景公：「山林川澤，不專其利，……陂澤不禁。」（註三六）若當時諸侯不專其利，晏子何必諫？正如同諸侯言利，而後孟子勸行仁義。

第二節　授田及井田制度

講到公田私田，便不得不講講爭論不決的井田問題。井田論者唯一的根據只是孟子所說的一段話而已。

我們不妨看看孟子所根據的是什麼？他說了「夏后氏五十而貢，殷人七十而助，周人百畝而徹，其實皆什一也」後，又引龍子，「治地莫善於助，莫不善於貢……」及詩經：「雨我公田，遂及我私」，接着又說「請野九一而助，國中什一使自賦。……方里而井，井九百畝，其中爲公田，八家皆私百畝，同養公田。公事畢，然後敢治私事。」（註三七）孟子而後，各家所說便日趨於詳盡了。

韓詩外傳：不但確定田畝的長度寬度，並且劃出廬舍建造的地畝。

「古者八家而井田，方里而爲井，廣三百步長三百步，一里其田九百畝，廣一步長一步爲一畝，廣百步長百步爲百畝。八家爲鄰，家得百畝，餘夫各得二十五畝。家爲公田十，餘二十畝共爲廬舍，各得二畝半。八家相保，出入共守，疾病相憂，患難相救，有無相貸，飲食相召，嫁娶相謀，漁獵分得，仁恩施行，是以其民和親而相好。詩曰：『中田有廬。疆場有瓜。』」

周禮「地官」，比韓詩外傳說得更詳密。對於實行井田制度所必需的條件——土地及人口調查，都有規定。土質的高下，每戶人口的多寡，都注意到了。

「大司徒　凡造都鄙，制其地而封溝之，以其室數制之，不易之地家百畝，一易之地家二百畝，再易之地家三百畝。」

「小司徒　乃經土地而井牧其田野，九夫爲井，四井爲邑，四邑爲丘，四丘爲甸，四甸爲縣，四縣爲都，以任地事而令貢賦。」

「遂人　辨其野之土，上地、中地、下地，以頒田里。上地，夫一廛，田百畝，萊五十畝，餘夫亦如之。中地，夫一廛，田百畝，萊百畝，餘夫亦如之。下地，夫一廛，田百畝，萊二百畝，餘夫亦如之。……」

漢書，「食貨志」（註三八）上，也有關於井田的記載：

「五尺爲步，步百爲畝，畝百爲夫，夫三爲屋，屋三爲井。井方一里，是爲九夫，八家共之，各受私田百畝，公田十畝，是八百八十畝。餘二十畝爲廬舍。……民受田，上田，夫百畝，中田，夫二百畝，下田，夫三百畝。……農戶人已受田，其家衆男爲餘夫，亦以ㄖ受田，如此。士農工商家受田，五ㄖ乃當農夫一人。」

以上各家敍說得極爲詳盡，眞像若有其事。但一考其根據，便發現其薄弱可憐。古儒如朱熹，也說過井田制度的疑點，道：「天下安得有個王畿千里之地，將鄭康成圖來安頓於上？今看古人地制，如豐、鎬皆在山谷之間，洛邑、伊闕之地亦多是小溪洞，不知如何措置？」（註三九）近人如胡適，也說：「不但豆腐干塊的封建制度是不可能的，豆腐干塊的井田制度也是不可能的。井田的均產制，乃是戰國時代的烏托邦，戰國以前，從來沒有人提及古代的井田制。孟子也只能說：『諸侯惡其害己也，而皆去其籍。』這是：『託古改制』的慣技。韓非所謂：『無參驗而必之，』就是這一種。」（註四〇）這是從地理環境上來證明井田制度的荒謬。

其次，從古代文獻上來看，也可發現其僞造。孟子僅以「雨我公田，遂及我私」爲根據，後人又以孟子所說爲根據，這種不可靠的情形，已經在上面說過了，胡適也說：「這可見孟子實在不知道周代的制度是什麼，不過從一句詩裏推想到一種公田制，這種

證據已很薄弱了。」（註四一）

這句話是的確的，如果孟子時代仍行井田制度，滕文公也不必專誠來請教了。如果周初確曾實行過這種制度，那末，戰國去周初不過數百年，一制度的廢止，決不是突然的，尤其是行了許多時候的田制，總當有些遺跡，何至於僅僅引龍子及詩經爲證。至於孟子所說的詳細辦法，開頭一句便冠以「請」字，不是孟子理想的制度，是什麼？第三、韓嬰周禮班固各人所說不同，合起來無論如何，總講不通。計算之法，各各不同，便以同一書而論，「大司徒」和「遂人」所說也不相同，而互相抵觸。他們都以孟子爲附會的根據，越說得詳細，越不能自圓其說，而顯見其僞。

承認井田制度者，大都先承認古代的共產制度。胡漢民（註四二）、廖仲愷（註四三）、呂振羽（註四四）諸人都持這樣的見解。自然，土地均產制，是原始時代各民族通有的制度，是無可疑問的。西洋各專家，對於這一類的研究，已有很詳盡的報告，供我們參考（註四五）。但我們不要超過了比較的限閾，而武斷的用來證明中國的田制。共產田制可以相信其存在，但不必定要將井田相提並論，更不必以此來肯定孟子所說的井田的內容，尤其不可以因而說孟子、周禮諸書所說都是眞的。承認共產田制是一回事，肯定井田制度之有無，又是一回事。肯定井田制度是一回事，承認儒家所說井田制度的內容，又是一回事，不可混爲一談。

所以在井田制度有無還不曾定論的時候，更進而辯論於里數的問題，是大可不必的。胡適之、朱執信兩先生辯論（註四六）的結果，只是使人更趨於糊塗。中國古書，對於數字，根本就不可信，何況是關於井田的步畝？所以根據「王制」，又是一種算法，根據漢書，又是一種算法，合兩說而觀之，則互不相容，各執一說，則成爲「公有公的理，婆有婆的理」，不能討論了。

井田制度的傳說，已經略評如上，我們固然不可盲目的接受孟子以來儒家的傳說，同時也不可因其內容錯謬，而抹殺所有事實。

無論如何，公田私田的分別是有的。胡適之以爲「公田」固是屬於國家的田，但他的「私田」仍是卿大夫的祿田，是貴族產，不是農民的公產，種田的農人乃是佃民，不是佃主（註四七）。卻難令人置信。第一、封建社會，那來國家的田？那時諸侯和國家是不分的，屬於某一國的，卽是屬於某一諸侯的。「普天之下，莫非王土」，大足代表當時的觀念，國君與國家的區別，是近代政治的觀念，以今釋古，自不相容。如果私田是卿大夫的祿田，則「遂及我私」一句如何解釋？第二說私田是農民的公產，自係錯誤，（氏族社會纔有公產，封建社會中，土地都屬於封邑主，人民只有土地使用權，無所有權。）說係卿大夫的祿田，同樣的也是錯誤。

現在我們可以約略的說一說授田的情形了。

既承認私田的存在，就當進而討論私田的性質。看到底私田是人民自己所有的私田，還是由公侯授與的田地有耕種權而無所有權。

研究的結果，我想誰都會想私田決不是人民自己的田地，第一在上一節中已經證明了全部土地是封邑主所絕對私有的。在這種情形之下，人民私有土地是決不可能的；第二從其他史料中，我們也可證明此事。「公食貢，大夫食邑，士食田，庶人食力，工商食官，皂隸食職。」（註四八）可見士以下是沒有田地的，只力役以事上，藉以維持自己的生活而已。趙簡子誓師辭云：「克敵者，上大夫受縣，下大夫受郡，士田十萬，庶人工商遂，人臣隸圉免。」（註四九）更可以看出庶人雖有殊功，也不能私有田地，只能免役而已。

由上述的事實，我們可以想像出當時所謂私田者只是地主給予人民的一些土地，使他們負着耕種公田的義務。公事畢，然後耕種私田，從私田中得到些微的報酬，以維持他們的生活。農民賦役的詳情，可以留在另一章來講，這裏只提出來一下。

授田的制度，究竟如何？這是講封建時代公田私田所必需想到的。

首先我們一定會想到農民體格發育完全而受田，及年老力衰歸田的情形。穀梁傳云：「男子二十而冠，冠而列丈夫，三十而娶。」（註五〇）墨子說：「丈夫年二十，毋敢不處家。」（註五一）似乎二十歲是當然法定的成年年齡，可以任役納賦了。所以班固

以此爲根據，而說「民年二十受田。」（註五二）

有些人以爲三十歲纔受田。這是根據禮記：「三十而有室」，「三十曰壯、有室」，「三十有室，始治男子之事」（註五三）的記載的。韋昭註國語：「年三十者受田百畝，二十者五十畝。」（註五四）

兩說相差十歲，未知孰是。按男子發育程序來說，二十歲確已成人，可以任力役了。三十歲纔成人，似乎太晚。

歸田的年齡，班固、韋昭都說是六十歲（註五五）。

總之，年壯受田，年老歸田，是可以相信的。

第二個盤旋在我們腦子裏的問題，便是受田的畝數。

多數人都以爲是百畝。管仲答桓公之問云：「一農之量，壤百畝也。……起一人之繇，百畝不舉。起十人之繇，千畝不舉。起百人之繇，萬畝不舉。起千人之繇，十萬畝不舉。」（註五六）荀子云：「百畝一守事業窮無所移之也。」（註五七）「故家五畝宅，百畝田。」（註五八）孟子說：「周人百畝而徹。」（註五九）「五畝之宅，樹之以桑，……百畝之田，勿奪其時，八口之家，可以無飢矣。」（註六〇）「八家皆私百畝，同養公田。」（註六一）「耕者之所獲，一夫百畝。」（註六二）「五畝之宅，樹牆下以桑，匹婦蠶之。……百畝之田，匹夫耕之。八口之家，足以無飢矣。」（註六三）

依據周禮，則授田不止百畝，而且因地質的高下，家庭人口的多寡，授田畝數也不一律（註六四）。無疑地這種更理想化授田制度，其眞實性是極可懷疑的。

根據孟子所說：除了百畝的農田外，還有五畝地，用以作住宅。住宅空地上還可以種桑樹，由女人來養蠶，以爲家庭副業。

許多人都誤解了詩經「中田有廬」（註六五）一句話，以爲中田是公田，由公田之中劃出二十畝來，分給八家爲廬舍。韓嬰（註六六）、朱子（註六七）便持這種見解。其實所謂「中田有廬」，明明是說廬在田中，田是私田，不是公田。鄭玄便只說中田是田中，不說是公田（註六八）。以理測之，公田是封邑主的田，怎能於中建造八家房舍？此理之不可通者。從詩原句，及孟子所說互證，也可確定居宅是在私田之內的。

第三節　土地之不可分及禁止買賣轉移

明瞭了前節所說的土地分配情況，我們便很容易了解當時土地制度二種性質，讓我來簡單的敍說一下。

（一）土地之不可分　每人授田百畝，所出賦役，都以這百畝爲單位的。每一單位，應當納多少賦稅，應當出多少力役兵役，都有一定的規則，這是極明顯的。假如農夫受田後，再將他所得的百畝田地分給他的家人，那出納賦役的事，對於封邑主便是一極其麻煩的事。所以這種情形，是爲當時習慣或法律所不許的。

（二）土地不許買賣轉移　這一層更爲明顯。土地是屬於封邑主的，他只將土地授與農人，利用他們在上面耕種，使他們因而出納賦稅而已，這些農夫或農奴，自然無論在習慣上或在法律上來講，他都不能將他所耕種的土地任意與人交換，或有買賣的行爲。「王制」所謂「田里不鬻」，是可信的。如果他想賣去主人的土地來謀利，那便是犯罪的行爲了。這種情形，在當時是沒有人想到的。因爲農民或農奴根本沒有土地所有權，他的腦中只會想着如何去努力耕種以事其主。這種買賣的想像，從來不曾在腦中發生過。「某人要出賣某地」，「某人想買某人的地」，這一類的事，在那時是絕無僅有的，而是商鞅變法以後的事。（詳第八章）

【注　釋】

註　一　左，隱元。

註　二　同上，桓二。

註　三　同上，師服語。

註　四　同上，隱元，祭仲曰：「都城過百雉，國之害也。先王之制，大都不過參國之一，中五之一，小九之一。今京不度，非制也。君將不堪。」

註　五　左，隱元。

註　六　同上，桓二。

註　七　同上，成一一。

註　八　同上，昭七。

註　九　同上，哀一四。

註一〇　左，哀二。

註一一　同上，襄二六。

註一二　同上，成七。

註一三　同上，僖元。

註一四　晏子春秋，五，「莊公不用晏子致邑而退後有崔氏之禍第二。」

註一五　同上，六，「子尾疑晏子不受慶氏之邑晏子謂足欲則亡，第十五。」

註一六　同上，「景公祿晏子平陰與稾邑晏子願行三言以辭，第十六。」

註一七　左，成二。

註一八　同上，襄二六。

註一九　左，昭二三。

註二〇　孟子，「萬章下。」

註二一　國語，「晉語八。」

註二二　管子，八，「中匡第十九。」

註二三　左，襄二七。

註二四　同上。

註二五　左，襄二八，及晏子春秋，「子尾疑晏子不受慶氏之邑晏子謂足欲則亡，第十五。」

註二六　左，襄二七。

註二七　晏子春秋，六，「晏子老辭邑景公不許致邑一乘而後止，第二十八。」

註二八　同上，「景公稱桓公之封管仲益晏子邑辭不受，第二十四。」

註二九　左，襄二三。

註三〇　晏子春秋，「莊公不用晏子致邑而退後有崔氏之禍，第二。」

註三一　詩，「小雅」，「甫田之什」，「大田」。

註三二　管子，一，「士農工商」。

註三三　詩，「大田」。

註三四　同上，「周頌」，「臣工之什」，「噫嘻」。

註三五　晏子春秋，七，「景公有疾梁丘據裔款請誅祝史晏子諫，第七，」及左，昭二十。

註三六　同上，二，「景公問欲和臣親下晏子對以信順儉德，第二十六。」

註三七　孟子，「滕文公上」。

註三八　漢書，二四上，「食貨志」。

註三九　朱子語類，卷八六。

註四〇　胡適之先生寄廖仲愷先生的信，胡適文存，上海亞東，民一四，頁二四九。（原載建設雜誌）

註四一　胡適之先生答廖仲愷胡漢民先生的信，同上，頁二六五。（原載建設）

註四二　「井田制是中國古代土地私有制未發生以前的一種土地共有制——這不是土地私有制發生後的均產制，我們應該分別。」——胡漢民先生答胡適之先生的信，胡漢民、胡適等，井田制度有無之研究，上海華通，民一九，頁四五。（原載建設）

註四三　「井田制度，我假定他是上古民族由游牧移到田園，由公有移到私有當中的一種過渡制度。以社會進化的程序看來，在先生（謂胡適）所謂『半部落半國家的時代』，這種井田制度不只是可能的，而且是自然會發生的。……」——廖仲愷先生答胡適之先生的信，胡適文存，頁二五七。（原載建設）

註四四　「要是曾有這種公社的存在過，則其後來的類似井田的莊園組織，便十分有其存在的可能。」——呂振羽，「西周時代的中國社會」，中山文化教育館季刊，二卷一期。

註四五　例如 H. S. Maine, Village Communities in the East and West, 1876
Ancient Law, 1906.
F. Seebohm, The English Village Community, 1883.
P. Vinogradoff, Villainage in England, 1892.
The Growth of Manor, 1905.
都是極有參考價值的名著。

註四六　胡適之先生再答漢民、仲愷兩先生書，井田制度有無之研究，頁四七—五二。（原載建設）
朱執信先生致胡適之先生書，同上，頁五二—六一。（原載建設）

註四七　胡適之先生答廖仲愷、胡漢民先生的信，胡適文存，頁二六七。

註四八　國語，「晉語四」。

註四九　左，哀二。

註五〇　穀梁，文一二。

註五一　墨子，六，「節用上第二十」。

註五二　漢書，二四上，「食貨志上」。

註五三　禮記，「內則」，「曲禮上」。

註五四　國語，「魯語下」，韋註。

註五五　漢書，二四上，「食貨志」，「魯語下」，韋註。

註五六　管子，二一，「臣乘馬第六十八」。

註五七　荀子，中，「王霸篇第十一」。

註五八　同上，下，「大略篇第二十七」。

註五九　孟子，「滕文公上」。

註六〇　同上，「梁惠王上」。

註六一　同上，「滕文公上」。

註六二　同上，「萬章下」。

註六三　同上，「盡心上」。

註六四　周禮，「地官司徒」。

「遂人……辨其野之土，上地、中地、下地，以頒田里。上地夫一廛，田百晦，萊五十晦，餘夫亦如之。中地夫一廛，田百晦，萊百晦，餘夫亦如之。下地夫一廛，田百畮，萊二百畮，餘夫亦如之。」

「不易之地家百畮，一易之地家二百畮，再易之地家三百畮。」

以上是關於地質好壞的規定，不易之地，即所謂上地。鄭玄註亦云：「歲種之地美，故家百畮。」一易之地卽中地，再易之地卽下地。地越肥美，授田畝數越少；地越不好，授田畝數越多。這顯然是質與量的調劑。

「乃均土地以稽其人民而周知其數。上地家七人。……中地家六人。……下地家五人。……」小司徒之職。

是則除地質的好壞外，一家人口的多寡，也是授地的因子。家庭人口多的，授地較好，否則授以次田。所以鄭玄註云：「一家男女七人以上，則授之以上地，所養者衆也，男女五人以下，則授之以下地，所養者寡也。」

註六五　詩，「小雅」，「谷風之什」，「信南山」。

註六六　「家爲公田十，餘二十畝只爲廬舍，各得二畝半。」——韓詩外傳。

註六七　「二井之田，其中百畝爲公田，內以二十畝分八家爲廬舍，以便田事。」——「信南山」，朱註。

註六八　「中田，田中也。農人作廬焉，以便其田事。」——「信南山」，鄭箋。

第四章　封建社會宗法制度

第一節　宗法與土地封建的關係

宗法與封建在現在看來，似乎無多大關係。我們曉得秦以來宗法社會的色彩多，而封建社會的色彩少。但我們仔細考究一下，便會發現二者關係的密切。我們可以說在最初，二者是同時產生的。宗法制度是用以維持封建制度的產物，封建制度必依賴宗法制度以維持其存在。我們試分析周初的社會，就可以明白這些了。

在一個民族由不固定的游牧經濟轉到固定的農業經濟，不但主要的生產方式，經濟組織，有了大的轉移，政治社會的組織也必同時隨着轉變。在第一章內，我們已經談到這種轉移。周以前是游牧的氏族社會，財產爲氏族所共有，兄弟依次相及，有同等的承繼權，用不着什麼宗法，無嫡庶之分，不論長幼，都是平等的。到了封建社會，這種情形就大大的轉變了。

由於封建政治的成立，王國及封邑便不能不維持其整一，而由一人來統治。爲了應付這種需要，於是爲宗法制度中心的嫡庶分別應運而生，確定以嫡長子的身分來承繼國土田邑。這是當時所謂聖人如周公者爲百世着想所創立的抑止紊亂及爭執的方法。否則封邑領土的完整，封邑人民的治理，賦役的徵收，都要發生問題，而影響及封建組織的破壞。當時聖人所以極力提倡宗法者在於此，當時宗法制度所以盛行於天子諸侯卿大夫階級，而不甚爲庶人所注意者，也由於此。庶人無田邑，所以用不着牠，所謂「禮不下庶人」（註一）者，禮便是以宗法爲基本的祭祀婚喪等制度。庶人用不着講求這些用以維持封建系統的禮或宗法。

綜之，以嫡庶爲中心的宗法制度，是用以維持封建制度的方法，是我們所不可忽略的。

亨利梅因研究西歐封建社會的結果，和我們研究中國封建社會的結論，關於承繼一點，是相合的。可以互相佐證。他說封建土地法，必須使財產永遠在指定的一系上傳繼下去。一系相承的承繼法，各地習慣不同，或以最長子，或以最幼之子爲承繼者。綜之，這種承繼制度，傳布的原因是封建的，封建的領主爲了較易於獲得兵役，他情願一人承繼的制度，而不喜歡諸子共分的方法。他以印度雖然是實行均分制的，但政府機關或政權的承繼，仍只限於最長子爲例，而結論云，當父權不僅爲家庭的，而且施於政治上時，其承繼便不是由兄弟均分，而是最長子的出生權了（註二）。我國制度所不同者，便是方法更趨繁密，不僅僅如以最長子爲承繼者那樣的簡單，決不僅以年齡爲標準，而須顧到嫡庶的問題，所謂宗法制度者是。

第二節　嫡庶制度

在氏族社會裏，雖然一妻以上的婚姻關係，並不是不容許的，但我們要注意，這和封建社會的多妻制，是不相同的。前者二妻的身分是一樣的，都稱爲妻，所生出來的兒子的身分也是平等的，沒有什麼差異。後者不但妻妾嫡庶的身分十分確定，最要緊的，問題的重要性，並不在嫡庶本身的分別，而在於子孫身分分別的確定。這是封建家族的中心，宗法制度的骨幹，就是整個封建社會的政治關係——政權的把握，也基於此，實不容忽視。

諸子身分的分別：第一便是嫡庶的不同，嫡妻所生，便是嫡子，庶妻所生，便是庶子。庶子的身分遠遜於嫡子，猶之乎庶妾之下於嫡妻。

嫡子中長子稱爲「宗子」（註三）。善鼎銘文，詩及左傳都有「宗子」之稱（註四）。宗子之婦稱爲「宗婦」。宗婦鼎，晉邦𥂴銘文，左傳、儀禮和禮記都有「宗婦」之稱（註五）。

宗子最尊，是田邑君位的承繼者（詳承繼法一節）。是宗廟之主（詳祭祀一節）。地位之尊，遠過於其他嫡子。宗婦以夫而貴，亦最尊。所以善鼎云：「余其用各我宗子雩百生。」禮記亦云：「嫡子庶子，祇事宗子宗婦。」（註六）程瑤田有見於此，因有「宗之道兄道也」，「以兄統弟」，和「以弟事兄」等語（註七）。

由於宗子與嫡子地位的懸殊，所承繼的不同，於是而有大宗小宗的分別。周金文中有不少關於大宗的稱謂（註八）。

只有一系相承的嫡長子，能承繼大統，稱爲大宗。其他諸嫡子，只有分封的資格，稱爲別子（別子的意義有二：別者別也，一方面是別於宗子的意思，一方面是「別爲後世爲始祖的意思」）。被封後對大宗而言，雖爲小宗，有事宗之道。對於他自己的子孫而言，成爲受封的始祖。他的君位和封邑，便永以他的嫡長子來承繼，成所謂「繼別爲宗」的大宗。其餘不能繼別而只能繼禰（父）的諸嫡子爲小宗。對於其所屬大宗，有事宗之道。又各成爲別子，被分封。別受封地而成爲其子孫之始祖，其封地世世由其宗子承繼。禮記所云：「別子爲祖，繼別爲宗，繼禰者爲小宗，」（註九）就是這個道理。關於這種情形，程瑤田解釋得最清楚透徹。他道：

「別子爲祖，始祖也，爲後世子孫之所共尊，以爲吾家始於是人也。繼別爲宗，宗主也，繼別者一人，而爲羣弟之所主者也。由是繼別者與其羣弟皆各爲其子之禰，而其子則各有一人爲適，繼其禰，以各爲其庶弟之所宗，是之謂小宗。而諸繼禰之宗，其爲繼別子之所自出者，猶是繼別之宗也。衆小宗各率其弟而宗之，世世皆然，蓋繼別爲宗，百世不遷之宗也。若夫諸小宗者，自後世而溯之，則同父之適兄曰繼禰之宗，同祖之適兄曰繼祖之宗，同曾祖之適兄曰繼曾祖之宗，同高祖之適兄曰繼高祖之宗。我之高祖，吾父之曾祖，則吾父之高祖於我爲姓別於上而於是戚單於下矣。戚單於下，斯不同其小宗，所謂五世則遷之宗也。而彼繼別者爲收族之大宗，則一族之人所用於別子之適兄也。」（註一〇）

整個的說來，只有一最大的大宗，所有的大小宗俱宗事之，可以稱爲宗主。此外有許多小宗，這些小宗自身又成爲繼別爲宗的大宗。而又包含許多小宗。如此層層相因，成一錯雜的有系統的組織。

以具體的例子來說明，比較明白的多。周文、武、成、康、昭、穆、共、懿、孝、夷、厲、宣、幽、平、桓、莊、僖、惠、襄、頃、匡、定、簡、靈、景、敬、元、貞、定、考、威烈、安烈、顯、愼靚、赧諸王是一系相承的宗子，是最大的大宗。周公、管叔、蔡叔、康叔、曹叔、唐叔，便是所謂別子，或爲文王子，或爲武王子，但都非宗子，所以不能承繼王位。分封以後，周公爲魯之始祖，管叔爲管之始祖，蔡叔爲蔡之始祖，康叔爲衞之始祖，曹叔爲曹之始祖，唐叔爲晉之始祖，他們對王室仍爲小宗，但各自成一繼別的大宗，各以自己的宗子爲承繼者。以魯爲例，隱、桓、莊、閔、僖、文、宣、成、襄、昭、定、哀諸公便是一系相承的宗子（註一一）。宗子而外的別子，又成爲許多小宗，各受封地，而自成一繼別的大宗。例如鄭武公子莊公，是承繼鄭國者。少子段爲別子，別封於京。晉昭侯是晉國承繼者，成師以別子資格封於曲沃。對鄭國晉國而言，他們是小宗，成師或段的宗子世襲封地又成一繼別的大宗。

宗室（大宗之廟）所在，亦卽國都所在，所以周室稱爲「宗周」（註一二），魯室稱爲「宗魯」（註一三）。

第三節　承繼法

封建社會承繼法，是基於上述的宗子制的，那意思就是說封建社會中平等的共分承繼制是不容許的，許多兒子，其中只有一人是合法的承繼者。

這種情形，你也許批評是不平等的，同是一父所生的兒子，怎麼只有一人可以承繼呢？這便是封建時代與近代對於承繼概念的不同了。

我們曉得封建社會中只有宗子纔能世相承繼，他完全是以他的出生的優越爲根據的，而不是人爲的。所以：

1. 他的年齡不一定最長，而長於他的伯叔諸兄，反無承繼權，不論他們是庶出或嫡出。

2. 嫡長子雖不爲父所喜，也不能廢嫡立庶。所以景公愛孺子荼，欲廢公子陽生而立荼。晏子不可，諫云：「夫以賤匹貴，國之害也。置大立少，亂之本也。……夫服位有等，故賤不凌貴；立子有禮，故孽不亂宗。……廢長立少，不可以教下；尊孽卑宗，不可以利所愛。長少無等，宗孽無別，是設賊樹姦之本也。」（註一四）

3. 嫡長子雖不肖，而庶子有賢者，亦必立之。若「廢嫡立庶」，便爲不道了。楚平王卒，令尹子常以太子壬柔弱，而且其母本來是王子建所聘，後爲平王所奪，不能算爲嫡后爲藉口，欲立平王的長庶子子西，以爲既長且賢。子西聽了此話，大怒說道：「是亂國而惡君王也。……王有嫡嗣，不可亂也。……亂嗣不祥，我受其名。……」必殺令尹，令尹懼，立太子爲君，是爲昭王（註一五）。是極好的例證。廢嫡便是亂政，至欲殺子常，情勢之嚴重，可以想見。

4. 若嫡長子死亡，則順延一代，立嫡長孫。若嫡長孫又死亡，當再順延一代，必立宗子。

5. 若宗子一系確已死盡，或子嗣中斷，其餘諸嫡子纔有承繼的機會。嫡子的地位都一樣，所以其立以年齡爲標準，依次而立。公羊所謂「立嫡以長，不以賢。」（註一六）便是這個道理。

6.若無嫡子，纔能於庶子中選擇一人。庶子之選擇，是一件痲煩的事。是不按長幼之序的。衞襄公夫人姜氏，無子，嬖人婤姶生孟縶及元。孟縶有足疾，不良於行。孔成子及史朝又夢見康叔以立元相屬，於是孔成子以周易筮之，筮辭云：「元尙享衞國，主其社稷。」史朝以元爲元之名。孔成子卻懷疑元指長子，後來因爲孟縶是廢人，不利於宗，仍立元爲君，是爲靈公（註一七）。若庶子之立係依長幼之次，則不必卜，卜也不必懷疑卜辭所指，更不能因長庶有疾而立次庶了。晉太子申生旣卒，獻公四子，都是庶子。重耳最長，夷吾次子，奚齊又次之，卓子最少。奚齊之母驪姬爲獻公所嬖，所以最寵奚齊。獻公將卒，以奚齊託與荀息。獻公卒，荀息立奚齊，里克殺之。又立卓子，里克又殺之。郤芮於是使夷吾賂秦得爲君，是爲惠公。惠公死，重耳立，是爲文公（註一八）。亦庶子之立不以長幼爲次之例。獻公託付之嚴重，荀息後來對里克所說：「已與先君言矣，不可以貳。」及君子批評他：「斯言之玷，不可爲也。」的情形，很可以看出四子的承繼君位，誰都有此機會，不一定非立奚齊不可——所以里克敢連殺二君，荀息於奚齊死後又立卓子。所以卓子被殺，夷吾、重耳之黨各賂秦以求入。卽言重耳、夷吾有罪，所以後立，然而他們的母親——大戎、小戎地位是平等的，都是妾，而重耳長於夷吾，反後爲君，於此可見庶子之立與年齡是無關的。

許多人以爲雖與年齡無關，卻與母之貴賤有關。魯惠公的元妃孟子無子，繼室聲子生隱公，夫人仲子生桓公。桓公少，隱公長而賢，桓公生而惠公薨，隱公爲桓公太幼，暫行代立。所以左傳云：「是以隱公立而奉之。」（註一九）隱公曰：「爲其少故也，吾將授之矣。」（註二〇）公羊云：「公將平國而反之桓。曷爲反之桓？桓幼而貴，隱長而卑，其爲尊卑也微，國人莫知。隱長又賢，諸大夫扳隱而立之，隱於是焉而辭立，則未知桓之將必得立也。且如桓立，則恐諸大夫之不能相幼君也，故凡隱之立，爲桓立也。

母貴也。桓何以貴？母貴也。母貴則子何以貴？子以母貴，母以子貴。」（註二一）

隱長又賢，何以不宜立？立適以長，不以賢，立子以貴，不以長。桓何以貴？母貴也。

據我看來，所說未必可靠，試問庶子果有貴賤之分，雖其尊卑甚微，隱公宣布於衆，難道國人還不能明白嗎？又何必怕桓公不一定能被立爲君呢？而且誠如公羊所說：桓公當立，而隱不當立，則隱公不讓位，桓公儘可名正言順的討以僭位之罪，何必使賊暗殺於寫氏，然後以罪加於寫氏而討之呢？

還是穀梁講得對，痛痛快快地說隱不應讓桓：「讓桓正乎？曰：不正，……孝子揚父之美，不揚父之惡。先君之欲與桓，非正也，邪也。雖然，旣勝其邪心以與隱矣，已探先君之邪志而遂以與桓，則是成父之惡也。兄弟，天倫也，爲子受之父，爲諸侯受之君，已廢天倫而忘君父，以行小惠，曰小道也，若隱者，可謂輕千乘之國，蹈道則未也。」（註二二）

那末，究以何爲標準呢？

(a)在於父親的愛惡　晉獻公之愛奚齊，魯惠公之愛桓公，可以爲例。又如齊桓公夫人無子，內嬖如夫人者六人，生武孟、惠公、孝公、昭公、懿公、公子雍六子。桓公與管仲初欲立孝公以爲太子，後來因易牙的原故，又許立武孟（註二三）。

(b)愛惡不能決則卜　晉獻公所謂「愛疑，決之以卜筮」（註二四）是。

楚共王無嫡子，庶子五人皆有寵，不知所立。祭祀羣望時，禱告於神，請神爲擇一人，以主社稷。以璧爲信，凡當璧而拜者，便爲神所立。於是與巴姬密埋璧於大室之庭，使五子齋戒入拜。康王跨璧而過，靈王拜時，肘在埋璧之處，子干、子晳，都離璧遠。平王最小，抱而入，再拜都觸及璧鈕。於是平王命定，鬬韋龜以平王託於成然道：「弃禮違命，楚其危哉！」（註二五）所謂不可棄禮違命者，老實說來，卽不可棄取決於卜之禮，不可違神之所命。

禮記上也有類似的一件事，石駘仲卒，無嫡子，有庶子六人。卜所以爲後者，曰：「沐浴佩玉則兆。」既而五人皆沐浴佩玉。只有石祁子因爲執親之喪不當沐浴佩玉，獨不沐浴佩玉，卒應兆而立（註二六）。

7. 如果嫡庶子皆無，便只有人爲的方法了。

(a)立嗣　宋景公無子，取公孫周的兒子得與啓，養在宮裏，沒有決定立誰，景公便死了。大尹立啓，其餘六卿，欲去大尹，大尹奉啓奔楚。於是宋人立得爲君（註二七），是僅見的例子。

立嗣是萬不得已的事，無嫡立庶，仍爲己子，嫡庶俱無，便不得不於骨肉之外以求之。這樣一來，世世相繼的宗統，名義上雖仍然存在，實際上是中斷了。

我們應當注意：（一）所立嗣雖非已子，必爲同宗，有最近血統關係者。公孫周便是景公父元公孫子高（註二八）。（二）立嗣之法是不多見的。宋景公的例子，是春秋史上所僅見之一例。通常的辦法是：

(b)立弟　甘簡無子，立其弟過（註二九）。季孫有疾，自知不起，告正常云：若其妻南孺子分娩後是男的，便立之；若是女的，便立其弟康子。季孫死，康子卽位。後來南氏生一男，正常告於朝，康子請退位（註三〇），都是無子立弟的。

以上是君位封邑承繼的大略。至於大宗以外分封子弟的情形，爲敍說的便利起見，已在嫡庶的身分一節內說到，不再贅述了。

第四節　祭　祀

誰都知道祭祀是與宗法及階級有連帶關係的。在這一章內，讓我們只說與宗法的關係。

第一、祭祀的功用，完全在於尊祖敬宗，昭孝報恩。但不是所有的兒子都可以祭其祖先的。其間有大小宗的區別。繼禰者祭禰，繼祖者祭祖，繼曾祖者祭曾祖，繼高祖者祭高祖，這是四小宗，各有其所宗及其所祭，凡非其所繼，皆不能祭。例如繼曾祖和禰的便不能祭高祖，繼祖繼禰的便不能祭曾祖，繼禰的便不能祭祖，不繼禰的次子便不能祭禰，此是小宗所宗，繼始祖纔稱爲大宗。始祖只有宗子一系能祭，其餘無論是小宗或庶子，都不能祭始祖。所以嫡長子稱爲宗子，是承繼大統的宗廟主，其廟稱爲「宗室」（註三一），在政治上講，一國無二君，在宗法上講，一廟無二祭主。大宗統於上，小宗統於下，組織極爲嚴密。

始祖是所有後代的共同始祖，所以永遠享祀，成爲百世不遷之大宗（註三二）。若小宗則不然，有繼高祖之宗，有繼曾祖之宗，有繼祖之宗，有繼禰之宗，所宗不同，非其所宗則不祭，所以不是世享的，而是依次順延，「祖遷於上，宗易於下，」成爲「五世而遷之宗。」（註三三）於是親盡之祖的主位入於祧廟（註三四）。

爲便於明瞭起見，可以下圖明之，爲簡明計，每一世代都只列兄弟兩人，共以七世計。六世以上用實線標出線道，表明五世四小宗，繼禰、繼祖、繼曾祖、繼高祖的情形。實線上有羅馬數字，是用以表示這五世的。七世用虛線繪，從三世起並加用虛線並阿剌伯數字，是用以表示順延一代，五世而遷，祖易於上，宗遷於下的情形。

大小宗遷易圖

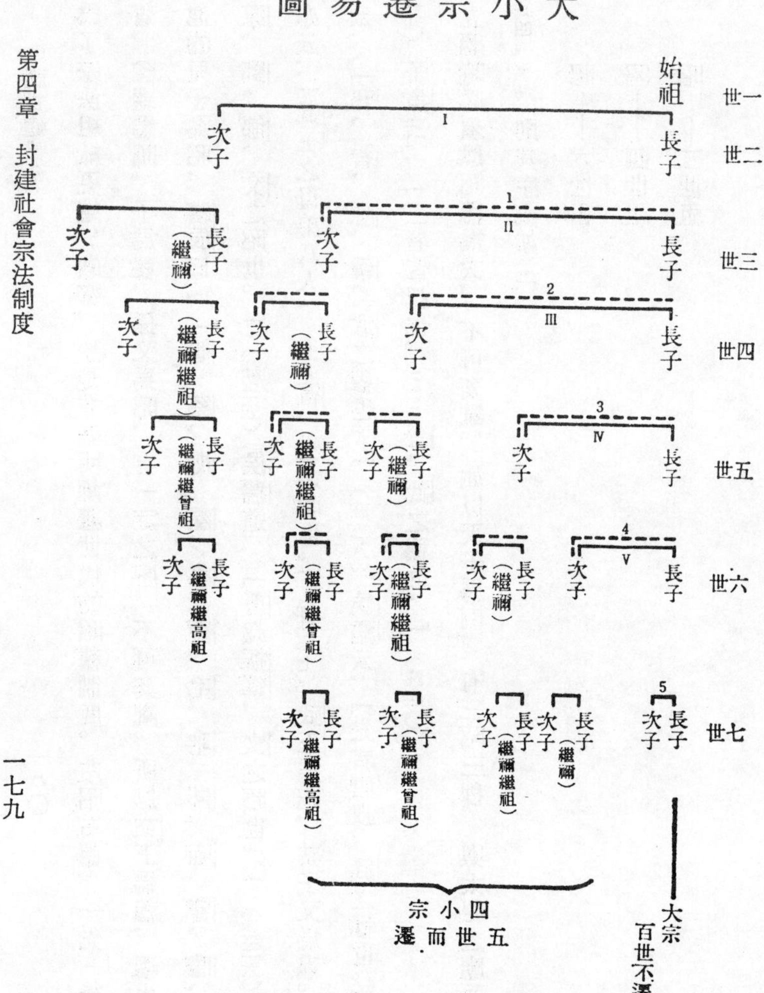

一世 始祖
二世 長子 次子
三世 長子 次子 長子（繼禰） 次子
四世 長子 次子 長子（繼禰） 次子 長子（繼禰繼祖） 次子
五世 長子 次子 長子（繼禰） 次子 長子（繼禰繼祖） 次子 長子（繼禰繼曾祖） 次子
六世 長子 次子 長子（繼禰） 次子 長子（繼禰繼祖） 次子 長子（繼禰繼曾祖） 次子 長子（繼禰繼高祖） 次子
七世 長子 次子 長子（繼禰） 次子 長子（繼禰繼祖） 次子 長子（繼禰繼曾祖） 次子 長子（繼禰繼高祖） 次子
I II III IV V
1 2 3 4 5
四小宗 五世而遷
大宗 百世不遷

爲了宗法組織更趨於嚴密，於是有表明承繼世代的昭穆制度。左昭右穆，一先一後的排着，父親爲昭，子爲穆，孫又爲昭，有一定之序，不可紊亂。所以文王爲穆，穆生昭，他的兒子爲昭，富辰曰：「管、蔡、郕、霍、魯、衞、毛、聃、郜、雍、曹、滕、畢、原、酆、郇，文之昭也。」（註三五）侯孺道：「曹叔振鐸，文之昭也。」（註三六）子魚亦云：「武王之母弟八人。……曹、文之昭也。」（註三七）武王爲昭，其子又爲穆。富辰云：「邘、晉、應、韓，武之穆也。」（註三八）侯孺云：「先君唐叔，武之穆也。」（註三九）子魚云：「三者皆叔也。……晉、武之穆也。」（註四〇）

立廟時必須以昭穆爲次，不可紊亂。如以天子爲例，有三昭三穆，與太祖之廟而七（註四一）。則其序次如左：

昭——六世祖

昭——四世祖

昭——二世祖

一世祖

穆——三世祖

穆——五世祖

穆——七世祖

不但立廟如此，卽祫祭之時，所有祖先合祭於太廟，其主位的放列，也須以昭穆爲次，不能混亂。

我們知道所謂昭穆，完全表示大統承繼的先後，不一定爲父子。如果兄終弟及，或無嫡子或弟，而以庶兄繼立，也必按傳位的先後爲昭穆之序。魯文公爲僖公子，僖公爲閔公庶兄，閔公無子，所以死後僖公立。依長幼而言，僖公大於閔公，但以繼承的次序而言，閔公實先於僖公，而僖公是繼閔公之位的。閔爲昭，則僖爲穆，如父子之義，不可顚倒次序。祭時，夏父弗忌爲宗伯，欲躋升僖公於閔公之上。當時宗有司便極力諫云：「夫宗廟之有昭穆也，以次世之長幼，而等胄之親疏也。夫祀，昭孝也，各致齊敬於其皇祖，昭孝之至也。故工史書世，宗祝書昭穆，猶恐其踰也。今將先明而後祖，自玄王以及主癸，莫若湯，自稷以及王季，莫若文、武。商、周之蒸也，未嘗躋湯與文、武，爲不踰也。魯未若商、周而改其常，無乃不可乎？」（註四二）不聽，仍先僖公而後閔公。當時一般知識階級，大罵夏父弗忌。展禽至斷言犯順逆祀，易神之班，必遭殃。侍者問將如何而死。展禽答云，未可知也。若血氣強固，可以壽終；雖壽而歿，不爲無殃。後來夏父弗忌死時，果然火焚其棺槨（註四三）。穀梁氏對於文公的批評，更爲嚴酷，可以想見當時人對於昭穆觀念的嚴重。他說：「先親而後祖也，逆祀也；逆祀，則是無昭穆也；無昭穆，則是無祖也；無祖，則無天也，故曰文無天；無天者，是無天而行也。君子不以親親害尊尊，此春秋之義也。」（註四四）

大小宗在祭祀上的分別，宗子在祭祀上的優越，昭穆之制的不可紊亂，已如上述。封建賴宗法以維持，宗法因祭祀的法制而更強化，可以充分的看出來。二者的關係，是極其密切的。而封建社會中祭祀之重要也無怪其然了。

我們只須從下列各事中，便可以看出當時祭祀的重要性了。

一、祭祀在國用中的地位，據「王制」云：「祭用數之仂。」鄭註仂是十分之一。不可謂少。

二、一年三次田獵，天子諸侯都親自參加。除了供天子諸侯的食用及賓客宴享外，供祭祀爲主要目的之一（註四五）。

三、諸侯以時共祭祀之物。（見第三章）

四、天子諸侯親殺牲（註四六），親耕（註四七），及后夫人親蠶以制祭服（註四八），親舂米以供粢盛（註四九）的虔敬行爲，可以想見祭祀的重要。所以觀射父云：「自公以下至於庶人，其誰敢不齊肅恭敬致力於神明，所以攝固也。」（註五〇）

第五節　婚　姻

我不想描寫婚禮儀式，那不在本文範圍之內。若寫起來，可以另成一書，專討論周代的婚姻。本文是以封建社會爲研究的對象，討論婚姻時，自應以與封建制度有關者爲限。所以我想最好從宗法與婚姻的關係，及階級與婚姻的關係兩方面來看。前者在本章內討論，後者留在階級一章內再行討論。這樣，我想可以比較的明瞭當時婚姻制度的封建意義，及與其他重要制度的相互關係。

以承繼而言，父傳子，子傳孫，孫傳曾孫，曾孫傳玄孫，萬世相承，都爲父系。女子在承繼上無論如何是不能染指的。雖適子庶子俱無，也沒有她的分。

以待遇而言：「女在其國稱女，在塗稱婦，入國稱夫人。」（註五一）在母家根本不以成人視之，所以如果未字人而死，不能以成人之喪治之。伯姬、叔姬卒，公羊云：「此未適人，何以卒？許嫁矣。婦人許嫁，字而笄之，死則以成人之喪治之。」（註五二）因已許嫁，纔得享受成人的喪禮；但因未歸於夫家，雖以成人視之，也不能入於廟而受食。

以身分而言，男子的出生爲大宗，爲小宗，爲嫡出，庶出，對於他的地位及權利，有莫大的關係。一生命運的貴賤，完全在出生時決定了。這是宗法的規定，不可紊亂。女子在娘家的宗法上，卻沒有地位。例如男子爲庶出，身分是很低微的。若爲女子，則她的出生不能決定她的將來的命運，雖然是妾生，將來也許可貴爲夫人，成爲百世不遷之宗。周靈王求后於齊，齊侯問對於晏桓子。晏桓子道：「先王之禮辭有之，天子求后於諸侯，諸侯對曰：『夫婦所生若而人，妾婦之子若而人，』無女而有姊妹及姑姊妹，則曰：『先守某公之遺女若而人。』」（註五三）王者求后，而告以「妾婦之子若而人」，可見女子是否庶出，毫無關係，而她在夫家或貴爲妻，或賤爲妾，那時纔能決定她的命運。

再從媵的制度上來講。古人最重長幼尊卑之序，這是宗法的要義。長先於幼，昭尊於穆，輩次是不可以稍亂的。媵者「以姪娣從，姪者何？兄之子，娣者何？弟也。」（註五四）女弟同嫁，還可以說是同輩的，以姪同媵，豈不是亂了長幼之序？這正可以看出女子在已家的宗法上是無地位的。

同姓不婚，除了防止血統太近的生理上的弊病外，宗法上也有相當的關係。如上所言，雖女子在母家宗法上沒有關係，若男女兩家同姓，情形便有些不同，而不能不加以顧慮了。設爲同姓，則或同一遠祖，也許亂了長幼尊卑之序，所以不能不禁止。若僅爲「其生不蕃」，及「相生疾」（註五五）的原因，則血統太近固不可有婚姻關係，五服以外，血統關係少的同姓，還不能結婚嗎？當時同姓不婚，禁條之嚴，不但「先王聘后於異姓」（註五六），「內官不及同姓」（註五七），甚至買妾亦然。所以「買妾不知其姓，則卜之。」（註五八）足徵於血統關係外，與宗法也有相當的關係。

我們從婚禮上來看，也可看出這種情形來。婚禮必於夫家舉行，便是表示婦是男家的人，而主於夫家。魯文公逆婦姜於齊，成禮於齊。穀梁云：「其曰婦姜，爲其禮成乎齊也。……其不言公，何也？非成禮於魯也。」（註五九）

以上所說，都足以證明女子在母家宗法上是無地位的。出嫁後，從夫之姓，從夫之宗法。

所以嫁於人曰「歸」，春秋上稱：

「伯姬歸於紀。」——隱二。

「伯姬歸於杞。」——莊二五。

「叔姬歸於紀。」——隱七。

「季姬歸於鄫。」——僖一五。

「伯姬歸於宋。」——成九。

之例，皆明示「歸」爲女嫁於某國之正名。「歸」者說文：「女嫁也，從止从婦。」穀梁云：「禮，婦人謂嫁曰『歸』，反曰『來歸』，從人者也。」（註六〇）可見嫁字包含女子歸於其家，止其所當止的意思。前在母家不過暫居，終非久局。「婦人在家制於父，既嫁制於夫，夫死從長子。」（註六一）制於父原不是長遠的。

歸後不但從夫之姓，且從夫之宗，丈夫是什麼輩分，她便是什麼輩分。夫爲考則婦爲妣，夫爲子則婦爲媳。爲妣則受子之祭；爲媳則謹共祭祀。所以禮云：「其夫屬於父道者，妻皆母道也；其夫屬於子道者，妻皆婦道也。」（註六二）不可踰越。在母家未嫁時，因無宗法地位，所以姪娣同媵，根本無所謂亂倫。既嫁之後，俱從夫之輩位，成爲一輩，更不發生尊卑長幼間的衝突了。

成婚的次晨，天微明時，新婦沐浴俟見舅姑儀式極爲隆重（註六三）。經此儀式後，始成婦禮，子婦的地位纔確定，否則只有夫婦的關係，而無舅姑子婦的關係。

但一見舅姑，還不爲禮成，以後更須對於祖先有廟見之禮，對於宗人有覿見之禮。廟見已後，便是說已見過夫家的祖先，此後便執子婦之禮。與大夫宗婦相覿見（註六四）以後，便是說已見過夫家的族人，長者長之，幼者幼之，這樣，自己生時纔有稱謂可循，死後纔能以昭穆之序入於廟，因之纔獲得宗法上的地位，上可以祭，下可以受祭。

這種儀式，在當時極爲重要，所以孔子說：「三月而廟見，稱來婦也，擇日而祭於禰，成婦之義也。」（註六五）若未行此儀式，雖已婚，以宗法言之，生不能爲夫家之人，死不能爲夫家之鬼。所以曾子問孔子，若未廟見而女死，如之何？孔子答道：「不遷於祖，不祔於皇姑，壻不杖，不菲，不次，歸葬於女氏之黨，示未成婚也。」（註六六）我們曉得就是歸葬於女家，女家也不會爲祭於廟的。不論她在夫家入廟否，母家都不祭之，母家的祖宗內決沒有她。

第六節 喪葬

如上一節一樣，喪葬也可分爲與宗法及與階級兩種關係來講，而這一章，只討論與前者的關係。

先來看喪制：「子生三年，然後免於父母之懷。夫三年之喪，天下之通喪也。」（註六七）這是對父母最重的服制，然而因爲長子是傳重的，上繼祖禰，下傳子孫，在承繼上宗法上的位置極爲重要。所以父母爲長子有服三年之制。「父爲長子傳曰何以三年也？正體於上，又乃將所傳重也。」「母爲長子傳曰何以三年也？父之所不降，母亦不敢降也。」（註六八）

庶子不能繼禰繼祖。換言之，不能繼禰卽不能祭禰，不得繼祖卽不能祭祖。長子既爲繼禰繼祖之宗，庶子當然也不能祭之，不得祭之，自不能爲服三年之喪。所以禮云：

「庶子不祭祖者，明其宗也。庶子不爲長子斬，不繼祖與禰故也。」（註六九）

「庶子不祭禰者，明其宗也。」（註七〇）

「庶子不祭，明其宗也。庶子不得爲長子三年，不繼祖也。」（註七一）

「庶子不得爲長子三年，不繼祖也。」（註七二）

我們在承繼一節內已經講過，不但嫡長子有承繼權，嫡長子死，嫡長孫的承繼權也先於非大宗一系的諸父。嫡孫是承重的，將來亦爲繼祖之宗，所以爲適孫之喪有期服。禮云：「適孫傳曰何以期也？不敢降其適也。有適子者無適孫，孫婦亦如之。」（註七三）

可以說爲長子三年，爲適孫期，所以尊適。尊適所以尊祖敬宗。是爲祖宗而服喪，非爲子爲孫而服喪。所以承重的適子適孫之喪不同於其餘諸子，而適子之喪同於父喪。

除服制而外，試從宗子非宗子，及宗婦非宗婦的祔祖入廟上，也可看出喪葬與宗法的關係。

只有繼禰繼祖的宗子死，纔能祔於祖，三年禮畢，大禘，纔能依昭穆之次而入於廟。所以左氏云：「凡君薨，卒哭而祔，祔而作主，特祀於主，烝嘗禘於廟。」(註七四)宗婦亦然，必祔於姑，入於廟，否則不成其爲宗婦，所以魯惠公繼室聲子卒，春秋書云：「夏，君氏卒。」左氏釋之云：「不赴於諸侯，不反哭於寢，不祔於姑，故不曰薨，不稱夫人，故不言葬。」(註七五)可見只有夫人纔能赴於諸侯，反哭於寢，而祔於姑。

只有宗婦纔能入廟，所以魯惠公元妃孟子卒，雖欲以仲子爲夫人，仲子之子桓公又將貴爲魯君，然而諸侯無二嫡，孟子已入廟，仲子決不能入，隱公只得成父之志，爲別立廟以祀之(註七六)。

因仲子不是嫡夫人。所以不但不能入於祖廟，而須別爲一廟以獨處之，而且有兩重限制。第一、庶子既爲君，當奉宗廟之祀，不能祭其母，雖爲立宮，只可以公子主其祭（註七七）。第二、受享有一定的期限。「於子祭，於孫止。」（註七八）僅以一世爲限。

【注　釋】

註一　禮記，「曲禮上。」

註二　Ancient Law, pp. 240-7.

註三　見儀禮，「喪服」，「子夏傳」註。

註四　「唯前文人康虔共屯，余其用各我宗子雩百生。」——善鼎銘文，吳式棻，攈古錄金文，卷三，頁二〇—一。

「宗子維城」——詩，「大雅，」「生民之什，」「板；」左，僖五，昭六；

「丈夫婦人爲宗子宗子之母妻傳曰，何以服齊衰三月也？尊祖也，尊祖故敬宗，敬宗，尊祖之義也。宗子之母在，則不爲宗子之妻服也。」——「喪服」，「子夏傳」。

註五　「王子剌公之宗婦鄁嫢爲宗彝䵼彝永寶用。」——宗婦鼎，兩周金文辭大系，頁二七四。

「隹今小子整辪爾容，宗婦楚邦。」——晉邦盦，同上，頁二六八。

「宗婦覿用幣。」——國語，「魯語上」；穀梁，莊二四。

註　六　「宗婦者何？大夫之妻也。」——公羊，莊二四。

「適子庶子，祇事宗子宗婦。」——禮記，「內則」。

註　七　禮記，見上條。

程瑤田，通藝錄，「宗法小記」，「宗法表」。

註　八　「用追孝于己白，用亯大宗。……」——己白鐘。

「隹正月初吉丁亥，𠭯作寶鐘。用追孝于己白，用亯大宗，用濼好宄，𠭯眔大姬永寶。用邵大宗。」——𠭯鐘。

「隹壬正月初吉，丁亥，少子陳逆曰，余陳𧻚子之裔孫，余寅事齊侯，懽卹宗室，睪乒吉金。台作乒元配季姜之祥器，鑄茲寶笑，台亯台孝於大宗。……」——陳逆簠銘。

「兮熬作尊壺，其萬年子子孫孫永用亯孝于大宗。」——兮熬壺銘。

以上四條，據曾謇，中國古代社會，上册，上海新生命，民二四，頁一一三—七。

註　九　禮記，「喪服小記」；「大傳」。

註一〇　程瑤田，「宗法表」。

註一一　隱桓等公，雖係庶出，但大宗無出，經過承繼的手續，襲君位而成爲承繼大統的宗子。

註一二　「隹成王大𠦪在宗周。」——獻侯鼎，兩周金文辭大系，頁二七。羅振玉，貞松堂集古遺文作「獻侯作於侯鼎」。（卷三，頁一七。）

「隹王大龠于宗周。」——臣辰盉，同上。貞松堂集古遺文作「辰父癸盉」。（卷八，頁三三—四。）

「作宗周寶鐘。」——宗周鼎，同上，頁四六。梁詩正西淸古鑑及阮元積古齋鐘鼎彝器款識作「周寶鼎」。（西，卷三六，頁四；積，卷三，頁八。）

「王在宗周。」——史頌毁，同上，頁六三。

「王在宗周。」——大克鼎，同上，頁一二三—四。劉心源，奇觚室吉金文述作「克鼎」。（卷二，頁二八—三四。）吳大澂，愙齋集古錄作「善夫克鼎」。（卷五，頁一—五。）

「王在宗周。」——小克鼎，同上，頁一二八—九。端方，匋齋吉金錄；貞松堂集古遺文；鄒安，周金文存，俱作「克鼎」。（匋，卷一，頁三四—九；續，卷一，頁二五；貞，卷三，頁三四；存，卷二，頁一四—七。）愙齋集古錄作「善夫克鼎」。（卷五，頁五—六。）

「王在宗周。」——微䜌鼎，同上，頁一二九—三〇。續考古圖作「䜌鼎」。（卷四，頁一九。）

「匽侯旨初見事於宗周。」——匽侯旨鼎，同上，頁二六四。

「王來自奄，至於宗周。」——「周書」，「多方」。

註一三 「八月甲申，公在宗魯。」——宗魯彝，攈古錄金文，卷二，頁四二。

註一四 晏子春秋，一，「景公欲廢嫡子陽生而立荼晏子諫第十一。」

註一五 左，昭二六。

註一六 公羊，隱元。

註一七 左，昭七。

註一八 同上，莊二八，僖四、九、十、二三、二四。

註一九 同上，隱元。

註二〇 同上，一一。

註二一 公羊，隱元。

註二二 穀梁，隱元。

註二三 左，僖一七。

註二四 國語，「晉語一」。

註二五 左，昭一三。

註二六 禮記，「檀弓下」。

註二七 左，哀二六。

註二八 同上，杜註。

註二九 同上，昭一二。

註三〇 同上，哀三。

註三一 「用亯于宗室。」——中𣪕父毁。

「用朝夕亯孝宗室。」——中殷父毁。

以上二條，據會謇，中國古代社會，上册，頁一一七——八。

「大保作宗室寶隣彝。」——大保鼎。

「用亯於宗室。」——周𡚸毁。

「格于宗宗。」——鳌伯鼎。

「永寶用于宗室。」——豆閉毁。

「用夙夜亯孝于宗室。」——叔妣毁。

「用亯孝于宗室。」——郜史碩父鼎。

「用亯于宗室。」——周生豆。

「用孝于宗室。」——癹段。

「用亯孝于宗室。」——師器父鼎。

「用亯孝于宗室。」——曼龏父簋。

「寠處宗室。」——井仁妄鐘。

以上十一條，據曾謇，「周金文中的宗法紀錄，」食貨，二卷四期。

「于以奠之，宗室牖下。」——詩，「召南」，「采蘋」。

註三二　「有百世不遷之宗，有五世則遷之宗。百世不遷者，別子之後也。宗其繼別子之所自出者，百世不遷者也。」——「大傳」。

註三三　「有五世而遷之宗，其繼高祖者也。是故祖遷于上宗易于下。」——「喪服小記。」

「有五世則遷之宗，……宗其繼高祖者，五世則遷者也。」——「大傳」。

註三四　孔子家語，八，「廟制」。

註三五　左，僖二六。

註三六　同上，二八。

註三七　同上，定四。

註三八　同上，僖二六。

註三九　同上，二八。

註四〇　同上，定四。

註四一　孔子家語，「廟制」；穀梁，僖一五；「王制」。

註四二　國語，「魯語上」。參看左，文二，仲尼以臧文仲縱逆祀爲不知。

註四三　「魯語上」。

註四四　穀梁，文二。

註四五　公羊，穀梁，桓四。

註四六　「天子禘郊之事，必自射其牲，……諸侯宗廟之事，必自射牛封羊繫豕。」——國語，「楚語下」。

「禮，宗廟之事……君親割。」——穀梁，文一三。

註四七　「天子親耕以共粢盛。」——穀梁，桓一四。

註四八　「王后親繅其服。」——「楚語下」。

「王后親蠶以共祭服。」——穀梁，桓一四。

註四九　「天子禘郊之事……王后必自舂其粢。諸侯宗廟之事……夫人必自舂其盛。」——「楚語下」。

「禮，宗廟之事……夫人親舂。」——穀梁，文一三。

註五〇　「楚語下」。

註五一　公羊，隱二。

註五二　同上，文一二。

註五三　左，襄一二。

註五四　公羊，莊一九。

註五五　左，昭元。

註五六　國語，「鄭語」。

註五七　左，昭元。

註五八　同上。

註五九　穀梁，文四。

註六〇　同上，隱二。

註六一　同上。

註六二　「喪服」，「子夏傳」；「大傳」。

註六三　見禮記，「昏義」。

註六四　「哀姜至，公使大夫宗婦覿。……」——「魯語上」；公羊云：「覿者何？見也。」莊二四。

註六五　禮記，「曾子問」。

註六六　同上。

註六七　論語，「陽貨」；禮記，「三年問」。

註六八　「喪服」，「子夏傳」。

註六九　「喪服小記」。

註七〇　同上。

註七一　「大傳」。

註七二　「喪服」，「子夏傳」。

註七三　同上。

註七四　左，僖三三。

註七五　同上，隱三。

註七六　同上，隱五。「考仲子之宮，考宮者何？考猶入室也，始祭仲子也。桓未爲君，則曷爲祭仲子？隱爲桓立，故爲桓祭其母也。」——公羊，隱五。

註七七　穀梁，隱五。

註七八　同上。

第五章　封建階級

階級的差別，無疑地是封建社會的基礎，當時的士大夫階級也曉得這種道理，所以極力的來宣傳，極力的來擁護。凡足以動搖這基礎的學說理論，便極力的排斥，以正人心，息邪說，距詖行，放淫辭之責自任。如墨翟的兼愛，許行的與民並耕，皆足以妨害階級的意識，所以孟子以墨子爲無父的禽獸（註一）。因陳相從學於許行，便與陳相一層一層的辯論，從堯、舜起一直說到孔子，而歸納到大人小人的分工，是天下的通義（註二）。

從孔、孟諸儒的遺書上，還可以看出他們的論調。所謂上下（註三），所謂君子、大人、小人（註四）；所謂勞心者，勞力者；食於人者，食人者；治人者，治於人者（註五）。老實說，便是特權階級與非特權階級，統治階級與被統治階級，剝削階級與被剝削階級。

不過他們爲維持封建的存在，卻不能這樣老實的承認，而須以禮以法爲粉飾，成爲一種政治學說。

大概的說來，當時的階級，不外乎上下對立的兩種。但細分起來，卻可以分成許多級。

最普通的是分成天子、諸侯、卿大夫、士和庶人五級。孝經「開宗明義章」後，便是天子、諸侯、卿大夫、士、庶人五章。這種分野，是當時的看法，並不是無意義的。禮記上敍說各種禮儀，總是分別天子、諸侯、卿大夫、士及庶人的。

就是反對儒家的墨翟也說：「無從下之政上，必從上之政下。是故庶人竭力從事，未得次己爲政，有士政之。士竭力從事，未得次己爲政，有將軍大夫政之。將軍大夫竭力從事，未得次己爲政，有三公諸侯政之。三公諸侯竭力所治，未得次己爲政，有天子政之。天子未得次己爲政，有天政之。」(註六) 除天一級爲超於人的自然外，也是五級。天子最上，庶人最下。士又在庶人之上。所謂將軍大夫，卽卿大夫，因爲卿卽各軍之統將，所以可稱將軍（詳卿大夫一目）。三公諸侯實際即諸侯一級。天子三公稱公，王者之後稱公，諸侯包括侯伯子男。公侯受地相同，是同一位的（見第二章）。

有人說應當加奴隸一級，所說固然不錯。但我們不要忽略了上述五種階級是同一種族的自由人，奴隸是自由被束縛的異族人（自然同族也有因犯罪而貶爲奴的，但極其少數）。農民是直接附屬於土地，因而纔間接附屬於地的主人的，所以可以說他的賦役義務使他與地主成一種關係，而這種關係實以地域的所有權及耕種權爲主要原因的。完全是封建制度下的產物。多少仍有其自身的自由。若奴隸則直接附屬於主人，無自由或權利之可言。這種關係極其重要（註七）。所以我們討論時，還是以庶人與奴隸分開討論爲妥。

第一節　貴族與平民

一　天子

在封建階級中，天子居於最上一層，在他頭頂以上的，便是不言而握有無上神權的天了。當時人對於天是極端崇敬的。以爲天生民而樹立之君（註八），天下是屬於天的。天子之有天下，是天與之（註九），是受「天命」而立的。所謂：

「天命不佑。」（註一〇）

「天命有德。」（註一一）

「天命不僭。」（註一二）

「天命自度。」（註一三）

「天命不易。」（註一四）

「天命不徹。」（註一五）

「天命不又。」（註一六）

「天命匪解。」（註一七）

「唯天子受命於天。」（註一八）

十足的表現這種意識。因爲受之於天，所以「天子未得次已爲政，有天政之。」治理天下，上不負天之命，則天佑之。所謂：

「天之所助者順也。」（註一九）

「天道福善禍淫。」（註二〇）

「天乃佑命成湯。」（註二一）

「天休于甯王，興我小邦周。」（註二二）

「天休滋至。」（註二三）

「天保定爾。」（註二四）

「天之所啓。」（註二五）

「天將興立。」（註二六）

「天祚明德。」（註二七）

「天所福也。」（註二八）

若是暴虐不德，則天將罰之，而降以災。

「天討有罪。」（註二九）

「天毒降災荒殷邦。」（註三〇）

「天降之咎。」（註三一）

「天降喪亂於殷。」（註三二）

「天降罪罟。」（註三三）

「天其殃之也。」（註三四）

「天不弔周。」（註三五）

「天降禍於周。」（註三六）

「天禍×國。」（註三七）

作惡過大，不可救藥，災禍之餘，將爲天所厭棄，或奪其生，或亡其天下。

「天而既厭周德矣。」（註三八）

「天棄之矣。」（註三九）

「天命殛之。」（註四〇）

「天命誅之。」（註四一）

「天祿永終。」（註四二）

「天惟喪殷。」（註四三）

天如是之尊，而有無上的威權，自然不是凡人所敢接近的。天子呢，因爲受命於天而治天下，因以天之子自居（註四四）。與天地鼎足而三，德配天地（註四五）。

除了天外，人類中，是毋敢與天子相匹敵的。他是人類中最尊貴的一人（註四六）。

所以天子自稱曰「予一人」。

「爾尚輔予一人。」（註四七）

「明聽予一人誥。……其爾萬方有罪，在予一人；予一人有罪，無以爾萬方。」（註四八）

「不惕予一人。……聽予一人之作猷。……惟予一人有佚罰。」（註四九）

「動予一人。……暨予一人猷同心。」（註五〇）

「協比讒言予一人。」（註五一）

「爾尚弼予一人。」（註五二）

「百姓有過，在予一人。」（註五三）

「爾其孜孜奉予一人，恭行天罰。」（註五四）

「毗予一人。」（註五五）

「則予一人以懌。」（註五六）

「唯我一人弗恤。」（註五七）

「非我一人奉德不康寧。……予一人唯聽用德。」（註五八）

「則予一人汝嘉。」（註五九）

「弼予一人。」（註六〇）

「惟予一人膺受多福。」（註六一）

「予一人以寧。」(註六二)

「惟予一人無良。」(註六三)

「爾尙敬逆天命以奉我一人。」(註六四)

「有績予一人。」(註六五)

「余一人無日忘之。……則余一人有大願矣。俾我一人無徵怨於百姓。」(註六六)

「天子曰：『非他，伯父實來，予一人嘉之，伯父其入，予一人將受之。……』儐者曰：『予一人將受之。』」(註六七)

「君天下曰天子，朝諸侯，分職，授政，任功，曰：『予一人。』」(註六八)

「凡自稱，天子曰『予一人。』」(註六九)

此外凡稱一人的地方，都指天子。

「一人元良，萬邦以貞。」(註七〇)

「一人有慶，兆民賴之。」(註七一)

曰「萬邦」，曰「兆民」，非指天子而何？綜之，一切人中唯天子至尊，無可匹敵，所以能以「一人」自稱。

二　諸侯

天子受天下於天，諸侯受封於天子，以治其國。諸侯之事天子，猶之乎天子之事天。除了天，天子最尊，除了天子，諸侯最尊。是「一人」以下，萬民以上的特權階級。

諸侯一級中又有公侯伯子男五等爵位，這在第二章「分封」一節內已經討論過，不必贅述。

三　卿大夫

居於諸侯以下，以服事諸侯的，便是卿大夫階級了。卿大夫雖爲一位，爲一階級。但細分起來，卿和大夫是有分別的。卿的地位高於大夫，從「卿大夫」三字的稱謂上也可以看出來。讓我來說說他們的分別。

（一）卿的田邑多於大夫。以邑的單位來說，卿備百邑，而大夫只能有六十（詳第三章）。以里數來說，天子之卿受地百里，大夫七十里，諸侯之卿小國受地一千六百畝，次國二千四百畝，大國三千二百畝，大夫卻只有八百畝（詳第三章）。

（二）卿有統兵之權，而大夫副之。叔孫穆子曰：「天子作師，公帥之以征不德。元侯作師，卿帥之以承天子。」（註七二）公羊云：「三軍者何？三卿也。」（註七三）周禮云：「軍將皆命卿。」（註七四）都說以卿為主將。墨子以將軍大夫為一級（註七五）。卿率軍，所以稱為將軍。太子申生將下軍，士蔿稱晉侯位太子以卿（註七六）。訾祏謂士會為卿以輔成公、景公而軍無敗政（註七七）。可見統軍者即卿。

「荀林父將中軍，先縠佐之；士會將上軍，郤克佐之；趙朔將下軍，欒書佐之，趙括、嬰齊為中軍大夫，鞏朔、韓穿為上軍大夫，荀首、趙同為下軍大夫，韓厥為司馬。」（註七八）

可見每軍有二將，以卿佐之，卿以下纔為大夫。

一軍有二將，所以一軍有二卿。而大小國軍數不同，卿數亦隨之而不同，於此可以恍然。晉於三軍外，別置新軍，一軍二卿，所以有八卿。子展所謂「四軍無闕，八卿和睦是。」（註七九）大國三軍有六卿。晉荀林父、士會、趙朔、先縠、郤克、欒書六人將上中下三軍以救鄭。楚師已還，荀林父欲班師。先縠不可，自以中軍濟。韓厥勸荀林父不如令三軍同進。說道：「與其專罪，六人同之，不猶愈乎？」（註八〇）六人卽統軍的六卿，而大夫不與焉。所以杜註亦云：「三軍皆敗，則六卿同罪。」不然，則當時還有趙括、趙嬰齊、鞏朔、韓穿、荀首、趙同、韓厥等，便不止六人了。以此類推，次國二軍，當有四卿，小國一軍，當有二卿。（軍數因國之大小而不同，詳第七章。）

但有時只指各軍的主將，幾軍便有幾卿。所以晉作六軍，以韓厥、趙括、鞏朔、韓穿、荀騅、趙旃六人爲卿（註八一）。而三軍便只有三卿。公羊云：「三軍者何？三卿也。」（註八二）便是這個道理。

(三) 卿總政事，大夫副之。卿不但爲各軍之統將，而且是國政的掌持者。出則爲將，居則爲卿，實是二而一，一而二的。

我們曉得各國卿數或多或少，至少也有二人，那麼，誰爲執政呢？原來那時治國和治軍是不分的，統軍的主帥，也就是秉國政的正卿。

所以趙盾將中軍，而太史稱之爲正卿（註八三）。國語云：「晉作三軍，使郤縠將中軍，以爲大政。」（註八四）爲大政，就是掌國政的意思。所以傳稱「范宣子爲政。……子產寓書於子西以告宣子曰：『子爲晉國。』」（註八五）「鄭子皮授子產政。……『子產爲政。』」（註八六）鄭六卿餞宣子於郊。……子產拜，使五卿皆拜。」（註八七）可以知其位在六卿之首。

（四）出使時卿上於大夫。鄭游吉弔晉頃公之喪且送葬。魏獻子因鄭無副使，而以一人兼弔及送葬，使士景伯去質問游吉。游吉對云：「先王之制，諸侯之喪，士弔，大夫送葬，唯嘉好聘享，三軍之事，於是乎使卿。……」（註八八）這是先王之制，晉文公、襄公時，「君薨，大夫弔，卿共葬事。」已爲踰制，其後雖嬖寵之喪，亦然，所以游吉不敢憚煩而數爲不得已（註八九）。

卿大夫的分別，已略如上述。現在讓我來說說他們的官級。

先以卿來說，是有正副之分的。正卿是統軍主帥，國之執政，前已言之。考之左傳，趙盾、趙孟、季孫，俱稱爲正卿（註九〇）。可以確知。至於副卿，大約是正卿以下的卿。

正卿亦稱冢卿（註九一）。冢者長也。衞獻公不釋皮冠而與孫文子言，後來孫文子反，公出奔齊，及境，使祝宗告亡，且告無罪。獻公母定姜曰：「有罪若何告無？……先君有冢卿，以爲師保，而蔑之。」（註九二）或稱國卿。所以子展說：「國卿、君之貳也。」（註九三）

正卿以下，各卿，想皆副卿。副卿亦稱介卿（註九四），或亞卿（註九五）。

按卿又有上下之稱。晉韓宣子如楚送女，叔向爲介。楚子曰：「今其來者上卿上大夫也。」（註九六）按左傳：「晉侯使韓宣子起來聘，且告爲政而來見，禮也。」（註九七）

韓宣子是時已爲正卿，似乎正卿亦可曰上卿。下卿（註九八）爲何？考伐齊之役，魏絳、欒盈以下軍克郤（註九九）可見欒盈以下軍之佐，而稱爲「下卿」（註一〇〇）。

大夫亦有上下之別。孔子與下大夫及上大夫談話的態度便不一樣（註一〇一）。趙簡子誓師云：「克敵者上大夫受縣，下大夫受郡。」（註一〇二）鄭厲公入於鄭，使人告原繁曰：「……納我而無二心者吾皆許之上大夫之事。」（註一〇三）皆言有上大夫。以上大夫見稱者，有鄭國的子皙（註一〇四）。

下大夫除見於趙簡子誓辭外，被稱爲下大夫的，有宰渠伯糾（註一〇五）。

從以上的討論中，我們曉得卿高於大夫，而卿自身中正卿高於副卿，正卿是所有卿大夫中最尊者，是諸侯以下的一人，是軍政國政的支配、指揮者。大夫受命於卿，以佐治國事，有二級，上大夫高於下大夫。

此外，卿大夫的地位也因國之大小而懸殊。叔孫云：「列國之卿，當小國之君。」

下大夫」，相彷彿。（註一〇六）和「王制」所云：「次國之上卿，位當大國之下卿，中當其上大夫，下當其

即以各國卿大夫受田數量的不同，也足證明其地位之懸殊。叔向云：「大國之卿，一旅之田，上大夫一卒之田。」（註一〇七）既特別指出大國，可見小國之卿大夫受田之數必少於一旅一卒。這和孟子所謂：「天子之卿受地視侯，大夫受地視伯，……大國……卿祿四大夫，……次國……卿祿三大夫，……小國……卿祿二大夫。」（註一〇八）及「王制」所云：天子之三公之田視公侯，天子之卿視伯，天子之大夫視子男。……諸侯之……下大夫倍上士，卿四大夫祿。……次國之卿三大夫祿。……小國之卿，倍大夫祿。」大同小異。天子之卿大夫大於諸侯之卿大夫。諸侯之卿大夫，大國者大於次國，次國者大於小國，確無可疑（註一〇九）。

現在可以說說卿大夫受封的資格，以結束這一節了。

齊宣王問卿於孟子，孟子道：「王何卿之問也？」王道：「卿不同乎？」孟子答道：

「不同，有貴戚之卿，有異姓之卿。」（註一一〇）可見卿大夫和諸侯一樣有同姓的及異姓的兩種。同姓的便是天子諸侯的宗室，異姓的便是天子、諸侯的功臣。

因爲是同姓卿大夫，所以君有過則諫，反覆之而不聽，可以易位。否則便無此資格，反覆勸諫而不聽，只有離職他去（註一一一），宮之奇諫虞公弗假道與晉，虞公不聽，宮之奇以其族行（註一一二）。

我想天子的宗室不一定俱封爲諸侯，有的爲諸侯，有的便爲卿大夫。至於諸侯呢，不可復封諸侯，除了授給宗室以爲卿大夫外，便很難設法安插他們。臧僖伯卒，隱公曰：「叔父有憾於寡人。」（註一一三）臧僖伯便是族人之爲叔者。杜註以爲係諸侯稱同姓大夫之通稱，實誤。顧亭林亦有見於此，故曰：「按僖伯孝公之子，惠公之弟，故曰叔父。杜解諸侯稱同姓大夫，長曰伯父，少曰叔父，此乃通稱之辭，當移在莊十三年上大夫之事，吾與伯父圖之下。」（註一一四）按事在十四年非十三年。鄭厲公使謂原繁曰：「吾願與伯父圖之。且寡人出，伯父無裏言。」（註一一五）這裏可以看出來，是伯父的固然當稱爲伯父，凡長於諸侯的同姓大夫也通稱爲伯父，少於諸侯的便通稱爲叔父，可與天子稱諸侯一節互證。

不論爲同姓或爲異姓，都是貴族。晉國的政事離不了韓、趙、魏三家。魯國離不了孟孫、季孫、叔孫三家。這幾家便是貴族中最大的氏族。

卿大夫和諸侯一樣，同姓的總較異姓的爲多。宋平公的時代，華元爲右師，魚石爲左師，蕩澤爲司馬，華喜爲司徒，公孫師爲司城，向爲人爲大司寇，鱗朱爲少司寇，向帶爲太宰，魚府爲少宰。二華是戴公一族的，公孫師是莊公一族的，其餘六官都是桓公之族，所有的九官都是諸侯同姓宗室（註一一六）。

在任官方面，據國語：「箕、欒、郤、柏、先、羊舌、董、韓，實掌近官，諸姬之良，掌其中官，異姓之能，掌其遠官。」（註一一七）則是同姓異姓所掌有遠近之不同。

四　士

士是介乎庶人與卿大夫間的一階級，這是不容否認的。卿大夫是在上的統治者，庶人是在下的被統治者。士處於其間，到底是統治者，還是被統治者？是食於人者，還是食人者？有職業工作否？有賦役義務否？有官祿否？這些是一講到士便會聯想到的問題，若不解決，便不能明白士的地位功能了。

我們首先應當明瞭兩種士的分別。第一種是有官祿的小吏，居於卿大夫之下，以佐治政事。稱爲元士、上士、中士、下士。與另外一種稱爲「士民」，無官祿，與農工商三民同列稱爲四民（詳庶人一節）的士，是不同的。宋儒朱熹也曾看出這種歧異來，指出「有命之士」與「未命之士」兩種差別（註一一八）。前者爲服官之士，而後者爲士民。

在這一節，只說前一類的士。後者純然屬於被統治的平民階級。

上中下士之稱，見於下列各書：

「上士下士。」——公羊。（註一一九）

「上士一位，中士一位，下士一位。」——孟子（註一二〇）。

「大夫倍上士，上士倍中士，中士倍下士，下士與庶人在官者同祿，祿足以代其耕也。」——同上（註一二一）。

此外，周禮、禮記中記載更多，不必枚舉（註一二二）。

上中下三種士的官祿，各各不同。據孟子及「王制」，上士倍中士，中士倍下士，而下士之祿恰足以代其耕。孟子云：「下士與庶人在官者同祿，祿足以代其耕也。」「王制」則云：「諸侯之下士視上農夫，祿足以代其耕也。」似有差異，其實則一。「王制」云，上農夫食九人，其次食八人，其次食六人，下農夫食五人，庶人在官者，其祿以是爲差也。」所謂——與庶人在官者同祿，卽上農夫之所食。下士是士中最低的一級，和庶人在官者差不多，所以祿相同。

以「王制」「制農田百畝」爲標準，（在第三章我們也討論過每農授田百畝）則下士以百畝田地的收穫爲祿，中士倍之爲二百畝，上士又倍之爲四百畝。

天子的官吏總較諸侯爲尊，士亦然。所以天子之士稱爲元士（註一二三）。元士是可以受地的。據孟子元士受地視子男（註一二四），爲五十里。據「王制」，則受地視附庸，便不及五十里了。

士不耕而「祿足以代其耕」，已如上述。我們當進而討論其進身及其職務。子夏云：「士而優則學，學而優則仕，」（註一二五）足以知士民平時以學爲事，優則出仕的情形。管子云：「非信士不得立於朝，是故官虛而莫之敢爲之請。」（註一二六）晏子云「士不濫。」（註一二七）非信士，雖官有缺額，百官也莫敢爲之請仕以誣君。不濫也就是有賢能不誣其位的意思。

舉士的情形如何？有兩途，一出於地方官吏之薦進，管子云：

「凡縣吏進諸侯士而有善，觀其能之大小以爲之賞，有過無罪。令鮑叔進大夫，勸國家，得之成而不悔爲上舉，從政治爲次，野爲原，又多不發起，訟不驕，次之。勸國家，得之成而悔，從政雖治而不能野原，又多發起，訟驕，行此三者爲下。令晏子進貴人之子，出不仕，處不華，而友有少長爲上舉，得二爲次，得一爲下。士處靖，敬老與貴，交不失禮，行此三者爲上舉，得二爲次，得一爲下。」（註一二八）說得極明白。

二出於卿大夫的徵召。季氏，使閔子騫爲費宰，閔子騫不就，對來人道：「善爲我辭焉，如有復我者，則吾必在汶上矣。」（註一二九）可以爲例。

士民藉藉無名，何以能見知於卿大夫？當不出二途，有由於卿大夫與當時的聞人相識，因而從此人處知之者。哀公問於孔子，弟子孰爲好學？季康子問於孔子，仲由、端木賜、冉求可否使爲政（註一三〇）。並不是隨意問的，所以後來子路、冉有等能爲宰臣。有由於卿大夫門下士已爲吏者的援引。仲由已爲季氏宰，更使子羔爲費宰。

由子路、子羔及閔子騫的例子，我們可以曉得服官之士的官職是什麼？這很值得我們的注意。試以孔門弟子爲例：

原思——宰。（註一三一）

閔子騫——使爲費宰，不就（見前）。

子游——武城宰。（註一三二）

冉求——季氏宰。（註一三三）

子羔——費宰，後爲衞孔氏宰。（註一三四）

仲弓——季氏宰，後爲衞孔氏宰。（註一三五）

子夏——莒父宰。（註一三六）

子路——季氏宰。（註一三七）

樊遲——冉求右。（註一三八）

子貢——衞臣。（註一三九）

總不外乎卿大夫之宰，及邑宰，是很小的官。士非宗室貴族，所以不能爲大官，這是很顯明的。

五　庶人

五種階級中最下者，便是地位最低，力役以事上的庶人了。庶人指一般平民而云，佔社會中人口最多數，所以稱爲庶，極言其衆多。

庶人爲了服役的便利，於是有分工，而成四民。

四民的次序可以代表各業之輕重高下。士民因爲將有擢爲士的希望，無疑的最尊。農民人數最多，是食料及兵役的供給者，足食足兵是爲國兩大政，農民之重要可知。除了穀梁以商民置於第二，在農工之前外（註一四〇），餘書俱以士農工商爲次。

「士農工商」——管子。（註一四一）

「庶人工商」——左傳。（註一四二）

「農工商」——六韜。（註一四三）

可見商最賤，居於末，工次之，農又在工上。左傳所言庶人即包括農民而言，因農佔庶人的絕對多數，所以即稱之曰庶人。

（一）士民　在上一節中，我已指出有爲官吏之士，有爲庶人之士。前者如元士、上士、中士、下士，服官受祿以治下民，屬於治人的階級。

爲民之士稱爲「士民」（註一四四），與商民農民工民並稱四民。便屬於被統治的平民階級了。

但四民各有其職以事上。士民以學問爲事，不耕不作，又無賦役，如何事上呢？大約諸侯卿大夫階級都是武夫貴族，並沒有很充分的治理知識，而且除了當時所謂大事——祭祀戰事外，對於封邑及庶民的直接治理，都非他們所屑爲，於是爲卿大夫之佐的小吏——士，便有急切的需要了。這些士民便是士的預備階級，致力於政事學問，以備諸侯卿大夫的擢用，或爲家臣，或爲邑宰。這便是以治術事上。學未成不爲官，便是庶民，被擢用時，便可進而爲士，以治庶民了。

（二）農民　農民不但是四民中人口最多的，也是所有階級中最多的，佔全人口數絕對多數。

每人授田百畝（見第三章），力耕爲業，自天子諸侯卿大夫以至於庶人都靠着他們而生活，是全人口的食料供給者。所以古人最重農，役不敢妨農時，農民不許遷業。管子云：「一農不耕，民有爲之饑者，」（註一四五）便是重民食的道理。

農民中也有上中下的分別。管子云：「上農挾五中農，四下農。」（註一四六）孟子分得更詳細，有上農、上次、中農、中次及下農五等（註一四七）。

既然農人都是授田百畝，怎麼會有等次的分別呢？周時農業工具極簡單，只有耜、銚、鎌、鎒、椎、銍等原始的農具（註一四八）。農業技術又極其幼稚，斷不會以農夫的技術來分別上下的。我想是土地有精劣的原故。受地肥美的，耕者之所獲自可以供較多人的食料。孟子說：「耕者之所獲，一夫百畝，百畝之糞，上農夫食九人，上次食八人，中食七人，中次食六人，下食五人。」（註一四九）含義極其顯明。

農民階級大略如此。其耕作賦役，及生活的情形，當在下章農民義務權利一節內詳論之。

（三）工、（四）商

我們要曉得古代自足的社會，農民不但耕種爲業，以有食。而且蠶桑紡織，自爲衣服，斫伐編制，自爲用器。衣食用，都不必假手於人，在這種情形之下，工商的用處當然很少。

需要較精緻的各種器具，及四方可貴的貨物的，只有優游歲月，度着奢侈生活的貴族階級。所以他們畜養着少數的工商，以爲己用。工商屬於官，食於官（註一五〇），除商因通有無的關係，居於市井外，工是處於官府（註一五一），族居以給官族（註一五二），而有工尹之官（註一五三），以總管百工的。

晉人使衞靈公以其子與大夫之子爲質於晉，將行，王孫賈曰：「苟衞國有難，工商未嘗不爲患，使皆行而後可。」公以告大夫，乃皆將行之（註一五四）。若工商不屬於官，何必使與俱往，而不及農民？

晉、秦兩國潛師侵鄭，鄭國商人弦高，將市於周，遇之，以乘韋及牛十二犒師。並說道：「寡君聞吾將步師出於敝邑，敢犒從者。不腆敝邑爲從者之淹，居則具一日之積，行則備一夕之衞。」一方面趕快使人告於鄭（註一五五）。

從這一段故事中，我們可以看出兩點，都足證明商人是屬於官府的。

（一）若不是國家的商人，怎能有這麼大的資本，倉卒間以乘韋及牛犒師，如果是普通的商人，爲人民的交易，斷用不着越國往王室交易。今如此，一定爲貴族尋取奇珍異寶美好之物。

(二) 如果弦高不是鄭國的官商，決不敢冒充使臣代表鄭伯犒師，而秦、晉統軍者，也不能相信他的。

韓宣子買玉於鄭商。成交以前，商人說：「必告君大夫。」韓子於是請於子產。子產說從前鄭桓公與商人皆出自周，斬棘去荆，共居於此。世有盟誓，「爾無我叛，我無強賈，」以共相保。實不敢從命，而強奪商人。韓子於是作罷。(註一五六)

這一段事與前說稍有衝突，官府和商人有買賣的行爲，便不是屬於官了。

但無論如何，商人地位超越，資本雄厚，以與貴族相交易爲主，卻是可證其然的。

晏子云：「偪介之關，暴征其私。」杜註：「介隔也，迫近國都之關。」(註一五七)很明顯的，只有國都纔有關以收稅，只有他國商人入境纔收稅，本國商人是不繳納的。此亦足以證商是官府的。

第二節　奴隸

我已經說過了奴隸以身屬於主人，庶人只因地的關係而間接的屬於地的主人，其本身仍是自由的。若爲奴隸則直接以身屬於主人，不可同論。

奴隸的來源，可分爲四種：

(一)戰敗的俘虜。這樣的例子極多。金文中便有：「孚人萬三千八百十一人」的記載(註一五八)。尚書云：「成王以殷餘民封康叔。」(註一五九)子魚云：「成王分魯以殷民六族，分康叔以殷民七族，分唐叔以懷姓九宗。」(註一六〇)殷民與懷姓九宗，便是被另一民族周征服了，而俘爲奴隸的。所謂九宗、七族、六族或餘民，人口數量，一定不少。

逸周書敍說武王伐紂，及平定各部落而有天下的經過，所俘獲的人數達三十萬餘，實可驚人。

「則咸劉商王紂執矢惡臣百人。……呂他命伐越、戲、方。壬申，荒新至，告以馘俘。侯來命伐靡集於陳，辛巳，至，告以馘俘。甲申，百弇以虎賁誓命伐衞，告以馘俘。……武王乃翼矢珪矢憲告天宗上帝，王不革服格於廟。……癸丑，薦殷俘王士百人。……乙巳，陳本命荒新蜀磨至，告禽霍侯艾侯，俘佚侯小臣四十有六，禽禦八百有三百兩，告以馘俘。百韋至，告以禽宣方，禽禦三十兩，告以馘俘。百韋命伐厲，告以馘俘。……武王遂征四方，凡憝國九十有九國，馘磨億有十萬七千七百七十有九，俘人三億萬有二百三十，凡服國六百五十有二。」（註一六一）

以上是周初開國的情形，所俘獲的異族人口，自然非常之多。一直到春秋時代，俘獲的故事，仍然屢見不鮮。見於左傳者：

鄭伯侵陳，大獲。——隱六。

鄭伯克戴，取三師。——隱一〇。

鄭太子忽救齊，獲北戎二帥，及甲首三百，以獻於齊。——桓六。

齊人歸衞俘於魯。——莊六。（註一六二）

荆敗蔡，以蔡侯獻舞歸。——莊一〇。

晉獻公伐驪戎，驪戎男女以驪姬歸。——莊二。

晉滅虞，執虞公及其大夫井伯，以媵秦穆姬。——僖五。

晉、鄭獻楚俘於王，駟介百乘，徒兵千。——僖二八。

楚伐鄭，囚公子堅、公子尨及樂耳。——文九。

鄭伐宋，宋師敗績，囚華元，獲樂呂，狂狡及甲車四百六十乘，俘二百五十人，馘百人。——宣二。

楚復封陳，鄉取一人焉以歸，謂之夏州。——宣一一。

晉滅赤狄潞氏，以潞子嬰兒歸。——宣一五。

趙同獻狄俘於周。——同上。

楚侵魯，孟孫請賂以執斲、執鍼、執紝，皆百人。公衡爲質。——成二。

晉人以鍾儀歸，囚諸軍府。——成七。

晉侯以偪陽子歸，獻於武宮，謂之夷俘。——襄一〇。

鄭伐陳，陳侯使其衆男女別而纍以待於朝。子美入，數俘而出。祝袚社，司徒致民，司馬致節，司空致地。——襄二五。

吳人伐越，獲俘焉以爲閽，使守舟。——襄二九。

晉侯使鞏朔獻齊捷於周。(註一六三)——成二。

平子伐莒，取郠，獻俘，始用人於亳社。——昭一〇。

晉滅陸渾，其衆奔甘鹿，周大獲，獻俘於文宮。——昭一七。

邾人襲鄅，盡俘以歸。鄅子從帑於邾，邾莊公反鄅夫人而舍其女。——昭一八。

宋公伐邾，圍蟲，盡歸鄅俘。——昭一九。

吳圍巢，獲楚公子繁。——定二。

鮮虞人獲晉觀虎。——定三。

季子、桓子如晉，獻鄭俘。——定六。

晉誘致九州之戎，執蠻子與其五大夫，楚又誘其遺民，而盡俘以歸。——哀四。

魯以邾子益來獻於亳社，囚諸負瑕。——哀七。

吳子囚邾子於樓臺，栫之以棘。——哀八。

吳子大敗齊師，獲國書、公孫夏、閭丘明、陳書、東郭書，革車八百乘，甲首三千，以獻於公。——哀一一。

吳子欲伐宋，殺其丈夫而囚其婦人。——哀一三。

(二)兩國相盟，常以子弟爲質。爲質者，多半淪爲奴隸。晉惠公妻梁嬴，孕過期，卜招父卜之，曰：「男爲人臣，女爲人妾。」後生一男一女，名男曰圉，女曰妾。圉後爲太子，韓之役，晉敗於秦，果以圉質於秦而妾爲宦女(註一六四)。是最顯著的例證。

(三)以罪沒爲奴隸　欒、郤、胥、原、狐、續、慶、伯諸姓，都是晉國的貴族，到後來降在皂隸之列（註一六五）。若不是因罪廢黜，斷不至此。其他的例子雖不見，想各國同樣情形的必不少。貴族尚且如此，庶人以罪沒爲奴隸的必更多了。

（四）自賣爲奴　以上三項，本身都並不是奴隸，被俘及爲質者，不但本是異族的自由民，且多貴族，以罪沒爲奴的，未犯罪以前，當然不是貴族便是自由民，他們都不是生而爲奴的。但有一種人，常因貧困而自請爲奴，晏子在路上，看見一人，問他是做什麼的？那人說爲人臣僕已經三年。晏子問他爲什麼淪爲奴僕？他說：「不免凍餓之切吾身，是以爲僕也。」晏子問道：「可得贖乎？」他回答道：「可。」晏子於是解左驂以贈之，贖以俱歸（註一六六）的故事，不但可以看出可自賣爲奴，而且如果在賣身的時候，約明了可以取贖，日後還可以有恢復自由的機會。所以晏子問他可以贖否。奴隸買賣的制度，這時已經有了。

（五）奴隸的子孫　他們出生後卽成爲主人的財產，世世爲奴，永不得脫身。

以上是奴隸的五種來源。末一種不必討論，二、三、四，三種當然是少數的。我們應當特別注意那佔最多數的被俘虜來的奴隸。我們研究那些例子後，可以曉得幾件事：

第一、戰敗國被俘的極多。周、鄭的「大獲」，俘虜一定不在少數。說明人數的，少亦二三百，多至千人，甚至取敵國的全師，或鄉取一人，或竟盡俘其民，人數之衆多，可以想見。若不爲役使之用，俘來這許多人，將如何處置？

第二、從所謂殷俘夷俘戎蠻之俘的例子，及晉侯使鞏朔獻齊捷於周，王弗見，使單襄公辭曰：「蠻夷戎狄，不式王命，淫湎毀常，王命伐之，則有獻捷，王親受而勞之，所以懲不敬，勸有功也。兄弟甥舅，侵敗王略，王命伐之，告事而已，不獻其功，所以敬親暱，禁淫慝也。」（註一六七）的例子，可以曉得諸侯不受王命，自行討伐，本來是王法所不許的，至於俘以爲奴，更所不容。

這一點最要緊，使我曉得只有沒有血源關係的異族人，所謂戎蠻夷狄者，纔可以被俘爲奴，我在以前曾經鄭重地聲明，庶人雖賤，尚爲同族人，所以不失其自由身，爲上者當役之以時，方不失爲父母赤子之心。奴隸是異族人，所以無自由可言。役如牛馬，不齒於庶人之列，便是有見於此。季融五研究春秋時代奴虜的故事，以爲庶人工商之外的皂隸牧圉等人，可以作賞品，可以作賄賂，絕對無自由可言：「決不是宗法社會裏頭本籍的族人，一定是客籍的奴虜。」（註一六八）所見相同。

奴隸的用途極廣，貴族家中有供雜役的奴僕，吳人伐越，獲俘以爲閽，使守舟（註一六九）。邾子杖閽者（註一七〇）。魯有圉人犖從牆外與女公子戲，子般怒，使鞭之，莊公使子般殺之（註一七一）。閽者與圉人，只是家奴的二種而已。

有操作於農田的農奴，所謂「隸農」（註一七二）。便是這種人，決不是農民。

官衙中也有不少的皂隸。子產相鄭伯往晉，晉人館之於隸人之舍（註一七三）。可見隸人之多，其舍之大。

不但奴隸在封建生產上關係很大。男子往往爲敵國所俘，女人亦然。大約男奴可以做較勞力的粗笨工作，女子可以做較細的工作，多半是貴族夫人如夫人的婢僕，或任蠶桑紡織等工作。晉公子重耳的從者謀於桑下，爲蠶妾所聞（註一七四）。蠶妾就是養蠶的女奴，所以姜氏能隨隨便便的殺了她。

墨子所云：「入人之國，民之格者勁拔之，不格者則係累而歸。丈夫以爲僕圉胥靡，婦人以爲舂酋。」（註一七五）便說男女俱被俘爲奴僕的情形。

異族的女子，除了俘爲奴婢外，姿色稍好的，還可以爲女樂姬妾，以供貴族玩好。吳子伐宋，殺其丈夫，而囚其婦人（見前）。邾莊公留鄅夫人女（見前）。鄭人賂晉以工妾三十人，女樂二八（註一七六）。晉獻公伐驪戎而取驪姬（見前）。都是很顯明的事實。

奴隸也有高下的分別。地位好些的，可以做些較細而不大費力的工作，並且可以爲主人監督指揮其餘的奴隸。楚無宇說：「士臣皂，皂臣輿，輿臣隸，隸臣僕，僕臣臺。」（註一七七）似以皂的身分爲最高，而臺爲最賤。詳細的區別，卻不可得而知。

綜之，奴隸以異族人爲主，是以身體直屬於主人的，所以成爲主人的所有物。任意役使，和牛馬一樣。任意鞭打生殺，不問有罪或無罪。子般鞭殺養馬者，還可以說是因爲調戲女公子，罪有應得。郈子杖守門者，不過因乞肉而已。姜氏殺養蠶的女奴，更無些罪。齊景公的愛馬死，公大怒，令人解剖圉人（註一七八）。人且不如馬。這些只是我們所知道的一些事實而已。其餘不見於書的，不知凡幾。在那時打殺奴僕，本來不算一回事，用不着大驚小怪。若不是因爲有引起貴族主人的下文，上述故事也不會被左丘明在左傳上寫下來的。

【注　釋】

註　一　孟子，「滕文公下」。

註　二　同上，上。

註　三　「上下順也。」——易，「蒙」。

「下順從也，……」「上下順也。」——同上，「比」。

「上下交而其志同也。」——同上，「泰」。

「上下不交而天下無邦也。」——同上，「否」。

「上下勤恤。」——「周書」，「召誥」。

「上下相蒙。」——左，僖二四。

「上下如是。」——同上，成三。

「上下和睦。」——同上，成一六。

「上下同之。」——同上，襄二二，定一三。

「上下有服。」——同上，襄三十。

「上下怨疾。」——同上，昭二十。

「上下無怨。」——左，昭二十；孝經，「開宗明義章」。

「上下猶和。」——同上，定九。

「上下欲之也。」——穀梁，宣一五。

「上下一見之也。」——同上，成一二。

「上下之稱也。」——同上，昭二三。

「上下不相得也，上下不相得則惡矣。」——同上，二九。

「上下交征利。」——孟子，「梁惠王上。」

「上下各以其親。」——禮記，「檀弓上」。

「上下相親謂之仁。」——同上，「經解」。

「上下和同。」——同上，「孔子閒居」。

「子曰：『爲上易事也，爲下易知也。』……子曰：『下之事上也，不從其所令，從其所行。上好是物，下必有甚者矣。故上之所好惡，不可不愼也，是民之表也。……』子曰：『上好仁，則下之爲仁爭先人。……』子曰：『下之事上也，身不正，言不信，則義不一，行無類也。』」——同上，「緇衣」。

以上是上下對言的，上指爲政者而下指庶人，所以：

孔子曰：「上好是物，下必有甚者矣。……是民之表也。」——同上。

子曰：「上人疑則百姓惑，下難知則君長勞。」——同上。

曾子曰：「上失其道，民散久矣。」——論語，「子張」。

叔向曰：「民知有辟，則忌於上。」——左，昭六。

臧武仲曰：「夫上之所爲，民之歸也。上所不爲，而民或爲之，是以加刑罰焉，而莫敢不懲。若上之所爲，而民亦爲之，乃其所也，又可禁乎？」——同上，襄二一。

民稱曰「下民」，更可證之。

「下民其咨。」——書，「虞書」，「堯典」。

「下民昏墊。」——同上，「益稷」。

「下民祇協。」——同上「周書」，「微子之命」。

「下民惟草。」——同上，「君陳」。

「下民祇若。」——同上，「冏命」。

註四　經書上稱君子的不可勝數。玆僅舉其君子與小人或民對言者：

「君子以容民畜衆。」——易，「師」。

「內君子而外小人，君子道長小人道消也。」——同上，「泰」。

「內小人而外君子，小人道長君子道消也。」——同上，「否」。

「君子以振民育德。」——同上，「蠱」。

「君子以遠小人。」——同上，「遯」。

「君子以勞民勸相。」——同上，「井」、

「小人而乘君子之器。」——同上，「繫辭上」。

「君子道長，小人道憂也。」——同上，「雜卦」。

「君子所依，小人所腓。」——詩，「鹿鳴之什」，「采薇」。

「君子所履，小人所視。」——同上，「谷風之什」，「大東」。

「君子周而不比，小人比而不周。」——論語，「爲政」。

「君子懷德，小人懷土；君子懷刑，小人懷惠。」——同上，「里仁」。

「君子喻於義，小人喻於利。」——同上。

「君子坦蕩蕩，小人長戚戚。」——同上，「述而」。

「君子之德風，小人之德草。」——同上，「顏淵」；孟子，「滕文公上」。

「君子于其所不知，蓋闕如也。名不正，則言不順，言不順，則事不成，事不成，則禮樂不興，禮樂不興，則刑罰不中，刑罰不中，則民無所措手足。故君子名之必可言也，言之必可行也。君子於其言，無所苟而已矣。」——論語，「子路」。

「君子和而不同，小人同而不和。」——同上。

「君子易事而難說也，……小人難事而易說也。」——同上。

「君子泰而不驕，小人驕而不泰。」——同上。

「君子上達，小人下達。」——同上，「憲問」。

「君子固窮，小人窮斯濫矣。」——同上，「衞靈公」。

「君子求諸己，小人求諸人。」——同上。

「君子不可小知而可大受也，小人不可大受而可小知也。」——同上。

「君子有三畏：畏天命，畏大人，畏聖人之言。小人不知天命而不畏也，狎大人，侮聖人之言。」——同上，「季氏」。

「君子學道則愛人，小人學道則易使也。」——同上，「陽貨」。

「君子信而後勞其民。」——同上，「子張」。

「小人恥失其君而悼喪其親。……君子愛其君而知罪。……」——左，僖一五。

「小人恐矣，君子則否。」——同上，僖二六。

「君子勞心，小人勞力，先王之制也。」——同上，襄九。

「世之治也，君子尚能而讓其下，小人勞力以事其上，是以上下有禮。……及其亂也，君子稱其功以加小人，小人伐其技以憑君子，是以上下無禮。……」——同上，襄一三。

「小人之事君子也。」——同上，二六。

「君子不犯非禮，小人不犯非祥。」——同上，昭三。

「誓曰，有犯命者，君子廢，小人降。」——同上，昭六。

「君子見人之厄則矜之，小人見人之厄則幸之。」——公羊，宣一五。

「君子犯義，小人犯刑，國之所存者幸也。」——孟子，「離婁上」。

大人之稱同於君子，所以孟子云：

「有大人之事，有小人之事。」——「滕文公上」。

註　五　「知武子曰：『……君子勞心，小人勞力，先王之制也。』」——左，襄九。

「勞心者治人，勞力者治于人，治人者食人，治于人者食于人，天下之通義也。」——孟子，「滕文公上」。

註　六　墨子，「天志上第二十六。」

註　七　Vinogradoff 也主張分別這種直屬於地的封建農民，及直屬於主人的奴隸。握有土地同時卽握有耕種那土地的農民，這種權力可以目爲地域權 (territorial power)，這種統轄的關係可以稱爲地域統轄權 (territorial lordship)。——Villainage in England, p. 57.

註　八　「天生民而樹之君。」——左，文一三。

「天生民而立之君。」——同上，襄一四。

註　九　「萬章曰：『堯以天下與舜，有諸？』孟子曰：『否，天子不能以天下與人。』『然則舜有天下也，孰與之？』曰：『天與之。』」——孟子，「萬章上」。

註一〇　易，「无妄」。

註一一　書，「虞書」，「皋陶謨」。

註一二　同上，「商書」。「湯誥」；「周書」，「大誥」。

註一三　同上，「周書」，「無逸」。

註一四　同上，「君奭」。

註一五　詩，「小雅」，「節南山之什」，「十月之交」。

註一六　同上，「小旻之什」，「小宛」。

註一七　同上，「周頌」，「閔予小子之什」，「桓」。

註一八　禮記，「表記」。

註一九　「繫辭上」。

註二〇　「湯誥」。

註二一　同上，「周書」，「泰誓中」。

註二二　同上，「大誥」。

註二三　同上，「君奭」。

註二四　詩，「小雅」，「鹿鳴之什」，「天保」。

註二五　左，僖二三。

註二六　同上。

註二七　同上，宣三。

註二八　同上，昭三。

註二九　「皐陶謨」。

註三〇　「微子之命」。

註三一　「大誥」。

註三二　「君奭」。

註三三　詩，「大雅」，「蕩之什」，「召旻」。

註三四　左，襄二八。

註三五　同上，昭二六。

註三六　同上，三二。

註三七　「天禍許國。」——左，隱一一。
「天禍衞國。」——同上，僖二八。
「天禍晉國。」——同上，成一三。
「天禍鄭國。」——同上，襄九。
「天禍魯國。」——同上，昭二八。

註三八　左，隱一一。
註三九　同上，昭二三。
註四〇　「湯誓」。
註四一　「泰誓上」。
註四二　「大誥」。
註四三　同上。
註四四　「天之子也可。」——穀梁，莊三。
註四五　「天子者，與天地參，故德配天地，兼利萬物。」——禮記，「經解」。
註四六　「天子至尊也。」——「喪服」，「子夏傳」。
註四七　「湯誓」。
註四八　「湯誥」。
註四九　「周書」，「盤庚上」。
註五〇　「盤庚中」。
註五一　「盤庚下」。
註五二　「泰誓上」。

註五三　「泰誓中」。
註五四　「泰誓下」。
註五五　「微子之命」。
註五六　「周書」，「康誥」。
註五七　同上，「酒誥」。
註五八　同上，「多士」。
註五九　同上，「蔡仲之命」。
註六〇　同上，「周官」。
註六一　同上，「君陳」。
註六二　同上，「畢命」。
註六三　同上，「冏命」。
註六四　同上，「呂刑」。
註六五　同上，「文侯之命」。
註六六　左，昭三二。
註六七　儀禮，「覲禮」。

註六八　禮記，「曲禮下」。
註六九　同上，「玉藻」。
註七〇　書，「商書」，「太甲下」。
註七一　「周書」，「呂刑」；孝經，「天子章」；左，襄一三；禮記，「緇衣」。
註七二　國語，「魯語下」。
註七三　公羊，襄十一。
註七四　周禮，「夏官司馬」。
註七五　墨子，「天志上第二十六」。
註七六　左，閔元。
註七七　國語，「晉語八」。
註七八　左，宣一二。
註七九　子展曰：「晉君方明，四軍無闕，八卿和睦。」（杜註：四軍，謂上中下新軍也，軍有二卿。）——左，襄八。
註八〇　左，宣一二。
註八一　同上，成三。

註八二　公羊，襄十一。

註八三　左，文一三，宣二。

註八四　「晉語四」。

註八五　同上，二四。

註八六　同上，三〇。

註八七　同上，昭一六。

註八八　同上，三〇。

註八九　同上，三。

註九〇　同上，宣二；襄二一；昭元。

註九一　「且家卿無路，介卿以葬，不亦左乎？」——同上，昭四。

註九二　同上，襄四。

註九三　同上，襄二三。

註九四　見註九一。

註九五　「吾子，亞卿也。」——同上，昭五。

註九六　同上，昭二。

註九七　同上。

註九八　「下卿之罰也。」——同上，哀二。

註九九　同上，襄一八。

註一〇〇　「懷子爲下卿。」——同上，二一。

註一〇一　論語，「鄉黨」。

註一〇二　左，哀二。

註一〇三　同上，莊一四。

註一〇四　同上，昭元。

註一〇五　公羊，桓三。

註一〇六　左，昭二三。

註一〇七　「晉語八」。

註一〇八　「萬章下」。

註一〇九　同上。

註一一〇　同上。

註一一一　同上。

註一一二　左，僖五。

註一一三　同上，隱五。

註一一四　顧炎武，左傳杜解補正。（見亭林遺書，卷上。）

註一一五　左，莊一四。

註一一六　同上，成一五。

註一一七　「晉語四」。

註一一八　「問士人受田如何？曰：『上士中士下士，是有命之士已有祿。如管子士鄉十五，是未命之士。若民皆爲士，則無農矣。故鄉止十五，亦受田，但不多，所謂士田者是也。』」——朱子語類，卷八六。

註一一九　公羊，襄一一。

註一二〇　「萬章下」。

註一二一　同上。

註一二二　周禮：「天官冢宰」，「地官司徒」，「春官宗伯」，「夏官司馬」，「秋官司寇」，及「冬官考工記」，「桃氏」，和「弓人」。

註一二三　禮記，「王制」。

註一二三　「萬章下」，及「王制」。
註一二四　「萬章下」。
註一二五　論語，「子張」。
註一二六　管子，一，「乘馬第五」，「士農工商」。
註一二七　晏子春秋，七，「景公問世孰將踐有齊者晏以田氏第十五。」
註一二八　管子，七，「大匡第十八」。
註一二九　論語，「雍也」。
註一三〇　同上。
註一三一　同上。
註一三二　同上；左，哀一一。
註一三三　論語，「先進」。
註一三四　同上；左，哀一五。
註一三五　論語，「子路」。
註一三六　同上。
註一三七　同上，「季氏」。

註一三八　魯哀公十一年。魯師與齊師戰，冉求帥左師，樊遲爲右。——見左傳。

註一三九　哀公十二年，公會吳，吳子使大宰嚭請尋盟，公不欲，使子貢辭。又，子服景伯使子貢見嚭，請釋衞侯。十五年，子服景伯如齊，子貢爲介。——俱見左傳。

註一四〇　穀梁，成元。

註一四一　管子，「乘馬第五」，「士農工商」；「大匡第十八」。

註一四二　左，桓二；襄四；哀二。

註一四三　六韜，一，「六守第六」。

註一四四　穀梁，成元。

註一四五　管子，二三，「揆度第七十八」。

註一四六　同上。

註一四七　「萬章下」。

註一四八　郭鼎堂引詩經所見農具，而斷定周時只有耜錢鎛銍四種農具。（中國古代社會，頁一二一—三）實不可靠。詩經所詠，並不是將所有農具一一列舉，也不曾說除此以外別無他種。詩只是發抒情感的諷詠，對於實物，只隨意的引用一二而已，斷不可看得太呆板。玆舉管子：「農之事必有一耜、一銚、一鐮、一鎒、一椎、一銍、然後成爲農夫。」（管子，二四，「輕重第八十一」）便可以確知。

註一四九　「萬章下」。

註一五〇　「工商食官。」——「晉語四」。

註一五一　「處工就官府，處商就市井。」——國語，「齊語」。

註一五二　逸周書：「程典解第十二」。

註一五三　「使爲工尹。」——左，文十。

註一五四　左，定八。

註一五五　左，僖三三。

註一五六　同上，昭一八。

註一五七　同上，二十。

註一五八　小盂鼎文，見郭鼎堂兩周金文辭大系頁三五。

註一五九　「康誥」。

註一六〇　左，定四。

註一六一　逸周書，四，「世俘解」。

註一六二　經言歸俘，傳言歸寶，當從春秋。

註一六三　獻捷卽獻俘。

註一六四　左，僖一七。

註一六五　同上，昭三，叔向語。

註一六六　晏子春秋，五，「晏子之晉睹齊纍越石父，解左驂贖之與歸第二十四。」

註一六七　左，成二。

註一六八　胡漢民、胡適等，井田制度有無之研究，頁八六—九。

註一六九　左，襄一九。

註一七〇　同上，定二。

註一七一　同上，莊三二。

註一七二　「其猶隸農也。」——「晉語一」。

註一七三　左，襄三一。

註一七四　同上，僖二三。

註一七五　墨子，七，「天志下第二十八」。

註一七六　「晉語七」。

註一七七　左，昭七。

註一七八　晏子春秋，一，「景公所愛馬死，欲誅圉人晏子諫第二十五。」

第六章 封建階級（續）

第三節 貴族階級之優越

在以前幾章中，我已經說到了一民族怎樣侵入異族的土地，攫有其人民，及分配於族人，成爲封邑主的情形。

這些貴族的身分，顯然地超越一般人民之上。他們役使人民，美衣美食，坐享其成，而不必工作。他們有莫大的威權，使這些人民匍伏在他們的足前，惟命是謹，絲毫不敢反抗。他們的威權簡單的說來，可以封建關係說明之；分析的解說，可從幾方面來看。

第一、封邑內所有的土地都是屬於他的，他有隨意處置他的土地的自由，或賜給他的親屬臣下，或劃出一部分來做他的私田、宮室和園囿。他要劃出多少，便是多少。方四十里，甚至方七十里的園囿，都無不可(註一)。封邑內的山林川澤荒地都由他專利，別人是不能染指的(見前)。

第二、農民既然耕種了領主的土地，自然應該有一種回報。農民合耕公田，繳納地租，便是對領主的一種義務。這些義務在下一節內，就要詳細的討論。

第三、土地直屬於領主，而人民又直屬於土地，於是與領主成一種間接隸屬的關係。領主既對於他的土地有自由處置的權利，同樣的，對於他的土地上的屬民，自也有處置的權利。於是他便有治理人民，徵役於民，判斷爭訟，執行刑罰的權利。這些在下一章講封建政治時再講。

我爲什麼說簡單的說來，可以封建關係來說明這種情形呢?很簡明但很扼要的，封建社會一切的關係，都是以土地制度爲出發點的。領主有土地所有權，所以他有權利處置他的土地，因而有處置境內人民的權利。反之人民因屬於領主的土地，因而有須服從主人，敬事主人的義務。這種相對的義務權利，完全基於封建的土地關係。

第四節　平民之義務權利

這是封建社會史中最重要最耐人尋味的一段。我們千萬不可忽略了牠，雖然遺留下來的史料，是寥落而零散的。

與其說是平民的義務，還不如說是農民的義務來得恰當些。因爲一來工役及戰守需人衆多，工商的數目極少，斷難勝任。二來他們是屬於官府的（見前），各有其業。除了工作以外，便無其他義務，惟有農民纔是工役和兵役的供給者。他們人數既多，又有農閒，最適當於擔負這些工作。

甲　義務

1. 代耕

我已經說過了周代公田私田的制度，及農民先公田而後私田的情形，我們可以想像得出農夫代耕，及以私田所獲爲生的景況。

宣王卽位，不藉千畝，虢文公諫王（註二）。季孫欲以田賦，使冉有訪仲尼，孔子不對，而私下告訴冉有道：「求，來，汝不聞乎？先王制土，藉田以力，而砥其遠邇；賦里以入，而量其有無；任力以夫，而議其老幼。於是乎有鰥寡孤疾。有軍旅之出，則徵之，無則已。其歲，收田一井，出稯禾秉芻缶米，不是過也。先王以爲足若子季孫欲其法也，則有周公之藉矣。若欲犯法，則苟而賦，又何訪焉？」（註三）

很可以看出來周代是行藉田之法，使民代耕王公貴族之田，出力而已，不收賦稅。私田之收入，都歸農民自己的。除非有戰事的年頭，纔徵收一些糧食。所謂「藉田以力」，所謂「周公之藉」便是藉田之法，也就是代耕之法。賦的犯法，孔子說得很明白，不必辯論。

講到藉法，便使人聯想到一難於解答的問題——徹。孟子說：「夏后氏五十而貢，殷人七十而助，周人百畝而徹，其實皆什一也。徹者徹也，助者藉也。……惟助爲有公田，由此觀之，雖周亦助也。」（註四）這一段話實在令人難解。貢是貢其所有，藉是力役代耕，徹是什一之賦（詳後），性質各不相同，怎麼說助卽是藉，而徹又是助，成了一而三，三而一？三者旣相同，而皆什一，龍子爲何又說：「治地莫善於助，莫不善於貢？」旣言其同，復言其優劣，令人困惑之至。

我們如果對於這一團亂絲，不嫌煩，緩緩地耐着心去理解，或可得一些頭緒。

首先我們應該看徹是什麼，如孟子所云的「徹者徹也」的定義，當然誰也不明白。若證以哀公問有若曰：「年飢用不足如之何？」有若對曰：「盍徹乎？」曰：「二，吾猶不足，如之何其徹也？」（註五）的一段對話，我們就可以明白徹就是什一之賦。孟子也說過這樣的話，不過誤以爲貢藉徹皆什一，這無論從那一方面講，都是不通的。

後儒定要附會此說，所以愈解釋越使人糊塗。古如公羊所謂「古者什一而藉。」（註六）穀梁所謂「古者什一，藉而不稅。」（註七）後如朱熹雖然明白孟子不曾親見，所說過於執拗，不可盡信（註八），卻硬要解釋夏人五十而貢，其什一是多少；殷人七十而助，其什一是多少；周人百畝而徹，其什一又是多少（註九）；眞是非愚卽誣。試看宣公十六年初稅畝時，公羊、穀梁俱說什一而藉，左氏卻只說：「穀出不過藉，以豐財也。」（註一〇）不曾說什麼什一之藉，公羊、穀梁二書所記，實不可靠。

我們必須記住代耕制纔是封建社會，「庶人力役以事上」的典型生產方式，成爲一種以土地爲中心的階級關係。等到藉田制破壞，採取賦稅制以後，這種關係隨而消失，公田私田的區別隨而消失，由力役經濟轉化成貨幣經濟。人民除了納賦稅以外，沒有力役的規定，形勢大不相同。

周初一直到春秋中葉，都是實行藉田制的封建時期。到了周宣王不藉千畝，魯宣公初稅畝，哀公時季康子欲以田賦。王室諸侯及卿大夫纔先後將藉田制破壞，而代替以田賦。所以孔子云先王制土，藉田以力，有周公之藉。左氏云：「初稅畝，非禮也，穀出不過藉。」他們說的便是贊成先王所實行，周公所頒布的藉法，而反對賦稅的辦法。

自此以後，不但周室魯國逐漸廢除藉法，而實行賦稅之制。其他各國亦俱如此，而且賦稅率越來越高。

十分之一至十分之三：

最初行的是什一之制。——周、魯。（註一一）

魯哀公時進而爲十之二。曾說：「二，吾猶不足，如之何其徹也？」而有更行加稅的意思。——魯。（註一二）

齊「桓公踐位十九年……賦祿以粟，案田而稅，二歲而稅之，上年十取三，中年十取二，下年十取一。」——齊。（註一三）

三分之一：

「民三其力，二入於公，而衣食其一。」——齊。（註一四）

早已不是什一之制。所以有若請魯哀公行徹制，哀公說二猶不足。孟子告滕文公：「請野九一而助，國中什一使自賦。」（註一五）戴盈之曰：「什一，去關市之征，今茲未能，請輕之，以待來年然後已。」而孟子譏之（註一六）。

綜觀以上的論述，我們可以斷言藉田制是封建社會下的農民生產方式，而賦稅是封建制破壞程序中的繼起者。現在讓我們專來討論藉田制度。

詩云：「雨我公田，遂及我私。」（註一七）農民有儘先耕作主人公田的義務，多下來的時間，纔能從事於私田。

在這種情形之下，有時間限制的耕役，像英國的星期工作（註一八）是不會有的。最可能的辦法是不規定任何時間限制，而將公田分成許多段落，指定某一段落歸某人負責耕種。這樣既簡捷了當，又責有所歸，省了許多的麻煩。是一種不計時的代耕制度。代耕的義務可以說是全始全終的。從除草，犂土播種，一直到收穫，及交納到主人的倉庫，還不算完。掃滌和修築場圃，都是農民分內的事。可以說忙碌異常。尤其是新穀收穫以後，一來堆積在場中，容易受潮濕的危險；二來主人急於嘗新（註一九），所以必須趕快運送到主人的倉庫裏去。

「豳」，「七月」所描寫的「始播百穀」，便是下種，「穫稻」便是收穫，「納禾稼黍稷重穋禾麻菽麥」，便是繳納租穀，送到主人的倉庫。所謂「築場圃」、「滌場」便是修葺洗掃農場，好預備明春再行播種耕植。農夫們一年到頭的耕作情況，都在這首詩中可以看出來，是唯一的可貴的詩料。

此外，在詩經中還可以得些零碎材料：

「甫田之什」，「甫田」的「或耘或耔」，及「大田」的「既種既戒，既備乃事」，「播厥百穀」，便是除草，秠土，播種下耔的工作。「大田」云：「不稂不莠，去其蟊賊，無害我田穉」，便是禾苗已生，盛防雜草及害蟲的工作。「甫田」，「曾孫來止，以其婦子，饁彼南畝，田畯至喜，攘其左右，嘗其旨否？」及「大田」，「曾孫來止，以其婦子，饁彼南畝，田畯至喜」，曾孫卽是主人，田畯是主人派來監督田工的宰臣。這兩段是說他們來視察田工及收成，且命其左右嘗食的情形。禾黍茂盛，「曾孫不怒」，而「田畯至喜」；否則大約曾孫大怒，田畯不喜，農夫不但不「克敏」，不以爲「慶」，而大以爲憂了。

「甫田」所謂「乃求千斯倉，乃求萬斯箱」，便是收成之後，禾稼極多，用車運載，貯於倉的意思。「穀我士女」，便是食其所獲了。

很可惜農民力役代耕的情形，只能從詩經中得這麼一些指示。此外，管子云：「正月令農始作服於公田，農耕及雪釋，耕始焉，芸卒焉。」（註二〇）也說自耕爲始，而終於芸。從正月起一直到冬雪爲止。

從事公田後，纔能以餘暇耕其私田。「臣工之什」，「噫嘻」，所謂「播厥百穀，駿發爾私」，便是說耕於私田。可惜耕作的情況不詳。

2. 獻納　和英國農奴一樣，於正常的耕作外，還有所謂物的獻納（Payments in Kind)。（註二一）

僅就「豳」，「七月」一詩中就可知道當時的獻納實不在少數。

(a)獻衣　當時庶人力役以事上，男女分工。蠶桑織衣，無疑的便是女子的工作了。「七月」云：「女執懿筐，遵彼微行，爰求柔桑。……蠶月條桑，取彼斧斨，以伐遠揚，猗彼女桑。七月鳴鵙，八月載績；載玄載黃，我朱孔陽，爲公子裳。」

便是說蠶始生時，女子往採桑以飼蠶，收絲後便染成玄黃色，以爲公子衣。管子也說：「女貢織帛。」(註二二)足證採桑織帛，乃農家女子的職責。絲織品原是貴族的專利品，平民除非五十歲以上，是沒有資格着用的(註二三)。

絲衣只是春夏秋所服，冬天更須重裘以禦寒。所以「十月隕蘀，一之日於貉，取彼狐狸，爲公子裘。」到了大寒以前，農夫須往獵取狐狸以爲狐裘，而獻於主人。

(b)獻食

一、漁獵以獻於主人　「七月」所謂「二之日其同，載纘武功；言私其豵，獻豜於公。」豵是小豬，豜是大豬，便是說獵取野獸，小的纔肯留給自己食用，大的須獻於公。

「魏」，「伐檀」也說：「不狩不獵，胡瞻爾庭有縣貆兮？……胡瞻爾庭有縣特兮？……胡瞻爾庭有縣鶉兮？彼君子兮，不素餐兮。」明明的說貴族不素餐，必有肉食。曹劌請見魯莊公，對於防禦齊師事有所計劃。其鄉人曰：「肉食者謀之，又何問焉？」劌曰：「肉食者鄙，未能遠謀。」（註二四）以肉食者爲貴族的代名辭，可見他們是不素食的。而庭中所懸的貆、特及鶉，都是農夫獻納的。若不是他們狩獵以獻，怎能瞻養這些肉食者呢？

近水的地方，並且須以魚蝦海味貢於上。所以晏子書上有「海食之獻」的話（註二五）。

二、獻時鮮食物 「七月」所詠「六月食鬱及薁，七月亨葵及菽，八月剝棗，十月穫稻，爲此春酒，以介眉壽。七月食瓜，八月斷壺，九月叔苴，采荼薪樗，食我農夫。」便是說除了荼樗等苦菜，留給農夫食用外，其餘的佳品瓜菜棗食及釀酒，都是獻於主人的。

(c)獻冰 「七月」之「二之日鑿冰沖沖，三之日納於凌陰」，便是說歲寒鑿冰，藏於冰窖，儲以待用。

綜上所述，可以知貴族或主人是不勞而美食，不勞而美衣，坐享其成的一種特權階級。農夫一年到頭忙得手足無措，完全是爲了他們的享樂。「伐檀」，「不稼不穡，胡取禾三百廛兮？不狩不獵，胡瞻爾庭有懸（貆特鶉）兮？彼君子兮，不素餐兮。」的詩便是描寫這種情形的。

3.役　爲了指派役作，農事既畢，便有人口的調查。除了婦孺老幼，和有錮疾者可以免役外（註二六），庶人是有應役義務的。所以孟子說：「庶人召之役，則往役。」（註二七）什麼時候需要民役，便須應召而往，不可違抗。役的種類有工役兵役兩種。

(a)工役

都邑　據左丘明：「凡邑有宗廟先君之主曰都，無曰邑；邑曰築，都曰城。」（註二八）

築城例子有二：

冬，築郿。——莊二八。

冬，築微。——莊二。

城：

夏，城中丘。——隱七。

夏，城郎。——隱九。

夏，城祝丘。——桓五。

冬，城向。——桓一六。

冬，城諸及防。——莊二九。

春，城小穀。——莊三二。

夏，城邢。——僖元。

春，城楚丘。——僖二。

春，城緣陵。——僖一四。

春，城郚。——文七。

冬，城諸及鄆。——文一二。

冬，城平陽。——宣八。

冬，城鄆。——成四。

冬，城中城。——成九。

冬，城虎牢。——襄二。

夏，城費。——襄七。

冬，城防。——襄一三。

夏，城成郛。——襄一五。

冬，城西郛。——襄一九。

冬，城武城。——仝上。

夏，城杞。——襄二九。

冬，城成周。——昭三二。

冬，城中城。——定六。

冬，城莒益及霄。——定一四。

夏，城啓陽。——哀三。

春，城毗。——哀五。

春，城邾瑕。——哀六。

宮室 詩云：『嗟我農夫，我稼既同，上入執宮功，晝爾於茅，宵爾索綯，亟其乘屋。』（註二九）便是修葺宮室的描寫。丹桓宮楹，刻桓宮桷（註三〇），考仲子之宮（註三一），築王姬之館（註三二），齊景公爲長庲，將欲美之（註三三），都是關於建築宮室的記載。

園囿

秋，築鹿囿。——成一八。

冬，築郎囿。——昭九。

夏，築蛇淵囿。——定一三。

據說文王的囿方七十里，齊宣王的方四十里（註三四），面積如此之大，工程必不小。

臺榭　詩云：「經始靈臺，經之營之；庶民攻之，不日成之。」（註三五）孟子說：「文王以民力為臺為沼，而民歡樂之，謂其臺曰『靈臺』，謂其沼曰『靈沼』。」（註三六）此外為臺之可知者，魯莊公春築臺於郎，夏於薛，秋於秦（註三七）。楚莊王為匏居之臺，靈王為章華之臺（註三八），齊景公為大臺（註三九），及路寢之臺（註四〇）。

道路　齊景公為鄒之長塗（註四一）。

其他　如門（註四二）、兩觀（註四三）、廐舍（註四四）、舟輿（註四五）、大鐘（註四六）等。

(b)兵役　兵役可分二種：

(1)城戍　詩經上所說的：「王命南仲，往城於方，出車彭彭，旂旐央央。天子命我，城彼朔方。」（註四七）便是農民受命，出車往城朔方的情形。又如「彼其之子，不與我戍申。……不與我戍甫。……不與我戍許。懷哉懷哉，曷月予還歸哉！」（註四八）的一首詩是農民久戍懷歸之作。

(2)出征　「王於興師，修我戈矛，與子同仇。……王於興師，修我矛戟，與子偕作。……王於興師，修我甲兵，與子偕行。」（註四九）及「我出我車。……王事多難，維其棘矣。……王事多難，不遑啓居。……赫赫南仲，薄伐西戎。……執訊獲醜，薄言還歸。赫赫南仲，玁狁于夷。」（註五〇）二詩便是描寫國有戰事，農民修繕兵器，參加兵役以伐異族的情形。

周宣王料民太原（註五一），便是將徵兵役的前奏曲。

豐卷將祭，請田獵以助祭。子產不許，子張怒，退而徵役，欲以攻子產（註五二）。欒盈本來是曲沃的封邑主，以罪出奔，後來設法潛回曲沃。胥午以酒飲曲沃人，說道：「今也得欒孺子何如？」邑人都答道：「得主而爲之死，猶不死也。」言下不勝慨歎，甚至泣下。胥午等酒行二次時，又以爲言，衆人說：「得主何貳之有！」盈出，徧拜之。於是帥曲沃兵甲入絳（註五三）二事。告訴我們主人可以隨意徵兵。

以上是農民任役的大略，任役的時間以利用農隙爲原則。所以除了戰爭需緊急行動外，一切民役都以不妨害農時爲條件。因爲這樣一來，庶人不得食，還在其次，那些在上位食於民的王公貴族將何以爲生，確是一嚴重的問題。所以管子說：「起一人之繇，百畝不舉；起十人之繇，千畝不舉；起千人之繇，十萬畝不舉。」（註五四）晏子說：「春夏起役，且遊獵，奪民農時，國家空虛。不可。」（註五五）伍舉云：「故先王之爲臺榭也，……其日不廢時務。……四時之隙於是乎成之。」（註五六）左丘明云：「冬十二月，城諸及防，書時也。凡土功，龍見而畢務，戒事也。火見而致用，水昏正而栽，日至而畢。」（註五七）及「冬城防，書時事也。」「於是將早城，臧武仲請俟畢農事，禮也。」（註五八）

不但工役如此，就是軍役若可能的話，也以不害農時爲上。操練檢閱都在農隙之時（詳第七章第四節）。

役不妨時的話，古書上極多。役的時日說得最具體的，只有管子，他道：「春十日

不害耕事，夏十日不害芸事，秋十日不害斂實，冬二十日，不害除田，此之謂時作。」（註五九）

以上是農民力役代耕，獻納各物，及供給工役兵役的大略。在結束這一節前，似乎應該將農民的實際生活描寫一下。

農民雖然辛苦卒歲，但所得美食，上好禾麥，時鮮果菜，鳥獸之肉，所釀美酒，所得美衣，織成的彩色絲衣，獵得的重毛狐裘等等，都須上獻於主人，自己不能染指。所吃的只是陳禾朽稻（註六〇），和茶樗一類的苦菜（註六一）而已。衣呢，大概連蔽體的粗衣都難得具備，所以農民詩有「無衣無褐，何以卒歲？」（註六二）的悲吟。

他們的衣食雖然這樣的苦，但工作仍十分地多，使他們一年到頭難得休息。代耕之餘，又須顧到自己依靠為生的私田，從春天除草布種起，一直到收穫，都忙於農事。冬天是農閑的時候，應該休息一番了，而「役」又不客氣的加在喘息纔歇的農夫們身上了。

自然除了兵役以外，一切的工役依習慣是有定期的（見前）。但我們看事實如何，不但工作繁多，而且役不以時，大妨農事。人民苦之，以城為例，春秋上一共二十七起，其中以春夏秋農忙時起城役的達十四起，佔二分之一（見頁二七一—二七三）。

齊景公使國人起大臺之役，歲寒不已，役者多凍餓，晏嬰想有以諷諫，於是往大臺，執朴鞭其不務者，並且說道：「吾細人也，皆有蓋廬以避燥溼，君為一臺，而不速成，何為國人？」人都怨晏子以為助虐（註六三）。

景公又為路寢之臺，臺成，登臺不能終而息乎陛，忿然道：「孰為高臺？病人之甚也！」（註六四）臺之高大，可以想見。據說築這臺，三年還未完成呢（註六五）。

辛苦的完成一大工程，並不是說人民便可以休息幾年了。享樂的貴族是永遠無厭的，做了一樣，又要一樣。所以景公築路寢之臺，三年未息，又為長庲之役，二年未息，又為鄒之長塗（註六六）。役之頻繁不難想像。

景公還不算虐民的。楚靈王作傾宮，三年未息，又為章華之臺，五年又不息，乾溪之役達八年之久（註六七）。用民之繁更過於景公了。

工役多半在冬日農閒時，所以還不致於使人民輟耕無食，若爲兵役，便無期限可言，常使人民流離失所，難得生還。

詩經上苦役的詩極多，是極可貴的史料。

「陟彼岵兮，瞻望父兮！父曰嗟予子行役，夙夜無已，上愼旃哉！猶來無止。

「陟彼屺兮，瞻望母兮！母曰嗟予季行役，夙夜無寐，上愼旃哉！猶來無棄。

「陟彼岡兮，瞻望兄兮！兄曰嗟予弟行役，夙夜必偕，上愼旃哉！猶來無死。」

（註六八）

「肅肅鴇羽，集於苞栩。王事靡盬，不能蓺稷黍。父母何怙？悠悠蒼天，曷其有所！

「肅肅鴇翼，集於苞棘。王事靡盬，不能蓺黍稷。父母何食？悠悠蒼天，曷其有極！

「肅肅鴇行，集於苞桑。王事靡盬，不能蓺稻粱。父母何嘗？悠悠蒼天，曷其有常！」（註六九）

「四牡騑騑，周道倭遲。豈不懷歸？王事靡盬，我心傷悲！

「四牡騑騑，嘽嘽駱馬。豈不懷歸？王事靡盬，不遑啓處！

「翩翩者鵻，載飛載下，集於苞栩。王事靡盬，不遑將父。

「翩翩者鵻，載飛載止，集於苞杞，王事靡盬，不遑將母。

「駕彼四駱，載驟駸駸。豈不懷歸？是用作歌，將母來諗。」（註七〇）

「昔我往矣，黍稷方華；今我來思，雨雪載塗。王事多難，不遑啓居。豈不懷歸？畏此簡書。」（註七一）

「鴻雁于飛，肅肅其羽；之子于征，劬勞於野。爰及矜人，哀此鰥寡。

「鴻雁于飛，集於中澤；之子于垣，百堵皆作。雖則劬勞，其究安宅。」（註七二）

「明明上天，照臨下土；我征徂西，至於艽野。二月初吉，載離寒暑。心之憂矣，其毒大苦。念彼共人，涕零如雨。豈不懷歸？畏此罪罟。

「昔我往矣，日月方除；曷云其還？歲聿云莫。念我獨兮，我事孔庶；心之憂矣，憚我不暇，念彼共人，睠睠懷顧。豈不懷歸？畏此譴怒。

「昔我往矣，日月方奧；曷云其懷？政事愈蹙。歲聿云莫，采蕭穫菽。心之憂矣，自詒伊戚。念彼共人，興言出宿。豈不懷歸？畏此反覆。」（註七三）

這些詠征夫苦役的詩，是如何的悽惻悱怨動人啊！從春天出征，一直到歲暮，還不能回家。不能耕種，不能養父母，妻子，一天到晚的懷念着家人的生存，家人也一天到晚的懷念着這出征的兒子丈夫或兄弟，不知還能生存不。征役無常，怎不想馬上就回家？只是軍法森嚴，怎敢逃歸呢！

乙　權利

講到農民的權利，那是微乎其微的。

第一、可認爲權利的，不過是從主人那裏得到一塊田地，從這塊田地中使自己及父母妻子得到食料，得到棲居之所，解決了食住的問題，用以維持其最低的生活而已。

第二、不過是從主人那裏得到安居樂業(?)的保障而已。被豪横的人欺凌侵奪時，可以訴於主人，而判斷其曲直，梗陽人有獄，先斷於魏戊，後斷於魏獻子（註七四），便是互訴曲直於領主的故事。

除此以外，眞無所謂權利了。庶人本是力役以事上的階級。只有義務而談不到權利的，只求能維持其最低的生活，不被侵害而已，對於主人，無論役作如何繁苦，也只能暗自悲怨，在法律上是沒有違抗權利的。

第五節 庶人職業及居處之固定

爲了使庶人各執其業以事上，貴族得規定各種需求，而度着享樂的生活，士農工商不但有職業上的分工，並且須世世守其祖業，不許改易。

同時庶人居處也極爲固定，不許遷徙。這樣，不但可防止四民混亂相雜，見異思遷，而改其業，還可以使人民有所統率，不能逃避他們的代耕、獻納、工役、兵役。這一點極其重要，是封建社會統治及被統治，剝削及被剝削的兩種階級所以能存在及維持的一原因。假使庶人可以自由遷徙，他們不是便可以隨意逃避他們的義務，而貴族將無從享受其特殊權利，感到恐慌了嗎？因爲當時的法律禁止人民遷徙，所以在上的階級纔敢爲所欲爲的剝削他們，役使他們，不怕他們因此逃亡到別的封邑裏去。庶人及貴族階級的不調和易發生衝突的關係，便賴着這個鎖環而維持着。一旦這個鎖環破壞了，人民可以到處自由移徙，封建關係也就不能存在了。

現在讓我們來看看關於這一類的文獻：

很早的老子就說過：「鄰國相望，鷄犬之聲相聞，使民至老死不相往來。」（註七五）逸周書云：「士大夫不雜於工商。……工不族居，不足以給官族，不鄉別不可以入惠。」（註七六）又說：「農居鄙，……凡工賈胥市臣僕州里俾無交爲。」（註七七）晏子說：「民不遷，農不移，工賈不變，士不濫。」（註七八）

子囊稱晉國士競於教，庶人力於農穡，商工皂隸不知遷業（註七九）。管子說得最詳細，詳言所以不使四民雜處的理由，不可忽視。

「士農工商四民者，國之石民也，不可使雜處。雜處，則其言哤，其事亂。是故聖王之處士必於閒燕，處農必就田壄，處工必就官府，處商必就市井。今夫士羣萃而州處。燕閒，則父與父言義，子與子言孝，其事君者言敬，長者言愛，幼者言弟，旦暮從事於此，以教其子弟。少而習焉，其心安焉，不見異物而遷焉，是故其父兄之教不肅而成，其子弟之學不勞而能，夫是故士之子常爲士。今夫農羣萃而州處。審其四時權節，具備其器械用，比耒耜穀芨。及寒，擊稿除田，以待食乃耕，深耕均種，先雨芸耨，以待時雨，時雨既至，挾其槍刈耨鎛，以旦暮從事於田壄。稅衣就功，別苗莠，列疏遬。首戴苧蒲，身服襏襫，沾體塗足，暴其膚髮，盡其四支之力，以疾從事於田野。少而習焉，其心安焉，不見異物而遷焉，是故其父兄之教不肅而成，其子弟之學不勞而能。是故農之子常爲農，樸野而不愚。其秀才之能爲士者，則足賴也，故以耕則多粟，以仕則多賢，是以聖敬畏戚農。今夫工羣萃而州處。相良才，審其四時，辨其功苦，權節其用，論比計制，斷器，尙完利，相語以事，相示以功，相陳以巧，相高以知事。旦暮從事於此，以教其子弟，少而習焉，其心安焉，不見異物而遷焉。是故其父兄之教不肅而成，其子弟之學不勞而能。夫是故工之子常爲工。今夫商羣萃而州處。觀凶飢，審國變，察其四時，而監其鄉之貨，以知其市之賈。負任擔荷，服牛輅馬，以周四方，料多少，計貴賤，以其所有易其所無，買賤鬻貴，是以羽旄不求而至，竹箭有餘於國，奇怪時來，珍異物聚。旦暮從事於此，以教其子弟，相語以利，相示以時，相陳以知賈。少而習焉，其心安焉，不見異物而遷焉，是故其父兄之教不肅而成，其子弟之學不勞而能。夫是故商之子常爲商。」（註八〇）

第六節　各階級之固定及所用禮儀之不同

我們都曉得封建社會中，階級是如何的固定。一切人的身分地位、權利、義務便因所在階級而不同。或爲幸運的統治者，食於人者，或爲不幸運的被統治者，食人者。卻不是人力所能爲，而決於出生之一剎那。

爲了表示及維持階級的存在，各階級的禮儀服飾，顯然有嚴密的差異。我們若想知道當時各階級的差別，那麼注意其不同的禮儀服飾，是最有價値的。

一　祭祀

自天子以至於庶人，都當祭其祖先，以昭孝報恩。但所祀便因階級不同，而有限制。天子有七廟：考廟（父），王考廟（祖），皇考廟（曾祖），顯考廟（高祖），二祧（遠祖之廟），共三昭三穆，與祖考廟（太祖廟），合而爲七。諸侯有五廟：考廟，王考廟，皇考廟，顯考廟，二昭二穆，與祖考廟。大夫三廟：考廟，王考廟，一昭一穆，與皇考廟。士有二廟：考廟，及王考廟。而庶人便不能立廟，只可祭其考於寢室了（註八一）。

可見，地位越高，所祀越遠。所以穀梁說：「德厚者流光，德薄者流卑。」（註八二）

德厚者位高，德薄者位卑，所謂德之厚薄，就是說位之高下。

除所祀遠近不同外，並且祭之次數也各不相同。地位越高，祭祀越繁，天子日祭，月享，時類，歲祀。諸侯無日祭，而有月享。卿大夫不能月祭，但以時祭祀。士庶人不能時祭，只能歲祀（註八三）。

宗廟祭祀之外，對於其他自然界的祭祀，也有限制，非所當祭，便不能祭。

祭天地　子產說：「夫鬼神之所及，非其族類，則紹其同位。」（註八四）所以所祀不是同族同類，也必是同位的。天子與天雖非同類，但受命於天，爲天之子，以天爲父，以地爲母，與天地而參，非人所可匹敵，所以只有天子纔能紹其同位，而祭天地。曹劌、子產都說：「天子祀上帝。」（註八五）禮記「曲禮」云，「天子祭天地。」

祭天地的儀式極爲隆重，稱爲「郊祭」（註八六）。諸侯是沒有資格祭天地的。春秋以後，諸侯多僭於天子而行郊祭，但不是正當的。所以魯郊，公羊云：「魯郊，非禮也。何以非禮？天子祭天，諸侯祭土，天子有方望之事，無所不通。諸侯山川有不在封

內者，則不祭也。」（註八七）
郊祭之時，更以始祖配享。天是萬物之本，是至尊的；始祖是己所自出，也是至尊的，所以配享於天。孔子說：「天地之性人爲貴，人之行莫大於孝，孝莫大於嚴父，嚴父莫大於配天。」（註八八）又說：「萬物本乎天，人本乎祖。郊之祭也，大報本反始也，故以配上帝。天垂象，聖人則之，郊所以明天道。」（註八九）公羊云：「王者曷爲以其祖配？自內出者，無匹不行；自外至者，無主不至。」（註九〇）禮記也說：「禮不王不禘，王者禘其祖之所自出，以其祖配之。」（註九一）
周以稷爲始祖，所以稷配享於天（註九二）。
祭山川　天子奄有天下，天下的大山河海，雖不在王畿內，也屬於天子。所以天子可以祭之。不親臨其地而祭，但遙望而祭，稱爲「望祭」。公羊說：「天子有方望之事，無所不通。」（註九三）「三望者何？望祭也。然則曷祭？祭大山河海。曷爲祭大山河海？山川有能潤於百里者，天子秩而祭之。觸石而出，膚寸而合，不崇朝而徧雨乎天

下者，唯大山爾，河海潤乎千里。」（註九四）

至於諸侯呢，因爲只有封給他的地是屬於他的，所以只能祭境內的山川。觀射父說，諸侯祀「其土之山川。」（註九五）「王制」也說諸侯只能祭名山大川之在其地者。楚昭王有疾，卜之，係黃河爲祟，昭王不祭，大夫以爲請。王曰：「三代命祀祭不越望。江、漢、睢、漳，楚之望也。禍福之至，不是過也。不穀雖不德，河非所獲罪也。」不從（註九六）。諸侯境內山川甚多，也不能一一親臨祭之。所以也有望祀。但這種望祀，只以境內山川爲限。江、漢、睢、漳，屬於楚境，可以望祀。黃河在楚境以外，所以不可以祭。

天子諸侯擁有土地，所以可以祭天地山川。卿大夫雖有封邑，卻無社稷之奉，對於土地山川自然不能祭祀。若士庶人則無寸土之封，所以「祭不過其祖」（註九七），其他非所當祭。

以上是所祭的限制。此外祭儀及祭器也因階級而不同。

例如救日蝕，天子可以陳五麾、五兵、五鼓。諸侯三麾、三鼓、三兵。大夫便不能陳列旗鼓兵器，只能擊門。士只能擊柝（註九八）。

祭祀的舞也大不相同。魯隱公祭仲子，獻六羽。衆仲說天子八，諸侯六，大夫四，士二（註九九）。公羊、穀梁都說天子八，諸公六，諸侯四（註一〇〇）。稍有不合。如以魯始僭用羽數，當以後說爲是。否則本可用，亦無所謂僭。至於季氏八佾舞於庭，是更以大夫而僭用天子之禮，不敬之至。所以孔子嘆曰：「是可忍也，孰不可忍也！」（註一〇一）

各階級的日常食品各有限制，而不相同，死後血食當然也有限制，不可僭用。觀射父說只能加於食用一等。天子食用太牢（牛羊豕各一），祀用會（三太牢）。諸侯食用特牛（一牛），祀用太牢。卿食用少牢（羊），祀用特牛。大夫食用特牲（豚），祀用少牢。士食魚炙，祀用特牲。庶人食菜，祀用魚（註一〇二）。子木所引祭典也說：「國君有牛享，大夫有羊饋，士有豚犬之奠，庶人有魚炙之薦。籩豆脯醢，則上下共之。」

(註一〇三)國君指諸侯，用牛享與用太牢之說稍異，其餘俱相同。後者但言大夫而不言卿，似卿與大夫相同。

二 婚姻

第一從各階級妻的名稱上，便可以看出顯著的差異來。禮記云：天子妻稱后，諸侯妻稱夫人，大夫妻稱孺人，士妻稱婦人，庶人妻稱妻（註一〇四）。考之實例，「靈王求后於齊，……天子求后於諸侯。」（註一〇五）「劉夏逆王后於齊。」（註一〇六）天子妻稱后，無疑。至於諸侯妻稱夫人之例更多。

「此入國矣，何以不稱夫人？……父母之於子，雖爲鄰國夫人，猶曰吾姜氏。」（註一〇七）

「夫人姜氏至自齊。」（註一〇八）

「冬？齊仲年來聘，致夫人也。」（註一〇九）

「八月丁丑，夫人姜氏入。」（註一一〇）

「初晉獻公欲以驪姬爲夫人。」（註一一一）

「禘用致夫人，非禮也。夫人何以不稱姜氏？貶。曷爲貶？譏以妾爲妻也。」（註一一二）

「齊侯之夫人三。」（註一一三）

「遂以夫人婦姜至自齊。」（註一一四）

「僑如以夫人婦姜氏至自齊。」（註一一五）

「公子荆之母嬖，（哀公）將以爲夫人，使宗人釁夏獻其禮。對曰：『無之。』公怒曰：『女爲宗司。立夫人，國之大禮也，何故無之？』對曰：『……若以妾爲夫人。則固無其禮也。』」（註一一六）

孟子云齊人有一妻一妾（註一一七），爲庶人曰妻之例。大夫曰孺人，士曰婦人，雖不見實例，大約可信。

此外，婚姻的階級限制，更可以看出與階級的關係來。

勾踐使大夫文種求盟於吳曰：「請勾踐女女於王，大夫女女於大夫，士女女於士。」（註一一八）被滅的國猶且如此看重婚姻的階級限制，何況正常的婚姻！

但我們不要太固執了，以爲同一階級必娶於同一階級。果如此，天子便無法求婚了。勢必娶於諸侯。靈王求后於齊，齊侯問對於晏桓子，對曰：「先王之禮辭有之：天子求后於諸侯，諸侯對曰：『夫婦所生若而人，妾婦之子若而人。』無女而有姊妹及姑姊妹，則曰：『先守某公之遺女若而人。』」齊侯許婚（註一一九）。

天子之女也是嫁於諸侯的。「何彼穠矣……王姬之車。……平王之孫，齊侯之子，……齊侯之子，平王之孫」的一首詩（註一二〇），便是詠王姬下嫁於諸侯的盛況，春秋上也說齊侯娶於天子，單伯逆王姬，公羊氏云：「逆之者何？使我主之也。曷爲使我主之？天子嫁女於諸侯，必使諸侯同姓者主之。諸侯嫁女於大夫，必使大夫同姓者主之。」（註一二一）

諸侯很多，可互爲婚姻。詩經上便有「齊侯之子，衞侯之妻，東宮之妹，邢侯之姨，譚公維私。」（註一二三）的記載。其見於春秋者有：

魯—宋　僖二五，成九。

魯—齊　隱元，桓三，莊二、四，文四，宣元，成一四，襄一九。

魯—紀　隱二、七。

魯—杞　莊二五，僖三一。

魯—小邾　昭二五。

晉—齊　成五，昭三。

晉—楚　昭五。

晉—吳　襄二三。

晉—賈　莊二八。

秦—晉　僖一五、二四。

齊—衞　隱三。

陳——鄭　昭八。

楚——蔡　襄三〇。

都係諸侯互爲婚姻，但諸侯娶於大夫，大夫娶於諸侯的也有，前者有齊悼公娶季康子妹之例（註一二三），後者有齊大夫高固娶於魯之例。春秋曰：「齊高固來逆子叔姬。」穀梁云：「諸侯之嫁子於大夫，主大夫以與之。來者，接內也。不正其接內，故不與夫婦之稱也。」（註一二四）

卿大夫除了可以與諸侯通婚姻外，通常是卿大夫互爲婚姻的。雍糾娶祭仲女（註一二五），欒桓子娶於范宣子（註一二六），劉氏、范氏世爲婚姻（註一二七），是本國大夫通婚的例子。鄭子游娶於晉大夫（註一二八），是異國大夫互爲婚姻的例子。

很可惜找不到士庶人通婚的材料。

根據以上所述，我們可以得這樣的結論，婚姻是有階級限制的，除天子不能自爲婚姻須與諸侯通婚外，通常以同一階級相嫁娶爲原則，而容許上下一級的差異。但這種差異，只能在特權階級中可以通融。至於特權階級與非特權階級間的婚姻，是決不可能的。所以卿大夫可以偶於諸侯，而士庶人卻不能高攀卿大夫。

那時人的地位權利義務，完全決定於出生的一刹那。階級的關係，必須嚴密的維持。所以上下對立的階級，無論如何，不能相混雜，而發生婚姻的關係。

三　喪葬

從死的名稱上便可以看出各階級的懸殊。公羊云：「天子曰『崩』，諸侯曰『薨』，大夫曰『卒』，士曰『不祿』。」（註一二九）禮記也這樣說，並云：「庶人曰死。」（註一三〇）考之春秋，凡天子皆曰崩（註一三一），諸侯中只魯侯曰薨（註一三二），其他諸侯無論大國小國都稱卒（註一三三），與大夫相同（註一三四）。顯見係孔子尊魯貶外之意。諸侯實當曰薨。這些實例，與公羊、禮記所說，可互相參證，足證其確。

服喪的禮儀，除了三年之喪，是天下的通喪，自天子以至於庶人都相同外（註一三五），其餘是有差異的。例如喪期中的稱謂，王稱「小童」，公侯稱「子」（註一三六），便不可相混淆。大約卿大夫士庶人都有一定的稱謂，惜乎不詳。

齊晏桓子卒，晏嬰麤縗斬，苴絰帶，杖，菅屨，食鬻，居倚廬，寢苫，枕草。其家臣說：「非大夫之禮也。」晏子說：「唯卿爲大夫。」（註一三七）可見居喪服制，各階級也不盡相同。

禮記說天子崩七月而葬，諸侯五月而葬，大夫三月而葬（註一三八）。葬期因地位高下而有遠近之不同。今考之春秋，平、桓、惠、定、靈五王都記崩不記葬（註一三九）。襄王以八月崩。次年春葬（註一四〇）。匡王以十月崩，次年春葬（註一四一），簡王以九月崩，次年正月葬（註一四二）。是則有三月而葬的，有五月而葬的。據公羊氏的解釋：天子至尊，葬必其時。諸侯因有天子在，不能必時而葬，所以記薨記葬；而依正例，天子不記葬，否則係變例（註一四三）。

所以我們如果想研究葬期，只得以諸侯爲對象，看與禮記所說相合否？據公羊說：「當時而不日，正也。」（註一四四）試將所有正例，條列於下：

七月而葬　鄭伯——莊二一。

六月而葬　宋公——莊二一—三。

衞侯——哀二。

四月而葬　齊侯——成九。

衞侯——桓一二—三。

成一四—五。

襄二九。

陳侯——莊元—二。

僖一二—三。

定四。

三月而葬　蔡侯——昭二〇—一。

二月而葬　宋公——昭二五—六。

晉侯——襄一五—六。

昭一六。

昭三〇。

陳侯——定八。

蔡侯——隱八。

鄭伯——桓一一。

昭二八。

定九。

曹伯——文九。

杞子——哀八—九。

齊侯——哀五。

一月而葬

多至七月，少至一月，並沒有一定的標準。不但大小國漫無分別，而且上同於天子，下過於大夫。最可笑者，所有的正例，沒有一個是薨後五月而葬的。足證禮記所云天子七月而葬，諸侯五月而葬，大夫三月而葬，及公羊所謂渴葬慢葬之說，都不足信。葬禮有許多差異，不可含混。臧僖伯卒，隱公葬之加一等（註一四五）。叔孫氏卒，杜洩將以路葬，且盡卿禮（註一四六）。可爲例證。

送葬的喪車，便大有考究。據禮記，天子喪車之飾有八翣，諸侯六翣，大夫四翣（註一四七）。按齊莊公爲崔氏所弒，草草葬之。四翣不蹕。下車七乘，不以兵甲（註一四八）。一切貶損，不依諸侯之禮，所以只有四翣。大約禮記所云諸侯六翣，天子八，大夫四，是對的。

天子喪禮，最爲隆重，墓有地道，爲其他階級所不許有。晉文公定襄王於郟，王勞之以地，辭，請隧，王不許，說道：「王章也，未有代德而有二王，亦叔父之所惡也。」又道：「內官不過九卿，外官不過九品，足以供給神祇而已，豈敢厭縱其耳目心腹以亂百度？亦惟是死生之服物采章以臨長百姓，而輕重布之，王何異之有！」文公於是不敢再以爲請，受地而歸（註一四九）。襄王爲頹叔、桃子、大叔及狄師所攻，出奔於鄭，賴晉文公之力，纔得重返王城，文公之功不可謂小。且當時周室已衰，晉爲霸主，大功之餘以爲請，襄王竟敢公然拒絕，其辭甚厲，文公卒不敢再以爲請。隧爲王者所特有，可以想見。

四　服飾器用

封建社會中各階級的服飾，規制極嚴。臧僖伯說：「昭文章，明貴賤，辨等列，順少長，習威儀也。」（註一五〇）臧哀伯說：「袞冕黻珽，帶裳幅舄，衡紞紘綖，昭其度也。藻率鞞鞛，鞶厲游纓，昭其數也。……夫德儉而有度，登降有數，文物以紀之，聲明以發之，以臨照百官！百官於是乎戒懼而不敢易紀律。」（註一五一）管仲說：「度爵而制服；量祿而用財。飲食有量，衣服有制，宮室有度，六畜人徒有數，舟車陳器有禁。修生則有軒冕、服位、穀祿、田宅之分；死則有棺槨、絞衾、壙壟之度。雖有賢身貴體，毋其爵不敢服其服；雖有富家多貲，毋其祿不敢用其財。」（註一五二）可見服飾器用，尊卑貴賤，各有其度。新築人仲叔于奚救孫桓子，衞人賞之以邑。辭，請曲縣繁纓以朝，許之。仲尼聞之，大爲歎息，說道：「惜也！不如多與之邑。唯器與名，不可以假人。君之所自也。名以出信，信以守器，器以藏禮，禮以行義，義以生利，利以平民，政之大節也。若以假人，與人政也。政亡，則國家從之，弗可止也已！」（註一五三）當時人對於服飾嚴禁僭用，可見一斑。所以子產治鄭，上下有服，而賢者稱之（註一五四）。

宗廟舞樂之不得僭用，以前已經說過，以下再說幾件事：

楹桷的顏色及做法，大有分別。以楹而言，天子諸侯黝堊，大夫蒼色，士黈色（註一五五）。以桷而言「天子之桷，斲之礱之，加密石焉。諸侯之桷，斲之礱之。大夫斲之。士斲木。」（註一五六）

車，天子車，據公羊氏引子家駒語曰「大路」。（註一五七）諸侯車曰「路車」，所以詩詠「方叔涖止，……路車有奭。」（註一五八）方叔必當時諸侯。詠「君子來朝，何錫予之？雖無予之，路車乘馬。」（註一五九）君子來朝，明明說的是諸侯。詩序亦云，諸侯來朝，幽王侮慢之。又，「王遣申伯，路車乘馬。」（註一六〇）也是說天子賜路車與諸侯。

大夫車曰「軒衞」，懿公鶴有乘軒者，杜註係大夫車（註一六一）。士的車不詳何名。庶人大約是有車的，所以「出車」有「我出我車」的句子。奴僕最賤，不能乘車，所以管子說刑餘戮民不敢畜連乘車（註一六二）。

朱干（朱色楯），玉戚（以玉飾斧），據子家駒說，也係天子的服飾（註一六三）。證以楚靈王使工尹剝圭以爲鏚柲，工尹請命，王入視之一事（註一六四），可知其確。若非僭用，則玉戚決不自靈王始命工造之，而工尹也不必請王親臨視之。

玉的服用，確是有限制的。季平子卒，陽虎將以璵璠歛，季氏家臣仲梁懷弗與。以昭公出奔於齊，季氏遂佩璵璠，今公復立，改步亦當改玉辭。陽虎欲逐之。公山不狃說：「彼爲君也，子何怨焉？」（註一六五）

天子諸侯卿大夫的官服雖不詳，但火龍黼黻，文而有章，卻可斷言（註一六六）。自大夫以下，據管子，士只有帶緣有文章，散民不敢服雜采，百工商賈不得服長鬈貂，刑餘戮民（皂隸奴僕）不敢服絻（註一六七）。

飲食，各階級都有限制。據觀射父，天子食太牢，諸侯食牛，卿食羊，大夫食豚，士食魚炙，庶人只能食菜（註一六八）。「七月」，「采荼薪樗，食我農夫」的詩，便是詠庶人苦菜爲食。

【注釋】

註一　齊宣王之囿方四十里，文王之囿方七十里。——孟子，「梁惠王下」。

註二　國語，「周語上」。

註三　同上，「魯語下」；參看左，哀一一。

註四　孟子，「滕文公上」。

註五　論語，「顏淵」。

註　六　公羊，宣一六。

註　七　穀梁，宣一六。

註　八　「某嘗疑孟子所謂夏后氏五十而貢，殷人七十而助，周人百畝而徹。恐不解如此。先王疆理天下之初，做許多畎溝澮洫之類，大段費人力了。若自五十而增爲七十，自七十而增爲百畝。則田間許多疆理，都合更改。恐無是理。孟子當時未必親見，只是傳聞如此，恐亦難盡信也。」

「孟子說夏后氏五十而貢，殷人七十而助，周人百畝而徹，恐亦難如此移改。禮記正義引劉氏、皇氏之說，正是獃人說話。蓄田地一方，溝洫廬舍，成之亦難。自五十里而改爲七十里，既是七十里，卻改爲百里，便都著挪趲動。此擾亂之道。如此則非三代田制，乃王莽之制矣。」

「孟子說貢助徹，亦有可疑者。若夏后氏既定五十而貢之制，不成商、周再分其田?遞相增補，豈不大擾。聖人舉事，恐不如此。……」

「……孟子說夏后氏五十而貢，殷人七十而助，周人百畝而徹。此都是孟子拗處，先是五十，後是七十，又是一百，便是一番打碎一番。想聖人處事，必不如是勞擾。」

以上俱見朱子語類，卷五五。

註　九　「夏時一夫受田五十畝，而每夫計其五畝之入以爲貢。商人始爲井田之制，以六百三十畝之地畫爲九區，區七十畝，中爲公田，其外八家各授一區，但借其力以助耕公田，而不復稅其私田。周時一夫授田百畝，鄉遂用貢法，十夫有溝，都鄙用助法，八家同井。耕則通力而作，收則計畝而分，故謂之徹。其實皆什一者，貢法固以十分之一爲常數，惟助法乃是九一，而商制不可考。周制則公田百畝，中以二十畝爲廬舍。一夫所耕公田，實計十畝，通私田百畝，爲十一分而取其一，蓋又輕於十一矣。竊料商制亦當如此，而以十四畝爲廬舍，一夫實耕公田七畝，是亦不過什一也。」——「滕文公上」，朱註。

註一〇　左，宣一六。

註一一　孟子說周人百畝而徹，爲什一，有若請哀公行徹制，哀公說二猶不足，都足證明周代曾行什一之稅。

註一二　論語，「顏淵」。

註一三　管子，七，「大匡第十八」。

註一四　晏子春秋，四，「晉叔向問齊國若何晏子對以齊德衰民歸田氏第十七」。

註一五　孟子，「滕文公上」。

註一六　「滕文公下」。

註一七　詩，「小雅」，「甫田之什」，「大田」。

註一八　Seebohm, The English Village Community, pp. 41, 78-80, Vinogradoff Villainage in England p. 280.

註一九　詩，「小雅」，「甫田之什」，「甫田」云：「我取其陳，食我農人。」便是只有貴族纔能食新穀的意思。所以毛傳云：「尊者食新，農夫食陳。」晉侯夢厲鬼相逼，巫言不能食新麥。後晉侯使甸人獻麥，而殺巫者的故事，（左，成一〇）更足證明新穀既升，便以獻於主人。

註二〇　管子，一，「乘馬第五」，「士農工商」。

註二一　Seebohm, op. cit. pp. 41-42, 78, 145-146; Vinogradoff, op. cit. pp. 184, 187.

註二二　管子，二十二，「山國軌第七十四」。

註二三　「五十者可以衣帛矣。」——「梁惠王上」。

註二四　左，莊一〇。

註二五　晏子春秋，三，「景公問欲令祝史求福晏子對以當辭罪而無求第十」。

註二六　常以秋歲末之時，閱其民，按家人比地定什伍口數。別男女大小。其不爲用者，輒免之。有痼疾不可作者，疾之可省作者，半事之。並行以定甲士當被兵之數。」——管子，十八，「度地第五十七」。

註二七 孟子，「萬章下」。

註二八 左，莊二八。

註二九 詩，「豳風」，「七月」。

註三〇 春秋，莊二三—二四。

註三一 同上，隱五。

註三二 左，莊元。

註三三 晏子春秋，二，「景公爲長庲欲美之晏子諫第六」。

註三四 「梁惠王下」。

註三五 詩，「文王之什」，「靈臺」。

註三六 「梁惠王上」。

註三七 左，莊三一。

註三八 國語，「楚語上」，「楚語下」。

註三九 晏子春秋，二，「景公冬起大臺之役晏子諫第五」。

註四〇　同上，二，「景公爲鄒之長塗晏子諫第七」；五，「齊飢晏子因路寢之役以振民第六。」

註四一　「景公爲鄒之長塗晏子諫第七」。

註四二　「新作南門」。——左，僖二〇；「新作雉門」。——定二。

註四三　「新作兩觀」。——同上，定二。

註四四　「春新延廐，以其用民力爲已悉矣。」——穀梁，莊二九。

註四五　「舟輿飾，臺榭廣，則賦斂厚矣。……賦斂厚，則下怨上矣。」——管子，一，「形勢第二」。

註四六　晏子春秋，二，「景公爲臺成又欲爲鍾晏子諫第十一」。

註四七　詩，「小雅」，「鹿鳴之什」，「出車」。

註四八　同上，「王」，「揚之水」。

註四九　同上，「秦」，「無衣」。

註五〇　「出車」。

註五一　國語，「周語上」。

註五二　左，襄三十。

註五三　同上，二三。

註五四　「臣乘馬第六十八」。

註五五　晏子春秋，二，「景公春夏遊獵興役晏子諫第八」。

註五六　「楚語上」。

註五七　左，莊二九。

註五八　同上，襄一三。

註五九　「山國軌第七十四」。

註六〇　「我取其陳，食我農人。」——「甫田」。

註六一　「采荼薪樗，食我農夫。」——「七月」。

註六二　同上。

註六三　「景公冬起大臺之役晏子諫第五」。

註六四　晏子春秋，二，「景公登路寢臺不終不悅晏子諫第十八」。

註六五　同上。

註六六　「景公爲鄒之長塗晏子諫第七」。

註六七　同上。

註六八　詩，「魏」，「陟岵」。

註六九　同上，「唐」，「鴇羽」。

註七〇　同上，「小雅」，「鹿鳴之什」，「四牡」。

註七一　「出車」。

註七二　同上，「鴻雁之什」，「鴻雁」。

註七三　同上，「谷風之什」，「小明」。

註七四　左，昭二八。

註七五　道德經，四，第六十七章。

註七六　逸周書，「程典解第十二」。

註七七　同上，「作雒解第四八」。

註七八　左，昭二六；晏子春秋，七，「景公問後世孰將踐有齊者晏子對以田氏第十五」則云：
「民不懈，貨不移，工賈不變，士不濫。」

註七九　左，襄九。

註八〇　管子，八，「小匡第二十」。

註八一　參看「楚語下」；穀梁，僖一五；禮記，「王制」，「祭法」；孔子家語，八，「廟制解第三十四。」

註八二　穀梁，僖一五。
註八三　「楚語下」，觀射父語。
註八四　國語，「晉語八」。
註八五　「魯語上」；「晉語下」。
註八六　「魯郊何以非禮？天子祭天。……」——公羊，僖三一。
註八七　同上。
註八八　孝經，「聖治章」。
註八九　孔子家語，七，「郊問第二九」。
註九〇　公羊，宣三。
註九一　禮記，「大傳」。
註九二　「昔者周公郊祀后稷以配天。」——「聖治章」。
「郊則曷爲必祭稷？王考必以其祖配。……」——公羊，宣三。
註九三　公羊，僖三一。
註九四　同上。
註九五　「楚語下」。

註九六　左，哀六。
註九七　「楚語下」。
註九八　穀梁，莊二五。
註九九　左，隱五。
註一〇〇　公羊、穀梁，隱五。
註一〇一　論語「八佾」。
註一〇二　「楚語下」。
註一〇三　「楚語上」。
註一〇四　禮記，「曲禮下」。
註一〇五　左，襄一二。
註一〇六　同上，一五。
註一〇七　公羊，桓三。
註一〇八　左，桓三。
註一〇九　同上。
註一一〇　同上，莊二四。

註一一一　同上，僖四。

註一一二　公羊，僖八。

註一一三　左，僖一七。

註一一四　同上，宣元。

註一一五　同上，成一四。

註一一六　同上，哀二四。

註一一七　孟子，「離婁下」。

註一一八　國語，「越語上」。

註一一九　左，襄一二。

註一二〇　詩，「召南」，「何彼穠矣」。

註一二一　公羊，莊元。

註一二二　詩，「衞」，「碩人」。

註一二三　左，哀八。

註一二四　春秋及穀梁，宣五。

註一二五　左，桓一五。

註一二六　同上，襄二一。
註一二七　同上，哀三。
註一二八　同上，昭一九。
註一二九　公羊，隱元。
註一三〇　禮記，「曲禮下」。
註一三一　春秋，隱三；桓一五；僖八；文八；宣二；成五；襄元、二八。
註一三二　同上，隱一一；桓一八；莊三二；閔二；僖三三；文一八；宣一八；成一八；襄三一；昭三二；定一五。
註一三三　蔡人龍，「諸侯卒葬例表第十九」，春秋例表，光緒三十四年。
註一三四　隱元、五、八、九；莊二七、三二；僖一六；文三、一〇、一四；宣五、八、一七；成四、一五、一七；襄五、一九、二二、二三、三一；昭四、七、二一、二三、二四、二五、二九；定四、五；哀三。
註一三五　「子生三年，然後免于父母之懷，夫三年之喪，天下之通喪也。」——論語，「陽貨」，孔子語。
「三年之喪，齊疏之服，飦粥之食，自天子達於庶人，三代共之。」——孟子，「滕文公上」，孟子語。

註一三六　左，僖九。

註一三七　同上，襄一七。

註一三八　禮記，「禮器」。

註一三九　隱三；桓一五；僖八；成五；襄二八。

註一四〇　左，文八—九。

註一四一　同上，宣二—三。

註一四二　同上，襄元—二。

註一四三　公羊，隱三。

註一四四　同上。

註一四五　左，隱五。

註一四六　同上，昭四。

註一四七　禮記，「禮器」。

註一四八　左，襄二五。

註一四九　左，僖二五；「周語中」。

註一五〇　左，隱五。

註一五一　同上，桓二。

註一五二　管子，一，「立政第四」，「服制」。

註一五三　左，成二。

註一五四　同上，襄三〇。

註一五五　穀梁，莊二三。

註一五六　同上，莊二四。

註一五七　公羊，昭二五。

註一五八　詩，「小雅」，「南有嘉魚之什」，「采芑」。

註一五九　同上，「魚藻之什」，「采菽」。

註一六〇　同上，「大雅」，「蕩之什」，「嵩高」。

註一六一　左，閔二。

註一六二　「服制」。

註一六三　公羊，昭二五。

註一六四　左，昭一二。

註一六五　同上，定五。

註一六六　同上，桓二，臧哀伯語；管子，「服制」。

註一六七　「服制」。

註一六八　「楚語下」。

第七章　封建政治

第一節　封建政治的特點

一　分化

從橫的方面來看，分化是封建政治的一大特點。我們都曉得天子雖擁有天下的土地人民，但他不將他們都握在一人的手掌裏，而是將他們分賜給許多同姓異姓貴族的。這些貴族各治理其土地，便成爲那裏的主人，食其地之所入，役其人民，有自由處置的權力，用不着問命於中央，中央也不過問這些瑣事。

自然，諸侯過分的瀆職不法，或侮辱中央，天子有討伐的權力。不過因此而除其國，將土地收回的事卻不曾見諸史籍，通常不過伐以陳其罪而已。宋公不共職（註一），鄭伯不朝（註二），楚子納王子朝（註三），及以師圍江，侵略他國（註四），王室宣其罪，以師討伐之外，便不見有下文。

這些都與中央集權制大不相同。例如據史記（註五），秦始皇呑併六國，統一天下以後，海內盡爲郡縣。不立諸侯，而置郡守。秉皇帝命以治郡，法令由一統，不能自由妄行處置。皇帝諸子及功臣，只能受賦稅之賜，不能役使其民而食其地。

綜之，自秦始皇以後，纔統一服制，度量衡、車馬、文字，都有一定的法度，不可自由更張。所有的政令（制詔），都自皇帝出。郡守只是皇帝的行政人員，並不是世襲的封邑主，可以撤換。完全是集權制，與以前大不相同。中國文化（Chinese Civilization）的作者 Marcel Granet 也說從秦始皇帝起，纔將中國統一，而集權於中央（註六）。所以他企圖將分化的天子與集權的天子的名稱有些差異，稱春秋時代爲封建時代(feudal period)，這時的天子爲諸侯之主（overlord）。而稱秦以後爲帝國（empire），這時的天子爲皇帝（emperor）。很可以看出他的用意。這確是對的。周室天子曰「王」，秦始皇以天下平定，法令一統，和以前有諸侯而天子不能制的情形大不相同，李斯等更議名號，始稱「皇帝」（註七）。在秦始皇李斯等人的心目中，王或天子與皇帝的名號顯然是有很大的分別的。

二　階級間之服從

從縱的方面來看，階級間之服從是封建政治的另一特點。這是使各種各樣的人各居於其位，以事上役下，所必具的條件。不但統治者及被統治者，兩種對立的階級須有嚴密的分野，使後者服從前者，便是統治階級中及被統治階級中，也當各詳爲分別，使各相屬，其中又有統治及被統治者的區別，分開來看，某一階級屬於某一階級。整個的看，所有的階級依次服屬，好像一串環鍊。所以大概的說來，天子、諸侯、卿大夫、士都屬於統治階級，以馭使被統治的四民及奴隸。但詳析其關係，左丘明說：「王及公、侯、伯、子、男、甸、采、衞、大夫，各居其列。」（註八）便是統治階級中各居其位，各有所屬的意思。

師曠說：「天子有公；諸侯有卿；卿置側室；大夫有貳宗，士有朋友；庶人、工、商、皂隸、牧圉，皆有親暱；以相輔佐也。」（註九）也說各有其輔佐。雖未說出卿大夫以下的臣屬，但自天子至牧圉的上下次序，卻很顯明。將這種關係說得最清楚的還是芊尹無宇，他說：「故王臣公、公臣大夫、大夫臣士，士臣皂，皂臣輿，輿臣隸，隸臣僚，僚臣僕，僕臣臺，馬有圉，牛有牧，以待百事。」（註一〇）

第二節　封建官吏

天子擁有天下，諸侯受封以爲國君，這二種人雖是天下及一國之主，爲人民父母，但都是養尊處優，宴享遊樂的特權階級，他們所從事的只是巡狩朝聘、祭祀、宴享等所謂大事而已（詳第二章）。一切的行政是不過問的，所以臧僖伯告隱公道：「夫山林川澤之實，器用之資，皂隸之事，官司之守，非君所及也。」（註一一）可見凡官吏所司，都不勞國君過問。

爲了治理人民，便不得不置封建官吏。於是天子及諸侯皆有卿大夫以理政事，所謂「天子有公，諸侯有卿。」（註一二）便是說爲天子治理王畿，有負執政全責的三公；諸侯治邑，有負執政全責的卿。自然公卿以下又有輔政的大夫，不過只有三公正卿是發號施令的負責者，其餘卿大夫奉命而行，以爲輔弼而已。子產執鄭國政，因富子規諫，說道：「發令之不衷，出令之不信，刑之頗類，獄之放紛，令朝之不敬，使命之不聽，取凌於大國，罷民而無功，罪及而弗知，僑之恥也。」（註一三）出號施令以命百官，以役百姓，便是行政上的職權；刑獄便是司法上的職權。古代行政司法，本來不分立的，所以從地方官吏，一直到卿，都可以斷獄判罪。梗陽人有獄，魏戌不能斷，以獄上於魏獻子（註一四）。可見地方官各司其獄，不能斷，纔上之執政。

那時也有專司訟訴的司法官，所以齊景公對晏嬰說：「夫獄，國之重官也，願託之夫子。」（註一五）國語云：士景伯如楚，叔魚爲贊理。邢侯與雍子爭田，雍子納其女於叔魚，斷獄的時候，叔魚袒雍子，邢侯怒，殺魚及雍子（註一六）。韋昭解士彌牟爲晉理官是對的，叔魚代之而斷獄可知其然。又按晉人使邾大夫與魯叔孫氏對訟曲直，士彌牟聽其辭（註一七），亦可互證。

但卿有最後判斷權，邢侯既殺叔魚及雍子，叔向言於韓宣子（正卿），殺其生者而戮其死者。邾大夫與叔孫訟不決，士伯聽其辭，告於宣子，而後執子，可以想見。國君有時也斷獄，魯莊公說：「余聽獄雖不能察，必以情斷之。」（註一八）

我們應該注意斷獄完全是憑卿大夫的意思的，並沒有一定的法律。所以邢侯殺叔魚及雍子，韓宣子不知怎麼辦，叔向纔告以生殺死戮的辦法，這是叔向的主意，並不是根據什麼法律。

再以鄭作刑書，叔向詒子產書曰：「昔先王議事以制，不爲刑辟，懼民之有爭心也。是故閑之以義，糾之以政，行之以禮，守之以信，奉之以仁，制爲祿位以勸其從，嚴斷刑罰以威其淫。懼其未也，故誨之以忠，聳之以行，敎之以務，使之以和，臨之以敬，涖之以彊，斷之以剛，猶求聖哲之上，明察之官，忠信之長，慈惠之師。民於是乎可任使也，而不生禍亂。民知有辟，則不忌於上，並有爭心，以徵於書，而徼幸以成之，弗可爲矣。夏有亂政而作禹刑，商有亂政而作湯刑，周有亂政而作九刑，三辟之興，皆叔世也。今吾子相鄭國，作封洫，立謗政，制參辟，鑄刑書，將以靖民，不亦難乎？」（註一九）一事來看，可知是臨時斟酌罪情的輕重而定刑罰，不豫爲明文規定，至少當時的晉國及鄭未鑄刑書以前是這樣的。所以子產並不否認或駁斥叔向的話而說鑄刑書只期救世，不能計及子孫。

卿大夫於行政司法二權外，還有一項大權——兵權。第六章卿大夫有統兵一段內已經說過，卿大夫卽各軍的統帥及副佐，不必贅述。

綜上所述，卿大夫所司只是國家兵刑、發令等大政而已。眞正治理國邑，接近庶民的，決不是他們，而是另一種人。

這種人便是士之爲卿大夫邑宰、家臣，而臣於卿大夫者（大夫臣士）治理一邑，所以稱爲邑宰。他是受卿大夫指派，代表卿大夫而來的。他的職務不外乎監督農民耕作，點收田地收穫，接收人民獻納，命令及指派各種工役、兵役，以及當人民有爭執時，爲判斷曲直，加以刑罰。

趙簡子使尹鐸爲晉陽宰，尹鐸請於趙簡子曰：「以爲繭絲乎，抑爲保鄣乎？」簡子曰：「保鄣哉！」尹鐸於是損其戶數，以減其賦稅（註二〇）。可以看出當時邑宰受命於卿大夫以治其邑，徵賦役民的情形。魏戊不能斷梗陽人獄（見前）一事，可以看出邑宰有司法權。

宰雖小，爲親民之官可以確知。

第三節　庶人與政治

庶人是力役以事上的被統治階級，他們對於政治有何影響？

我們曉得四民中除了士民將來有做官的資格外，農、工、商，是絕對沒有這種機會的。士民雖然有做官的希望，但未爲士時，仍不能干預政事，所以孔子說：「不在其位，不謀其政。」（註二二）

庶人對於政事難道一點也不能參與嗎？孔子曰：「民可使由之，不可使知之。」（註二三）可見政事完全由在位者計畫施行，庶民不但不能參與，連知道也不知道，更不必說建議或請求，只是照着統治的意思，盡其責任而已。

最多的活動，不過消極的議論而已。爲政者賢明有德，不苦百姓，便歌功頌德；暴戾貪虐，以苦百姓，便謗讟怨恨。這是內心的反應，自然地出諸其口，不可遏止。詩經上有許多民歌，例如「王」，「揚之水」；「鄭」，「叔於田」，「大叔於田」；「魏」，「陟岵」，「伐檀」，「碩鼠」；「唐」，「山有樞」，「鴇羽」；「秦」，「黃鳥」；「曹」，「候人」；「豳」，「七月」；「鹿鳴之什」，「四牡」，「采薇」，「出車」，「秋杜」；「鴻雁之什」，「祈父」；「節南山之什」，「節南山」，「正月」，「十月之交」；「谷風之什」，「蓼莪」等篇都是極顯明的怨謗諷刺之詩。若據詩序，這種詩還不止於上述諸篇。

歷史上庶人歌頌毀謗的例子很多，晉惠公亡於外時，許秦及國人以賂。既入晉，皆吝而不與。輿人誦之曰：「佞之見佞，果喪其田；詐之見詐，果喪其賂。得之而狃，終逢其咎；喪田不懲，禍亂其興。」（註二三）齊景公使國惠子，高昭子立荼，而寘羣公子於萊。齊景公卒，公子嘉，公子駒，公子黔奔衞。公子鉏，公子陽生奔魯。萊人歌之曰：「景公死乎不與埋，三軍之事乎不與謀；師乎師乎，何黨之有？」（註二四）對於毫不干己的事，還要歌之誦之，何況關係民生禍福的政事？

子產初從政，庶人詛之云：「取我衣冠而褚之，取我田疇而伍之；孰殺子產，吾其與之。」（註二五）當時的人都遊於鄉校以論執政（註二六）。過了三年，人民纔看出子產的政績，民受其益。於是改變論調，誦之曰：「我有子弟，子產誨之；我有田疇，子產殖之。子產而死，誰其嗣之！」（註二七）

議論諷誦有何用處，會不會受政府的干涉及取締？這完全看政府的態度如何。召公說善爲民者，應宣之使言，不可鄣之（註二八）。鄭人遊於鄉校以論執政。然明勸子產毀鄉校以絕弊源。子產曰：「何爲？夫人朝夕退而遊焉，以議執政之善否。其所善者，吾則行之；其所惡者，吾則改之。是吾師也。若之何毀之！我聞忠善以損怨，不聞作威以防怨。豈不遽止？然猶防川，大決所犯，傷人必多，吾不克救也。不如小決使道，不如吾聞而藥之也。」（註二九）可見取締與否，全決於執政的態度。賢明如子產的，不但不以爲忤，反樂聞之。師曠說：「……善則賞之，過則匡之，患則救之，失則革之。自王以下，各有父兄子弟，以補察其政。史爲書，瞽爲詩，工誦箴諫，大夫規誨，士傳言，庶人謗。……」（註三〇）沈尹戌說：「仁者不殺人以掩謗。」（註三一）范文子說：「古之言王者，政德既成，又聽於民，……問謗譽於路，有邪而正之，盡戒之術也。」（註三二）也和子產持同樣的見解，以爲上爲不善，庶人謗之，所以相輔佐，不當遏止。另一種人便如然明一樣，用強力制止解散，甚或至如周厲王之殺民弭謗，至國人莫敢言，道路以目（註三三）。除上述兩種極端外，我想置若罔聞，我行我素的最多。

議論諷謗，有無結果很難說，這也看執政者賢明與否而定，庶人初詛子產，經過三年之久，可見詛只是詛而已，到底也沒有一人去殺子產。實際上恐怕沒有什麼效力。

然而執政者如果賢明納諫，輿論也未嘗不能影響政治。他們對於人民很看重，並不加以忽視，以爲民之所歸，必昌；民之所惡，必敗。所以書云：「吾有民有命，罔懲其侮。……天矜於民，民之所欲，天必從之。」（註三四）又云：「天視自我民視，天聽自我民聽。」（註三五）晉厲公將殺郤氏，郤錡欲攻公，郤至說：「若殺不幸，將失其民。欲安得乎？」（註三六）欒武子請伐楚。韓獻子以爲不必，說道：「民將叛之，無民孰戰？」（註三七）晉與鄭盟，辭甚要挾。知武子說：「我之不德，民將棄我。」（註三八）齊侯伐北燕，將納簡公。晏子說：「不入。燕有君矣，民不貳。」（註三九）

能以民爲重，所以賢明的卿大夫，常常納諫以從國人之意。子產以民言爲師，爲藥石，還看不出具體的事實。費無極與鄢將師是楚國的讒小，因令尹子常以殺郤宛等三族。三族皆國之良，國人哀之，凡有祭祀，莫不謗令尹。沈尹戌勸令尹除讒以息謗，子常從之，殺無極及鄢將師，而盡滅其族，以說於國。謗言乃止（註四〇）。可見大臣也顧忌民意，息謗以悅民。

陳本來是楚國的屬國，後來吳人大敗楚師，使召陳懷公改臣吳，懷公朝國人問他們的意思。想臣於楚的站在右邊；想臣於吳的，站在左邊（註四一）。則不僅顧慮民意，而且將以取決於民了。

第四節　兵制

一　人口及土地調查

人口調查是徵役的基礎，是徵兵所必備的條件。在很早的時候，周宣王敗於姜戎後，料民於太原（註四二）。許多人都以為這是歷史上調查人口，預備徵兵的第一件事。所以仲山甫諫說民不可料。但細思之實不然，仲山甫說：「夫古者不料民，而知其多少。司民協孤終，司商協民姓，司徒協旅，司寇協姦，牧協職，工協業，場協入，廩協出。是則少多、死生、出入、往來者，皆可知也。於是又審之以事，王治農於藉，蒐於農隙，耨穫亦於藉，獮於既烝，狩於畢時，是皆習民數者也，又何料焉？……」（註四三）明明說人口的數量，死生移徙，都有專官隨時登記其數。人口調查，不能說不詳細，不過注重在隨時因事而習知民數；專以調查爲目的大規模的調查，卻是不應當的。他所謂古者不料民，便是這個意思。所以他反對宣王喪師後大舉料民，大徵兵役再與姜戎決戰的舉動。幷不是說古來不注意人口調查。否則少多、死生、出入、往來之數，何以習知？而徵役何以爲標準？

管子說：「常以秋歲末之時，閱其民，案家人比地定什伍口數。別男女大小。其不爲用者，輒免之。有錮疾不可作者，疾之可省作者，半事之。並行以定甲士當被兵之數。」（註四四）人口調查，較前更周密，不但每年舉行一次，有定期。而且特別注重老幼殘弱的甄別，以爲徵兵的標準。

又據管子，於老幼孤兒都有體恤的辦法，老年七十以上，一子無徵；八十以上，二子無徵；家有三幼者，無婦徵；四幼者，盡家無徵；人養一孤兒者，一子無徵；養二孤者，二子無徵；養三孤者，盡家無徵（註四五）。

人口調查以外，土地也當詳細測量，以便測知所當出徒兵甲楯及兵車的數量。楚蔿掩爲司馬，子木使治賦而數甲兵。蔿掩於是分別測度土田、山林、藪澤、高地、鹵地、河潦、隄防、窪溼及平美之地，以量入修賦。當出多少車、多少馬、多少步兵及甲楯，都有精確的登記。調查完畢，以授子木（註四六）。

我們應當分別兵車上的甲士，及徒兵，前者都是以戰爭爲業的武士，所謂「糾糾武夫，公侯干城，……公侯好仇，……公侯腹心。」（註四七）「武夫滔滔，武夫洸洸。」（註四八）便是詠的這班人。農民只是武裝簡陋的步兵而已。他們須自備兵甲，並且有供給兵車戰馬的義務，擔負很重。蔿掩量入修賦的例證外。「我出我車，於彼牧矣，……我出我車，於彼郊矣。設此旐矣，建彼旄矣。……出車彭彭，旂旐央央。……城彼朔方，薄伐西戎。」(註四九)「既出我車，既設我旟。」(註五〇)「修爾車馬弓矢戎兵，用戒戎作，用逷蠻方。」(註五一)「王于興師，修我戈矛，與子同仇；……修我矛戟，與子偕作；……修我甲兵，與子偕行。」(註五二)及「既破我斧，又缺我斨；……既破我斧，又缺我錡；……既破我斧，又缺我銶。」(註五三)一類的詩，很可以看出人民供給車馬，及自備兵甲的情形。魯成公元年，作丘甲。穀梁云：「作，爲也，丘，爲甲也。」公羊云：「始丘使也。」便是使一丘之人，供給兵甲的實例。

供給兵車、馬匹、甲蔽的數目，據管子：方六里爲一乘之地，出車一乘，馬四匹。一匹馬有七甲五蔽，四馬便有二十八甲，二十蔽(註五四)。

二　鄉邑及軍隊組織

人口土地，調查完竣以後，爲了徵役出車，及易於統率指揮，迅於出動起見；那麼，將國家劃成許多行政單位，是不可避免的要圖。

第一步當然是鄉鄙或市野的劃分，居於鄙的百工商賈，沒有兵役的義務，所以不當

混雜在一起。第二步便各爲置長，以相統率，據管子：（註五五）

鄙的組織

屬	鄉	率	邑	軌
3鄉	10率	10邑	6軌	
9,000家	3,000家	300家	30家	5家
帥	人良	長率	司邑	長軌

鄉的組織

帥	鄉	連	里	軌
3鄉	10連	4里	10軌	
6,000家	2,000家	200家	50家	5家
	人良	長連	司里	長軌

鄉鄙有一共同點：都以五家爲伍，都有鄉的組織，雖然二者的家數不同。全國一共有二十一個鄉；士農之鄉十五，商工之鄉六。

基於農民的，鄉邑組織，於是更進而成軍隊組織。

鄉的組織

軌	里	連	鄉	帥
	10軌	4里	10連	3鄉
5家	50家	200家	2,000家	6,000家
軌長	里司	連長	良人	帥

軍的組織

伍	小戎	卒	旅	師（5鄉）
5人	50人	200人	2,000人	10,000人
軌長	里司	連長	良人	帥

這便是管子所說的：「作內政而寓軍令，……百姓通於軍事。」軌、里、連、鄉、帥是鄉邑的組織；軌長、里司、連長、良人及帥是平時的鄉長。到了操練及出戰時，便

成了伍、小戎、卒、旅、師等軍隊的組織；而軌長、里司、連長、良人及帥，成爲率軍出令的將官。前者是鄉的組織，所以以「家」爲單位；後者是軍的組織，所以以「人」爲單位。一家出一人，五家出五人，五十家出五十人，以此類推。

這裏有一點應該加以解釋的。三鄉有帥，有六千家，何以師有五鄉，而成一萬人？我想三必爲五之誤，這是我國數字中最易誤寫的。如果我們將管氏該篇的全文細讀，逐一核算，便可以相信我不是隨意說的了。試看制國以爲二十一鄉，士農之鄉居十五，五鄉爲一師，十五鄉豈不是三軍，三萬人？

管子外只有周禮「夏官司馬」有軍數的記載，我們不妨比較一下。

可以看出伍、卒、旅、師、軍等名稱，是當時適用的。「兩」「里」音似，大約本是一字。

所不同者，周以五進爲單位，而齊除軍外，都以十進爲單位。但實際上一軍的人數差不多，相差二千五百人而已。

周制

軍	師	旅	卒	兩	伍
5師	5旅	5卒	5兩	5伍	
12,500人	2,500人	500人	100人	25人	5人

齊制

軍(師)	旅	卒	里	伍
5旅	10卒	10里	10伍	
10,000人	2,000人	200人	50人	5人

在這裏，我應當再鄭重的聲明一下：古書上數字的記載最不可靠。只可藉供參考，

藉供比較，讀者若過認眞，便上了古書的當了。

三　各國軍數

天子有六軍（註五六），以萬人爲軍，則王室共有兵六萬人。如以萬二千五百人爲軍，則共有七萬五千人。

諸侯的軍數是按着爵位、國土大小而不同的。爵高國大，軍隊越多。據左氏及周禮，諸侯的軍數有三種：大國三軍，半天子之數；次國二軍；小國一軍（註五七）。大國、次國、小國以何爲標準？在第二章中我已經說過，諸侯的爵位雖有五等，但封土只有三種，公侯同一位，伯一位，子男同一位。此處的解釋亦如此。軍隊數因人民多寡而不同，人民的多寡，又因土地大小而不同，成正比例。公侯同爲大國，軍數自當相同，子男同爲小國，軍數自也當相同。

我們應以事實來證明以上所說。

宋是公爵，襄公及楚戰於泓之役，因不重傷，不禽二毛的原故，大敗。子魚大不以爲然。說道：「三軍以利用也……利而用之，阻隘可也。」（註五八）可見宋爲三軍。晉爲侯爵，本來只應有三軍，但爲了想以兵多而強，雖不敢久僭天子六軍，卻增新軍而爲四軍。所以子展說晉「四軍無闕，八卿和睦。」（註五九）到了魯襄公十四年，晉師伐秦歸，晉侯舍新軍，仍爲上中下三軍。左丘明譽之曰：「禮也。成國不過半天子之軍，周爲六軍，諸侯之大者，三軍可也。」（註六〇）

以上所述，足證公侯同爲三軍。

我們從晉爲四軍的例子，可以曉得春秋時代諸侯多擴張軍備，以侵伐他國，並不依制爲軍。楚爲子爵，是小國，只應有一軍，卻有右師，左師兩軍（註六一）。晉只應有三軍，不但曾爲四軍，且曾爲五軍（註六二），爲六軍（註六三）。

與擴張軍備相反的，又有較法定軍數爲少的例子，這或者由於國家貧弱，不欲多爲兵甲，或者由於卿大夫想卑公室的野心。前者如同晉可爲三軍，但獻公時代只有上下二軍（註六四）。後者如魯本爲三軍，季孫舍中軍以卑公室，便只有二軍了（註六五）。

這些反常的例子，最使人困惑，如果不經左丘明指出晉舍新軍而復爲三軍的合於禮，並指出大國多少軍，次國多少軍，小國多少軍，我們怎敢斷定各國所應有的合法軍數？所以我們討論軍數時，千萬不要以反常的例子爲根據，而自尋困惑。

在結束這一節前，我們應當說說各軍的統率問題。

小國一軍，只有一統將，問題最簡單。

二軍有二統將，誰是主帥？晉侯作二軍，自將上軍，而以太子申生將下軍（註六六）。楚令尹子木伐舒鳩人，自以右師先，子彊、息桓、子捷、子駢、子孟帥左師以退（註六七）。可見是以上軍或右師之將爲總帥，以統下軍或左師的。

三軍有三統將，誰是主帥？晉作三軍，謀元帥，趙衰薦郤縠，使將中軍（註六八）。荀林父將中軍，救鄭。彘子不用命，以其部濟河，韓厥對林父云：「彘子以偏師陷，子罪大矣！子爲元帥，師不用命，誰之罪也？」（註六九）鞌之戰，郤克將中軍，張侯說以「三軍之心，在此車也。」（註七〇）既克齊師，郤獻子（將中軍）見公，晉侯勞之曰：

「子之力也夫！」對曰：「克以軍命命三軍之士，三軍之士用命，克也何力之有焉？」范文子（將上軍）見公，公曰：「子之力也夫！」對曰：「燮也受命於中軍，以命上軍之士，上軍之士用命，燮也何力之有焉？」欒武子（將下軍）見公，公曰：「子之力也夫！」對曰：「書也受命於上軍，以命下軍之士，下軍之士用命，書也何力之有焉？」（註七一）俱可見中軍之將是總帥，以命令三軍，上軍受命於中軍，下軍受命於上軍，依次以相統率。

晉國曾有一時期僭用四軍，於三軍之外，又作新軍，仍是以中軍爲主將，而以新軍從於下軍（註七二）。

天子六軍，除中軍、右軍、左軍外，其餘三軍不詳，也是以中軍爲總帥的。所以桓王以諸侯伐鄭，以虢公林父將右軍周公黑肩將左軍，而王自將中軍（註七三）。

總帥的地位極高，威權極重，在朝廷中他是秉執國政的正卿（詳第六章）。行軍作戰時他是統率各軍指揮進退的主將，所謂「出將入相」，用來形容他，最爲妥切。

所以戰時他的位置極其重要。他所乘的戰車，便是全軍的司令臺。表示進退左右符號的旗、鼓、鑼（註七四），都歸他掌執（註七五）。車上除了他，還有二人，一個是御者，居中以御馬。另外還有一人立於車右，任推車等役。主將站在車左（註七六）。令軍後退，便擊鑼爲號，令軍前進，便擊鼓爲號。鼓音越急，他的御者鞭馬急馳，其餘全軍的兵車，步卒，聽見急促的鼓聲，便隨着中軍車上的帥旂，忽東忽西的追隨着。馬逸、車馳、人奔，不能停遏。越是得勝，鼓聲越急，也越追得起勁，不聽見鳴金的聲音，是不會停止或後退的（註七七）。

四　操閱

兵農不分，所以平時的訓練檢閱，都須以利用農隙，不妨農事爲原則。這些訓練在古代稱爲「蒐」、「苗」、「獮」、「狩」，是利用田獵以習騎射而熟武事的。一年有幾次田獵，便有幾次操閱的機會。據左氏記臧僖伯語，及穀梁氏俱云春夏秋冬各舉行一次，但名稱稍有不同。左氏云春蒐、夏苗、秋獮、冬狩（註七八）。穀梁則云春曰「田」，夏曰「苗」，秋曰「蒐」，冬曰「狩」（註七九）。據仲山甫及公羊所說，則一年只有春秋冬三次，仲山甫稱春田爲「蒐」，秋爲「獮」，冬爲「狩」（註八〇），和爾雅所釋相同（註八一）。公羊稱春田爲苗，秋爲蒐，冬爲狩（註八二）。名辭上稍有不同。

還有人以爲一年只有二次的，管子說：「春以田爲蒐，振旅；秋以田曰獮，治兵。」（註八三）

不但各家所說田獵的次數不同，而且時間及名稱也有相當的差異。有以「蒐」爲春田，有以「蒐」爲秋田，這還沒有多大關係。最要緊的是或云春夏秋冬，或云春秋冬，或云春秋，各不相同。

想從以上的材料去斷定誰是誰非，極困難，最好還是春秋上去找實例來證明：

春

春正月，公狩於郎。——桓四。

大蒐於昌間。——昭二二。

春西狩獲麟。——哀一四。

夏

大蒐於比蒲。——昭一一。

大蒐於比蒲。——定一三。

秋

八月壬午，大閱。——桓六。

秋，蒐於紅。——昭八。

大蒐於比蒲。——定一四。

冬

冬，公及齊人狩於郜。——莊四。

天王狩於河陽。——僖二八。

條引的結果，名辭及時間仍然不一致，不能予我們以正確的指示。春夏秋俱有蒐，春冬俱有狩，何故？似乎蒐狩的名辭，在當時並沒有嚴格的規定。所以春秋如此，而前述各家所用名辭也互不相同。

但四時俱有田獵，卻是可信的事實，與左氏穀梁所云相合。大約總以不害農事爲範圍。所以臧僖伯說：「春蒐、夏苗、秋獮、冬狩，皆於農隙。」（註八四）不過春夏農忙，田獵時日必短，而秋收以後，以至冬日，正是無事之時，田獵時期必較長，而操閱的意義也較重大。所以管子說役的時日，春夏秋俱只十日，不害耕芸，收斂；冬二十日，不害除田（註八五）。更可想見。穀梁也說：

「秋蒐於紅，正也。因蒐狩以習用武事，禮之大者也。艾蘭以爲防。置旃以爲轅門。以葛覆質以爲槷。流旁握。御轚者不得入。車軌塵。馬候蹄。掩禽旅。御者不失其馳，然後射者能中。過防弗逐，不從奔之道也。面傷不獻，不成禽不獻。禽雖多，天子取三十焉，其餘與士衆。以習射於射宮。射而中，田不得禽則得禽。田得禽而射

不中，則不得禽。是以知古之貴仁義而賤勇力也。」（註八六）

這一段話不但可以看出秋蒐冬狩的重要，並且可以看出當時騎射田獵操演的情形。

第五節 財 用

講到國家的財政制度，史料是非常缺乏的。我們只能就所知者加以描寫。國家的收入，最主要的部分是農民勤耕所納米粟，是食的來源。這些米粟的數量極豐富。管子所云一年之耕可以供給五年甚至六年的食料的話（註八七），自是誇張不實。大約耕者所獲，三年之耕，除去食用外，必有一年之積；九年之耕，必有三年之積（註八八）。天災不常，年成不好，便有饑荒的危險，爲預防計，自不得不有藏儲計劃。尤其是山地低地最易受災，所以「山處之國，常藏穀三分之一；氾下多水之國，常操國穀三分之一；山地分之國，常藏十分之三；水泉之所傷，水洪之國，常藏十分之二；漏壤之國，僅下諸侯之五穀，與工雕文梓器以下天下之五穀。」（註八九）

此外各縣邑州里，也必有所藏儲。所以管子說：「彼守國者，守穀而已矣。曰某縣之壤廣若干，某縣之壤狹若干，則必積委幣；於是縣州里受公錢，春秋國穀去三之一。君下令謂郡縣屬大夫，里邑皆藉粟入若干。穀重一也，以藏於上者，國穀三分則三分在上矣。」（註九〇）

王者每歲藏儲全部收成的三分之一（註九一），以備不虞。

國家蓄穀，可以支持若干年？當時人的意見：國無九年之蓄，曰「不足」，無六年之蓄，曰「急」，無三年之蓄，曰「國非其國」。三年蓄實是最低的限度（註九二）。有了三年之蓄，年成稍壞也可以豐年補救，不外求而上下皆足。卽便連遇凶年，也勉強對付過去。若國無儲積，一有災禍，自必成饑。魯莊公二十八年，魯饑，臧孫辰告糴於齊。君子非而譏之（註九三），便是這個道理。

食糧而外，一年四次大規模的田獵（見前），也是主要食料之一。除了供天子諸侯的食用外，還用以供給祭祀及宴享之用（註九四）。當時祭祀宴享之繁多，君食之豐盛，在在可以使我們想像每次田獵所獲數量之多，及儲以待用的情形。

國家對於天然財富的專利，使國庫非常之充足。在齊國，山林之木，澤之萑蒲，藪之薪蒸，海之鹽蜃，都是國有的，分別由衡鹿、舟鮫、虞候、祈望等官監守之（註九五）。單以鹽一項而論，齊國是濱海之區，產鹽極富，而鹽又是人人每日所必需的，在「北海之衆，毋得聚庸而煑鹽」（註九六）禁令之下，國家所得鹽利，其數必甚可觀。

礦也是國家所有的，按齊國的法令，無論金、銀、銅、鐵、鉛、丹沙及磁石，都封而爲禁，有動封山者死罪。左足入，斷左足；右足入，斷右足（註九七）。這是何等嚴峻的法令？這些礦物除了製造用器外，最重要的便是用以鑄造戈矛等兵器，及刀幣（註九八）。是國家富強之源，難怪其如此重視！

此外，關市之稅，也是國家收入之一。從字面上來講，關和市似有分別。所謂「市廛而不稅，關譏而不征。」（註九九）可以爲證。但實際上並不如此。在周代關稅和市稅是沒有什麼分別的。商屬於官府，專爲貴族搜求四方的奇珍異寶，國內並無爲人民而設的市場，自無市稅可言。只有二國交界處纔設關以徵收他國商旅之稅（見第五章第五節）。所以關市無別，並稱曰「關市之征」，或「關市之賦」（註一〇〇）。

關市稅率是多少？在春秋戰國時代，國君的橫征暴斂，似乎是很普偏的。關稅自不免於過苛。齊桓公弛關市之征，猶五十而取一（註一〇一），若不弛，將如何？晏子譏齊，「縣鄙之人，入從其政。偪介之關，暴征其私。」（註一〇二）荀子慨云：「今之世則不然，苛關市之征以難其事。」（註一〇三）可以概見。所以當時所標榜的仁政，多以減輕關稅爲口號。例如晉文公之「輕關易道」（註一〇四）。甚至想徹底解決，如晏子之請齊景公「毀關去禁。」（註一〇五）孟子之譏戴盈之不能卽時「去關市之征」？（註一〇六）但有一點不可忽略。因爲關是設於國都的。關的數目決不會很多。仲尼稱臧文仲置六關爲不仁。魯有六關，已爲不仁，可以想見（註一〇七）。

一國的關口，如此有限，又在減輕和廢除的要求之下，除非是橫征暴斂，關稅額似乎不會很多的。

【注釋】

註一　左，隱九。

註二　同上，桓五。

註三　同上，定四。

註四　同上，文三。

註五　史記，六，「秦始皇本紀」。

註六　Marcel Granet, Chinese Civilization, translated by Kathleen E. Innes and Mabel R. Brailsford, Regan Paul, Lond, 1930, p. 104.

註七　「秦始皇本紀」。

註八　左，襄一五。

註九　同上，一四。

註一〇　同上，昭七。

註一一　同上，隱五。

註一二　同上，襄一四。

註一三　同上，昭一六。

註一四　同上，二八。

註一五　晏子春秋，一，「景公藉重而獄多欲託晏子晏子諫第一」。

註一六　國語，「晉語九」。

註一七　左，昭二三。

註一八　國語，「魯語上」，參看左，莊一〇。

註一九　左，昭六。

註二〇　「晉語九」。

註二一　論語，「泰伯」。

註二二　同上。

註二三　「晉語三」。

註二四　左，哀五。

註二五　同上，襄三〇。

註二六　同上，三一。

註二七　同上，三〇。

註二八 國語，「周語上」；史記，四，「周本紀」。
註二九 左，襄三一。
註三〇 同上，一四。
註三一 同上，昭二〇。
註三二 「晉語六」。
註三三 「周語上」；「周本紀」。
註三四 書，「周書」，「泰誓上」。
註三五 「泰誓中」。
註三六 左，成一七。
註三七 同上，一五。
註三八 同上，襄九。
註三九 同上，昭六。
註四〇 同上，二七。
註四一 同上，哀元。
註四二 「周語上」；「周本紀」。

註四三　「周語上」。
註四四　管子，一八，「度地第五十七」。
註四五　同上，「入國第五十四」。
註四六　左，襄二五。
註四七　詩，「周南」，「兔罝」。
註四八　同上，「大雅」，「蕩之什」，「江漢」。
註四九　同上，「小雅」，「鹿鳴之什」，「出車」。
註五〇　「江漢」。
註五一　「蕩之什」，「抑」。
註五二　詩，「秦」，「無衣」。
註五三　同上，「豳」，「破斧」。
註五四　管子，一，「乘馬第五」，「士農工商」。
註五五　同上，八，「小匡第二十」。
註五六　「成國不過半天子軍，周爲六軍，諸侯之大者，三軍可也。」——左，襄四一。
「王六軍」。——周禮，「夏官司馬」。

註五七　同上。

註五八　左，襄二三。

註五九　同上，八。

註六〇　同上，一四。

註六一　同上，二四。

註六二　晉文公八年，作五軍以禦狄。（左，僖三一）晉襄公五年，始舍二軍，仍爲三軍。（同上，文六）據「晉語四」，五軍者，於中軍、上軍、下軍外，加新上軍，新下軍。

註六三　左，成三。

註六四　同上，閔元。

註六五　同上，昭五。

註六六　同上，閔元。

註六七　同上，襄二五。

註六八　同上，僖三七。

註六九　同上，宣三。

註七〇　同上，成二。

註七一　「晉語四」；參看左，成二。

註七二　左，襄一三。

註七三　同上，桓五。

註七四　「三官：一曰鼓，所以任也，所以起也，所以進也；二曰金，所以坐也，所以退也，所以免也；三曰旗，所以立兵也，所以利兵也。所以偃兵也。」——管子，六，「兵法第十七」。

註七五　張侯御郤克，郤克傷於矢。張侯曰：「三軍之心，在此車也，其耳目在于旗鼓。」——「晉語五」。參看左，成公二年。

註七六　韓厥是司馬。伐齊之前，夢見他的父親告訴他戰時莫站在車左或車右。所以他居中而御馬以追齊侯。齊侯的御者說：「射其御者，君子也。」齊侯說：「謂之君子而射之，非禮也。」於是射立於韓厥之左者，繼又射立於其右者。（左，成二）可見御者是居中而御的。

立於車右所以曰「爲右」。齊、晉，鞌之戰，邴夏御齊侯，逢丑父爲右。晉解張御郤克，鄭丘緩爲右。交戰時苟有險，緩必下推車。齊侯敗走，逢丑父爲蛇所傷，不能推車，所以被晉兵追及（左，成二）一事，可以看出車右是幫助戎車前進的，時下推車。

註七七　參看左，成二；「晉語五」，郤克鼓以敗齊師事。

又左，莊一〇，長勺之戰，莊公親鼓以馳齊師事。

註七八　左，隱五。

註七九　穀梁，桓四。

註八〇　「周語上」。

註八一　爾雅，「釋天」。

註八二　公羊，桓四。

註八三　「小匡第二十」。

註八四　左，隱五。

註八五　管子，二，「山國軌第十四」。

註八六　穀梁，昭八。

註八七　管子，二三，「揆度第七十八」。

註八八　禮記，「王制」。

註八九　管子，二三，「山至數第七十六」。

註九〇　同上。

註九一 同上，「山權數第七十五」。

註九二 公羊、穀梁，莊二八；「王制」。

註九三 同上，莊二八。

註九四 同上，桓四。

註九五 晏子春秋，「景公有疾梁丘據裔款請誅祝史晏子諫第七」；左，昭二〇。

註九六 管子，二三，「地數第七十七」。

註九七 同上。

註九八 「戈矛之所發，刀幣之所起也。」——同上。

註九九 「王制」。

註一〇〇 「桓公踐位十九年，弛關市之征。」——管子，七，「大匡第十八」。
「戴盈之曰，什一，去關市之征。……」——孟子，「滕文公下」。
「大宰之職，……以九賦斂財賄，七曰關市之賦，……」——周禮，「天官冢宰」，「大宰」。
關市的分離，市有市稅，大約是商業的需要普遍及於平民，商業資本發達，商人階級脫離貴族的養畜及掌握，而自由交易謀利以後的事。管子所謂「市賦百取二，關賦百取一。」（卷三，「幼官第八」）就是說的關市分別徵稅以後的事。管子一書，眞僞互雜，有的是春秋時代的事，有的便是戰國周末的事。（所以杜佑云：「其書載管仲將歿，對桓公之語，疑爲後人續之。」葉正則亦云：「管子非一人之筆，亦非一時之書。」姚際恆云：「大抵參入者，皆戰國周末之人。」——見姚際恆，古今僞書考）引用材料時，不可不加以愼重。「大匡」一篇，既言桓公之時，關市之征，五十而取一。當仍從此說。

註一〇一　「大匡第一八」。

註一〇二　左，昭二〇。

註一〇三　荀子，「富國篇」。

註一〇四　「晉語四」。

註一〇五　左，昭二〇。

註一〇六　「滕文公下」。

註一〇七　事見左，文二年，原文爲「廢六關。」高耘暉，「春秋時代的財政狀況。」食貨，四卷六期，引孔子家語，證明左傳誤「置」爲「廢」。以家語證左傳，方法上雖不無可議。但揆之情理，廢字實講不通。臧氏廢關爲不仁，則晏子、孟子之請毀關無征，俱不得爲仁了。

第八章 封建的崩潰

講完了正常的封建社會，在結束全文以前，似乎應當再將封建崩潰的程序描寫一下。

第一節 階級的破壞

封建社會中階級的存在，及階級間下對於上的服從，是必備的條件，是研究封建社會者所不可忽略的一重要社會現象。

到了春秋時代，這種關係已經逐漸的發生了動搖，階級關係已經不很固定，人們只要有本事，可以從這階級跳躍到另一個階級去。以小凌大的事情，公然的一一演出，無從制止。

先以天子而論，他原是君天下，奄有天下土地人民，至尊無上，無可匹敵的一人。然而王室衰微，他的威風已經掃地，而成了倚靠諸侯，乞憐於諸侯，可憐的人了。天子諸侯間正常的關係蕩然無存。

貢賦本是諸侯對天子重要義務之一，然而怎樣？楚人不貢包茅（註一）。魯人不納貢賦，致使天子遣人來求（註二）。

役也是諸侯應盡的義務。敬王時爲了想城成周，遣使臣到晉國去勸請晉侯合諸侯，纔蒙晉人答應，其餘各國諸侯受了晉國的命令，纔來受役（註三）。天子蒙塵在外，諸侯應如何的以迅捷的手段平定王室之亂？然而事實如何？襄王出奔鄭。秦、晉陳兵河上，稽延不動。晉侯爲了以勤王爲要名召諸侯的野心，纔從狐偃之諫，送襄王返於王城（註四）。敬王出奔狄泉，各國無一勤王者。晉國雖然因鄭子大叔的諷勸，徵會於諸侯。然而一再遷延，先約他國明年派遣代表開會討論。相會的結果，又以明年爲出師之期。各國兵強力足，一戰而克，並非有所恐懼，卻這樣的不當回事，使敬王蒙塵在外達四年之久（註五）。

諸侯按時朝聘述職，是王室的規定。桓王三年，鄭伯如周始朝王。王不禮。周桓公言於王曰：「我周之東遷，晉、鄭焉依。善鄭以勸來者，猶懼不蔇，況不禮焉？鄭不來矣。」（註六）從這一段話中，可以看出春秋初年（隱公六年）除了晉、鄭兩兄弟之國外，他國早已不朝，自此以後，鄭大概也不來了。

諸侯的軍制，公侯三軍，伯二軍，子男一軍，只有天子可以有六軍，規制甚嚴。但考之史實，卻不盡然，晉只應有三軍，可是曾經加爲四軍（註七），五軍（註八），有一時期，且曾與天子相等而作六軍（註九）。

當時各國野心勃勃，莫不擴張軍備，尤其是欲爲大國以爲盟主，非有充實的兵力不可。軍備擴張的結果，遂致強者愈強，弱者愈弱，討伐相乘（註一〇），會盟不已（註一一），而王不能制。

至於僭用天子禮儀服飾，更難勝數。楚、吳、越、齊、秦等國先後僭稱爲王（註一二）。秦作西畤，祭上帝（註一三）。魯行郊禮（註一四），設兩觀，乘大路，朱干玉戚，以舞大夏，八佾以舞大武（註一五）。秦、晉等大國使小國來朝覲（註一六），受職（註一七），且納貢賦（註一八）。儼同天子。

諸侯的勢力越來越擴大，天子的地位越可憐。侮辱天子使臣（註一九），甚至公然以兵圍天子邑（註二〇），以兵與王師對抗，大敗王師，而殺傷天子（註二一）。

到了赧王時代，東西周分治後（註二二），天子越可憐了。秦攻韓，楚救之，周既畏於韓、楚，又畏於秦，亦出兵。楚國以為周助秦，將以兵伐周。周室大恐，遣蘇代為說客，詣楚，稱王道周為楚之意（註二三）。韓徵甲與粟於東周，東周君恐，請蘇代說韓（註二四）。秦攻周，周最說秦王不攻周（註二五）。當時周室衰弱已極，只能以遊說阻各國之攻取，苟存的情形如畫。

是這樣苟延殘喘的支持着，終於東西周俱為秦所滅（註二六）。

以上是諸侯僭於天子，天子不能制的情形。我們曉得階級破壞的程度尚不止此。卿大夫的勢力也在日益擴張，而逐漸的淩於諸侯。王叔陳生與伯輿爭政，王右伯輿。王叔陳生怒，而出奔，及河，王復之，殺史狡以說焉。仍不入，至勞晉侯使士匄平王室，聽二人之訟，以斷曲直（註二七）。王室大夫跋扈不臣，天子不能令的情形如畫。

各國諸侯的卿大夫更其橫行無忌。僭用國君的禮制服飾，只是小焉者而已。賢如管仲猶不免樹塞門而有反坫（註二八），何況他人？齊國的度量衡制，四升爲豆，四豆爲區，四區爲釜，十釜爲鐘。陳氏大之，以五升爲豆，五豆爲區，五區爲釜。以家量貸穀與人，而以公量收之（註二九）。竟可以不顧國家的制度，而自爲制。

當時擅自爲政，毫不受命，各國大夫相與私盟之下，便可以定國際的局面，權大可知。鄭人請師於邾，邾子私於魯公子豫。公子豫請往，公弗許；不聽而行，與邾人鄭人盟於翼。所以左氏云：「不書，非公命也。」（註三〇）叔孫豹及諸侯大夫及陳袁僑盟。

穀梁云：「大夫相與私盟，是大夫張也。故鷄澤之會，諸侯始失正矣，大夫執國權。」（註三一）

卿大夫執國權，所以能巡行代表國家。溴梁之會，魯侯、晉侯、宋公、衞侯、鄭伯、曹伯、莒子、邾婁子、薛伯、杞伯、小邾婁子都在會，而春秋言大夫盟，就是政由大夫的表示。所以公羊云：「諸侯皆在是，言大夫盟何？信在大夫也。何言乎信在大夫？徧刺天下之大夫也。曷爲徧刺天下之大夫？夫君若贅旒然。」（註三二）

不但專權擅政，就是國君的廢立，他們也能干涉，眞是內可以專嗣君之廢立。晉獻公薨，里克連殺奚齊及公子卓（註三三）。丕鄭使屠岸夷告公子重耳於狄，請納公子。同時呂甥及郤稱也使蒲城午告夷吾於梁，使厚賂秦以求入，而爲之內應（註三四）。齊田乞以兵攻公宮，而與大人盟立悼公。田常弒簡公而立平公。田乞弒荼而立陽生（註三五）。便是這一類故事。

卿大夫如此權重，國君不能指揮，是必然的結果。爲了取信於臣下，鄭伯至與其大夫相盟（註三六）。甚至君與大夫交訟，而君敗。衞侯與元垣訟於晉。寧武子爲輔，鍼莊子爲坐，士榮爲大士。衞侯不勝，殺士榮，刖鍼莊子。晉人於是執衞侯而歸之於京師，寘諸深宮。元垣歸衞而立公子瑕（註三七）。

變本加厲，於是臣逐君，及弑君的事，層出不窮。昭公因討季孫不成，出奔齊，處外七年，卒於乾侯，終不得入。中間齊侯、晉侯雖曾想助昭公歸魯，但大國大夫受季孫之賂，私爲維護，而陰阻其事，是以不成。晉范獻子公然說季氏不但無罪，而且得天之贊，得民之助（註三八）。季孫竟得安然無事。弑君例子更多，見於春秋者凡十一（註三九）。戰國以後此風更熾，毫不以爲怪。田常殺簡公，安然爲相。太史公所謂「諸侯晏然弗討」（註四〇）者是。

卿大夫強到極點，便不止於弑一君，而老實不客氣的分裂公室了。魯初作中軍，季氏、孟氏、叔孫氏各有其一。季氏盡征之，叔孫氏臣其子弟，孟氏取其半。昭公五年，爲了卑公室，舍去中軍，四分公室，季孫取二，孟孫、叔孫各取其一，皆盡征之，而貢於公（註四一）。

晉六卿欲弱公室，以法盡滅晉之宗家，分其邑爲十縣，各令其子爲大夫，於是晉益弱，而六卿皆大（註四二）。

然而卿大夫的慾望是不會滿足的，無論他們怎樣的富強權重，公室怎樣的卑弱，除非他們代有諸侯的地位。這最後一幕，當時的諸侯也不是麻木不仁毫無感覺的。不過他們知道反抗也是無用的，所以只得聽憑命運的降臨。有那稍爲有些血氣的諸侯，不甘心俯首受宰割，他們便努力地設法自強以去權臣。然而一方面積弱已深，一方面積強已久，覺悟的已經太晚了，終於無濟於事，使他們齎志以歿。

魯國三桓專政，孔子爲政時，便蓄意去之。言於定公，使仲由毀三桓城，而收其甲兵。叔孫氏先墮郈。季氏費城經武力也終於克復。只有孟氏最強，以兵伐之不勝而罷（註四三）。孔子相魯成績卓著，也不能貫徹其君君臣臣的主張，而無可如何。哀公時也曾因爲不堪三桓之逼，欲勾結越國以伐三桓，不料事機不密，援兵未至，先被三桓所攻，而亡在外。未幾，國人迎歸而卒（註四四）。

在晉國，出公也因知伯，及韓、趙、魏三家太強，任意分公室，分別約齊、魯以伐之。四卿先反而攻公，公奔齊，薨於道。知伯立哀公，而政皆決於己，哀公只是名義上的傀儡而已（註四五）。

本國的兵力完全在卿大夫手裏，所以只有乞外援的一辦法，然而這時各國國君正自同病相憐，各國卿大夫同惡互濟，各相維護，怎能出兵相助？而且卿大夫的心腹密布，往往國書未發，使臣未行，卿大夫的兵卒已環攻公宮了。

經過幾度的肅清運動，這些失敗的例子，使各國諸侯再也不敢妄動，而自取其禍。卿大夫方面也因此而曉得公室的卑弱無用，益發的肆無忌憚了。一天一天的過去，國君方面越來越柔弱可憐，卿大夫方面，越來越強橫無忌，毫不相讓，最後的一幕終於揭開了。

魯悼公時三桓極盛，政出於三桓之家，魯君反如小侯，恭謹聽命，一反君臣之禮

（註四六）。然而魯君仍不失其君位，與晉侯、齊侯相較，已經是幸運的了。

韓、趙、魏三家殺了知伯以後，權勢更大，幽公時晉只有曲沃一地，餘皆入於三家。公室可憐之至，反執臣禮而朝於三家。當時不但各國不以爲怪，連周威烈王也畏其聲勢，而皆賜爲諸侯。到了靜公二年，魏武侯、韓哀侯、趙敬侯終於滅晉而三分其地，後各自成國，皆爲王（註四七）。

齊田氏到了田常的曾孫田和時代，也就結束了齊侯的命運。他做了諸侯還不自足，終於遷康公於海濱，而已代立，稱爲威王（註四八）。

以上是卿大夫僭於諸侯，逐漸的權勢日張，毀滅公室的情形。

然而還不止於此，如同螳螂之後還有黃雀一樣，宰臣正伺於卿大夫之後，以待機會呢。等到宰臣的勢力養成了，也就毫不客氣的以卿大夫待諸侯之道而待卿大夫，僭凌無所不至了。季氏在魯國的聲勢可謂首屈一指，無可比擬了。然而險些被宰臣陽虎所殺，可見一斑。陽虎不過是一微臣而已，然而竊國寶（註四九），專國邑（註五〇）。季氏雖專魯，而陽虎又專季氏（註五一）。季氏過衞，陽虎必使從南門入，從東門出。季桓子如晉，陽虎強使孟懿子往報夫人之幣（註五二）。二子不敢違。其聲勢浩大，已非尋常。而且敢於盟魯侯及三桓於周社，盟國人於亳社（註五三）。後來陽虎欲盡廢三桓的嫡子，而立其所善庶子以代之，拘囚季孫將殺之。臨南救季氏，纔免於難。以三桓之兵力共攻陽虎，陽虎奔齊（註五四）。

家臣凌主，專廢立，任意刑殺侵凌跋扈的情形，陽虎不過一例而已。

以上所述諸侯僭於天子，卿大夫僭於諸侯，家臣僭於卿大夫的情形。孔子說：「天下有道，則禮樂征伐自天子出，天下無道，則禮樂征伐自諸侯出。自諸侯出蓋十世希不失矣；自大夫出，五世希不失矣；陪臣執國命，三世希不失矣。」（註五五）便是因當時上下無禮，君不君臣不臣的情形而發的牢騷。

諸侯卿大夫家臣所以能專權而侵凌其上的過程很簡單。天子虛領天下，不親政事，所以爲諸侯所乘。諸侯雖較天子親政事，然而不如卿大夫，所以實權操之於卿大夫手。

至於眞的和庶人接近，治理賦役的，還是卿大夫的家臣邑宰，所以後來他們權重大，侵凌乎卿大夫之上。不過家臣所治者不過一家一邑，勢力不很大，所以難於成功而專執國政。

從諸侯卿大夫宰臣專權的年代看來，我們可以看出其發展爲直線的。最初只有少數大國諸侯，如齊桓、宋襄、晉文、秦穆、楚莊等敢專征伐盟會，以爲霸主，然而多少仍有些顧忌依然稱臣盡禮。——至少是表面上的，所以齊桓受胙，天子雖命無下拜，而不敢不拜（註五六）。晉文公請隧，王弗許，便不敢再以爲請（註五七）。至於其他小國，當然更不敢反抗或侮辱王室了。到第二階段，便所有的諸侯都不聽命於王室了。小國臣於大國，朝而納貢給役，大國儼然代替了天子的地位。再後，纔入於卿大夫專政，而諸侯卑弱的階段。孟子說：「五霸者三王之罪人也，今之諸侯五霸之罪人也，今之大夫，今之諸侯之罪人也。」（註五八）很可以代表此中情況。孔子云：「祿之去公室五世矣，政逮於大夫四世矣。」（註五九）可見大夫專權在孔子時代不過四世，至於宰臣執權，更在卿大夫專政之後了。

第二節　諸侯間的兼併

我們千萬不要忽略了戰爭對於封建崩潰過程的加速。

在春秋時代，二百四十二年中，諸侯間的戰伐侵襲的頻繁已經到了可驚的數目——二百九十七次（註六〇）。春秋而後一直到秦併六國止，其風更熾，所以以「戰國」名。戰爭怎樣加強封建崩潰？我們應當首先分別，春秋時代與戰國時代戰爭之不同。

在春秋時代戰爭的結果可分三類：

一、遷　遷的意思，據公羊云：「遷之者？取之也。……」又云：「遷之者何？不通也，以地還之也。子沈子曰：『不通者，蓋因而臣之也。』」（註六一）穀梁云：「遷亡辭也。其不地，宿不復見也。遷者猶未失其國以往者也。」又云：「遷者，猶得其國家以往者也。邢復見也。」（註六二）可以看出來只是將其人民遷於他地，雖爲臣還未失其國。邢爲狄人所攻，齊師救之，令邢人各攜其器用而遷於夷儀（註六三）。許靈公畏偪於鄭，請遷於楚，楚人遷許於葉（註六四）。楚公子棄疾遷許於夷（卽城父），取州來淮北之田以益之。伍舉授許男地。然丹遷城父人於陳，以夷濮西田益之，遷方城外人於許（註六五）等例。都可以看出是弱國不能自保，因而自請遷於大國，以求保護。雖失原地，仍保其君位，而受新地。

除請遷而外，也有被人強遷的。如宋人遷宿（註六六），齊師遷紀國郱、鄑、郚三邑之民，而取其地（註六七）。齊人遷陽（註六八）之類是。雖被強遷，只不過一國一二邑的人民，仍不失其國。

二、取田邑　這一類的例子，都是戰勝者將戰敗國的田邑奪爲己有。衞伐鄭，取廩延（註六九）。晉侯伐曹，魯取濟西田（註七〇）。秦伐晉，取武城（註七一）。楚伐鄭，取成（註七二）。狄侵晉，取狐厨、受鐸、涉汾及昆都（註七三）。齊侯取鄆（註七四）。其例極多。

三、滅國　取人田邑不過戰敗者失去一部分土地而已，還不至於亡國。滅國卻不然。齊師滅譚（註七五）。楚滅黃（註七六）。衞滅邢（註七七）。楚滅夔（註七八）。滅江，滅六（註七九）。楚、秦、巴滅庸（註八〇）。楚滅舒蓼（註八一）。晉滅赤狄、潞氏、甲氏（註八二）。楚滅舒庸（註八三）。莒滅鄫（註八四）。齊滅萊（註八五）。楚滅舒鳩（註八六）。楚、蔡、陳、許等國滅賴（註八七）。楚滅陳（註八八）。滅蔡（註八九）。晉滅肥（註九〇）。吳滅州來（註九一）。晉滅陸渾之戎（註九二）。滅鼓（註九三）。吳滅陳（註九四）。滅徐（註九五）。晉人使蔡滅沈（註九六）。鄭滅許（註九七）。楚滅胡（註九八）。

都是滅而俘其君以歸，或送其出境，不復有國的。楚師滅夔，以夔子歸。晉滅赤狄以潞子嬰兒歸。楚滅賴，賴子面縛銜璧，士袒輿櫬從之。滅蔡，以蔡世子歸。而用以祭神。晉滅肥，以肥子歸。鄭滅許，以許男歸。楚滅胡，以胡子歸。吳滅徐，徐子降，吳子送之，奔楚（註九九）。可為例證。

從上述諸例中，我們應該注意這時期所滅的國，除了陳、蔡、許外，都是所謂蠻戎夷狄各部落。可見滅中國諸侯，還是不許的，所以楚滅陳、蔡。隔了五年，復封陳，隔了二年，復封蔡，且歸陳、蔡太子之子，使仍爲侯。君子以爲禮（註一〇〇）。齊、魯、鄭滅許，以與鄭，鄭伯不敢以爲己有。使許大夫奉許叔以居許東偏，使復奉許社稷（註一〇一）第二次鄭滅許，雖以許男歸，而元公繼立（註一〇二）。

取人田邑，滅人之國後，如何？我們曉得不外乎以之與他國諸侯，及他國或本國大夫。以下諸事可爲範例。晉侯率諸侯伐曹，分其所侵地於諸侯，以濟西田與魯（註一〇三）。齊、鄭、魯伐許，以許讓魯，魯辭不受，以與鄭（註一〇四）。晉滅偪陽，予宋向戌，向戌辭，乃予宋公（註一〇五）。楚子木滅舒鳩，楚子以賞子木，子木辭，以爲先大夫蔿子之功，乃賞蔿掩（註一〇六）。晉武公滅荀以賜大夫原氏黯（註一〇七）。

取人田邑，滅人之國，或復封其君，或以之封與臣下，是最重要的現象。是春秋時代雖然戰伐侵略頻繁到極點，而封建制度仍未全然崩潰的因子，無疑地只不過換了新的主人而已。封邑主對於在下的土地人民，及在上的更大的封邑主，仍發生封建的關係。

他可以享受土地上的生產，人民所納賦役，他對在上的主人有供給兵役的義務。留心觀察一下，便知道戰國以後戰爭奪取的情形，顯然有了很大的差異。

第一、諸侯的兼併熱度已達到了頂點，不管是同姓異姓，不管是王室所封，或是僭位為君，只要力所能及，便加以呑滅，雖對王室也無所顧忌，毫不客氣的一一攫為己有。復封其君的故事，不再發生了。

宋景公滅曹	周敬王三三年
楚惠王滅陳	敬王四一年
越王勾踐滅吳	元王三年
楚惠王滅蔡	貞定王二二年
楚惠王滅杞	貞定王二四年
楚簡王滅莒	考王十年
田和代齊	安王十六年

韓魏趙代晉　安王二六年

韓哀侯滅鄭　烈王元年

楚威王滅越　顯王三四年

秦惠王滅衞　愼靚王元年

齊湣王與魏楚伐宋而分其地　赧王二九年

秦昭王滅西周

秦莊襄王滅東周

楚威烈王滅魯（註一〇八）

兼併的結果，於是成了秦、魏、韓、趙、楚、燕、齊七國的局勢。各國的野心有增無已，經過了一番努力，秦國終於滅六國而統一天下。

滅韓　秦始皇十七年

滅趙　十九年

滅魏　　二二年

滅楚　　二四年

滅燕　　二五年

滅齊　　二六年（註一〇九）

從以上兼併的事實來看，很明顯的各國已經悍然不顧封建政治下尊輔王室及諸侯不得相侵的戒條。次第剪滅，雖天子亦不免，終於造成了秦室統一天下的局面，打破了周初整個的封建制度。這便是我所要表明的戰國以來戰爭奪取與以前不同之一點。

但還有一點更重要的，是以政治的力量，直接來終止封建命運。這便是我所要解說的第二個差異。這差異是什麼？概括的說來，便是分封之停止。

我已經說過，在春秋時代，取人土地，仍以之分封與人的情形。然而我們應該同時注意到這種情形逐漸的變化。楚子敗陳，將以陳爲楚縣（註一一〇）。大約就是以爲縣，不封與人的意思。在戰國時代，這種變化更爲顯明而具體。晉六卿欲卑公室，盡滅宗家祁傒叔嚮之族，分其邑以爲十縣，令其子爲大夫（註一一二），而不以之封其子，可以想見。秦國很早，在武公十年時，伐邽冀戎，初縣之。十一年，縣杜鄭。厲公二十一年，縣頻陽。孝公十二年，併小鄉聚爲大縣，共三十一縣，並制定縣令之官（註一一二）。可以確定已以吏治縣。

此後滅國即以爲郡縣。惠文君十年，魏納上郡十五縣。十一年，縣義渠。後九年，滅蜀爲蜀郡。後十二年，滅楚漢中爲漢中郡。昭襄王二十一年，伐齊河東爲九縣。二十九年，取楚郢爲南郡。三十年，取巫郡及江南爲黔中郡。三十四年，秦與魏、韓上庸地爲一郡。三十五年，置南陽郡。四十四年，取韓南郡。莊襄王元年，以東西周爲三川郡。四年，攻上黨，置太原郡。始皇五年，拔魏二十城，置東郡。十七年，滅韓以爲潁川郡。十九年，滅趙以爲邯鄲郡。二十二年，滅魏以爲鉅鹿郡。二十四年，滅楚以爲楚郡。二十五年，降越君以爲會稽郡。二十七年滅齊爲瑯琊郡（註一一三）。

以上是秦有郡縣的一部分。始皇既統一天下，分爲三十六郡（註一一四）。郡各若干縣。縣有令，郡有守尉監（註一一五）。受皇帝命以治理郡縣。有秩而不食封。封建政治於是告終而代以法令由一統的郡縣制度（註一一六）。

始皇李斯之所以廢止分封，而厲行中央集權政策者，正是因爲鑒於自周以來諸侯跋扈，天子不能制的歷史，恐蹈其覆轍。所以丞相綰等，於平定六國後，請於皇帝道：「諸侯初破，燕、齊、荆地遠，不爲置王，毋以塡之。請立諸子，唯上幸許。」始皇使羣臣詳議。羣臣都贊成立王，只有廷尉李斯以爲不可。說道：「周文、武所封子弟同姓甚衆。然後屬疏遠，相攻擊如仇讎，諸侯更相誅伐，周天子弗能禁止。今海內賴陛下神靈一統，皆爲郡縣。諸子功臣以公賦稅重賜之，甚足易制，天下無異意，則安寧之術也。置諸侯不便。」始皇是有統一天下的雄心的，秦能兼併天下，便是受賜於分封割據，諸侯不受命於天子的局面，前鑒不遠，怎肯自取滅亡？所以聽了他的話，極以爲然，說道：「天下共苦戰鬬不休，以有侯王。賴宗廟天下初定，又復立國，是樹兵也，而求其寧息，豈不難哉？」（註一一七）於是決立郡縣。

第三節　商業經濟的興起

我在第六章封建階級內，曾提到弦高犒秦師晉師，及鄭桓公與商人「爾無我叛，我無強賈」互相盟誓的兩件故事，而感覺到春秋時代商人的地位及勢力，已經很可驚人。他們的勢力，因財富而更增加。子貢鬻財於曹衞之間，結駟連騎，束帛之幣，以聘享諸侯。所至，國君無不分庭以與之抗禮，致使孔子名揚於天下（註一一八）。可見當時貴族重視商人，互相結納。孔門弟子也不以商爲恥。范蠡是越國的大夫，在陶爲商而致鉅富，世稱陶朱公（註一一九）。更足證明不但貴族不輕視商人，就是爲貴族者，也不以身爲商人爲恥。

戰國以後，這種情形有加無已。名重一時聲勢煊赫的呂不韋，便是陽翟大賈。以貲財交納子楚，不但使子楚名重諸侯，得歸嗣位，自己也貴爲秦相，封文信侯，始皇尊爲仲父（註一二〇）。范蠡先爲越大夫，後爲商致富，齊人聞其賢，而以爲相（註一二一）。還可以說他本來是士大夫階級，呂氏則以商而爲相爲侯，以秉秦政。假使商人爲社會所輕視，他能從庶人階級爬上卿大夫階級嗎？「商工皂隸不知遷業」（註一二二）的限制，因商業的發達，商人勢力的膨脹，商人終於將他打破，而解放出來。

從以上諸例中，我們不但可以曉得當時商人與貴族間的聯絡；更重要的，便是貨幣經濟的產生。

在以前農民力役代耕，而不納賦稅的時候，我們可以相信在實物經濟自足社會之下，商賈只是貴族的私人，爲貴族到各處去尋求奇物巧貨。只是以貨易貨（弦高便是以牛十二到周去交易換貨）的原始交易。不能名之曰商業經濟。商人決不能富敵諸侯，而相抗禮。

到了貨幣經濟廣徧的使用以後，情形就不同了。子貢以幣帛驕諸侯，范蠡十九年中三致千金，積產至數千萬，散財後，積萬萬（註一二三）。呂不韋家累千金，以五百金予子楚，出爲交納諸侯。以五百金買奇物玩好，遊秦而得交華陽夫人（註一二四）等故事。都足看出當時貨幣的廣徧的使用。而貴族之所以不得不重視商人者，交納商人者，無非因爲看上了幣帛金銀。

那時商業繁盛，商業城市自然應運而生。史記上說陶爲「天下之中，諸侯四通，貨幣所交易也。」（註一二五）陶朱公便是在那地方做買賣，發了大財。

現在讓我們來看看貨幣及商業經濟對於其他制度的影響。

第四節　土地制度的改革

我已經說過代耕制纔是封建社會的典型生產方式，在這種生產方式之下，公田私田的區別是必須維持的。（見第四章「封建社會土地制度」及第七章第四節「平民之義務權利」）但這種實物經濟終於因商業的迫展，貨幣的運用，而發生了動搖，以至於根本消滅。

在春秋末年，魯宣公初稅畝（註一二六），季康子徵收田賦（註一二七），已經打破了代耕的制度。這完全由於貴族感到財用不足。有若請哀公行徹制。哀公說：「二吾猶不足，如之何其徹也？」（註一二八）很可以看出來。

這種現象在當時是普遍的，並不止於在魯國。李悝說，一夫有五口之家，耕田百畝，歲收每畝一石半，百畝共百五十石。除了十一之稅十五石外，其餘一百三十五石，每人每月食用一石半，五人每年便須食用九十石，只餘四十五石，每三十石粟合錢一千三百五十，除了社閭嘗新，春秋祠祀用錢三百外，只餘千五十。此外，衣服費每人需錢三百，五人每年便需一千五百。餘下來的錢，這樣一來，便不到四百五十了。死喪疾病及賦稅等用項，還不在內，難怪農夫常困，不歡於耕事（註一二九）。不但國家收入不足，在人民一方面，也不够開支。李悝盡地力的辦法，其詳不可知。到了秦用商鞅，具體的改革終於實現。這是應當時經濟需求的救濟方案，不過加以政治的力量，成爲法律罷了。這種改革是自然的結果，遲早必應運而生的。

商鞅變法的結果，第一是田制的改革。

他首先廢止公田制度，許人民私有土地，可以自由買賣，使土地商品化。所以史記、漢書都說改帝王之制，壞井田，開阡陌，民得買賣（註一三〇）。古代井田制的有無，雖是可辯論問題，但受田於公，不許買賣，卻無可疑問。而自商鞅變法以後，廢止公田制度，土地成爲私有，可以買賣，更無疑問。馬端臨引吳氏語云：「井田受之於公，毋得鬻賣，故『王制』：『田里不鬻』。秦開阡陌，遂得買賣。」（註一三一）

開阡陌是什麼？史記正義說：「南北曰阡，東西曰陌。」（註一三二）風俗通則云：「東西曰阡，南北曰陌。」兩說正相反。但或東西或南北，只是方向上的差別，無論如何，是田旁的小道，則無疑義。所謂開阡陌，簡單的說來，只是將田地間的空隙縮小，以盡地利而已。

商君和李悝持同樣的見解。看出一夫百畝的不足，他說：「今秦之地方千里者五，而穀土不能處二，田數不滿百萬。」（註一三三）又說：「畝五百足恃一役，此地不任也。方土百里出戰爭萬人者，數小也。」（註一三四）便是對於耕地不足，因而產穀不多，出卒不多的批評。

如果將所有的阡陌都闢爲田地，田畝數當然激增，而國家收入也可以銳增。蔡澤說：「決裂阡陌，以靜民生之業，而一其俗。勸民耕農利土，一室無二事。力田稸積，習戰陳之事。是以兵勤而地廣，兵休而國富。」（註一三五）朱熹也說商君「以急刻之心，行苟且之政。但見田爲阡陌所束，而耕者限於百畝，則病其人力之不盡。但見阡陌之占地太廣，而不得爲田者多，則病其地利之有遺。又當世衰法壞之時，則其歸授之時，不免煩擾欺隱之奸。而阡陌之地切近民田，又必有陰據以自私，而稅不入於公上者。是以一旦奮然不顧，盡開阡陌，悉除禁限，而聽民兼併買賣，以盡人力。開闢棄地，悉爲田疇，而不使有尺寸之遺，以盡地利。使民有田，即爲永業，而不復歸授，以絕煩擾欺隱之奸。使地皆爲田，而田皆出稅，以覈陰據自私之幸。」（註一三六）雖係推論，但極近情理，道出了商君開阡陌的用心。

商鞅新法顯然產生兩種現象：第一、便是小農場的經營。在公田時代，私田皆每人百畝，貴族公田所佔面積極多。所以詩經上有「亦服爾耕，十千維耦。」（註一三七）「千耦其耘」（註一三八）的詩句。秦時既打破了公田私田的區別，佔地極多的廣大的公田，自必以之分散於百姓。而散處各地極爲零碎狹小的阡陌，一經開闢後，無疑的也是極小的農場。所以在這時秦的法令是鼓勵人民分家的。禁父子兄弟同室內息（註一三九）。「民有二男以上，不分異者，倍其賦。」（註一四〇）在以前每夫百畝時代，八口五口之家，還可勉強過活。現在田場小，當然不行了。同時爲了國家收入計，也不容許二男同居。

還有一重要的現象，便是地主階級及無產階級的造成。這是法律許人民自由買賣田地以後必然的結果。貧民不能靠着區區的田地來維持生活，只有將田地賣給富人，而自己成爲富人的佃農。董仲舒說：「或耕豪民之田，見稅十五。故貧民常衣牛馬之衣，而食犬彘之食。」（註一四一）雖只寥寥數語，郤將秦用商鞅法以後的農民生活描畫入微。

買賣的結果使貧者益貧，而富者益富。所以班固說：「庶人之富者累鉅萬，而貧者食糟糠。」（註一四二）董仲舒說：「民得買賣，富者田連阡陌，貧者無立錐之地。」（註

（三）

隨着田制的改革，賦稅也和以前不同了。在公田制度之下，人民代耕而不納稅，到後來纔徵什一以至三分之一的田賦，這時的農民生活已經很苦了，但封建社會中，政治的領主即田地的主人，農民的義務只是對於他一人的。自從公田制破壞，政府從田地上徵收田賦以後，情形就不同了，在土地自由買賣兼併之下，不能立腳的只是那彎着腰在田地裏苦耕的農民，他們失去了從前賴以爲生的私田，生活驅使他們成爲佃農。那些在堂上高坐享樂的地主們呢，各人用盡方法去擴充他們的田地。總是貪得無厭的，雖然已經田連阡陌，富貴驕人；但一天到晚，還在那裏想發財，小地主想成爲大地主，大地主想成爲更大的大地主。對於貧苦無告的農民，不但不加以憐恤，反設法壓榨他們，役使他們，好增加自己的財富。他們對於國家田稅是不滿意的，他們實在捨不得從積滿利潤的私囊中，掏出一部分來給政府。他們很聰明，很巧妙的在農民的擔子上加上一塊石頭，於是農民一方面對於地主有更重的納租的義務，一方面對於國家有納稅的義務，而感受以前所未有的雙重壓迫，爲兩條殘酷的鐵鍊所束縛，日趨於貧苦，更擡不起頭來。對地主須納十分之五的地租（見稅十五），對國家的口賦，是以人爲單位的，擔負很重。董仲舒說：「田租口賦，鹽鐵之利，二十倍於古。」（註一四四）漢高祖入秦後，除秦暴政，輕田租，十五而稅一（註一四五）。都可證明秦代租賦率的苛重，和農民生活的貧苦。

【注　釋】

註　一　左，僖一五。

註　二　同上，桓一五。

註　三　同上，昭三二。

註　四　同上，僖二四—二五。

註　五　同上，昭二二—二六。

註　六　同上，隱六。

註　七　晉悼公八年，晉已有四軍。（同上，襄八）悼公十四年，始廢新軍仍爲三軍。（同上，襄一四）。

註　八　晉文公八年，作五軍以禦狄。(同上，僖三一）襄公五年，始舍二軍仍為三軍。(同上，文六）。

註　九　同上，成三。

註一〇　據蘇軾，春秋列國圖說，春秋提要：侵，六十；伐，二百十三；戰，二十三；襲，一，共二百九十七。參看梁鎮中，「戰伐侵例表第六」，春秋例表。

註一一　據春秋提要：盟，一百零九；會，九十七；共二百零六。參看樊非之，「會例表第三」；劉家惠，「盟例表第五」，春秋例表。

註一二　考史記，一四，「十二諸侯年表」；一五，「六國年表」；三一，「吳太伯世家」；三二，「齊太公世家」；四十，「楚世家」；四一，「越王句踐世家」，各國諸侯稱王之先後如次：

楚熊通稱武王　　周平王三十一年
吳壽夢始稱王　　周簡王元年
越句踐始稱王　　周敬王二十六年
齊田和滅齊稱威王　　周顯王十七年
秦惠文君稱惠王　　周顯王四十四年

自秦以後，諸侯莫不爲主。——史記四，「周本紀」。

註一三　竹書紀年，「晉紀」；史記，五，「秦本紀」，六，「始皇本紀」，「六國年表」。

註一四　左，僖三一。

註一五　公羊，昭二五，子家駒語。

註一六　魯襄公三九年，晉人徵朝於鄭，——見左傳。

註一七　襄公四年，魯襄公如晉聽政。——同上。

註一八　「范宣子爲政，諸侯之幣重。鄭人病之，子產寓書於子西以告宣子曰：『子爲晉國，四鄰諸侯，不聞令德，而聞重幣，僑也惑之。僑聞君子長國家者，非無賄之患，而無令名之難。夫諸侯之賄，聚於公室，則諸侯貳。若吾子賴之，則晉國貳。諸侯貳，則晉國壞，晉國貳，則子之家壞。何沒沒也？將焉用賄！……』宣子說，乃輕幣。」——同上，襄二四。

韓宣子爲政……魯不堪晉求。子產答士匄云：「以敝邑褊小，介於大國，誅求無時，是以不敢寧居，悉索敝賦，以來會時事。」——同上，三一。

註一九　鄭人執王使伯服，游孫伯。——同上，僖二四。

註二〇　晉人圍郊——春秋，昭二三。據公羊，郊爲天子之邑。

註二一　王奪鄭伯政，鄭伯不朝，王率諸侯伐之，鄭伯禦王，交鋒的結果，王卒大敗，祝聃射王傷肩。——左，桓五。

註二二　「周本紀」。

註二三　同上。

註二四　同上。

註二五　同上。

註二六　同上。

註二七　左，襄一〇。

註二八　論語，「八佾」。

註二九　左，昭三。

註三〇　同上，隱元。

註三一　穀梁，襄三。

註三二　公羊，襄一六。

註三三　左，僖九。

註三四　國語，「晉語二」。

註三五　「齊太公世家」；史記，四六，「田敬仲完世家」。

註三六　左，襄三。

註三七　同上，僖二八。

註三八　同上，昭二五—三二。

註三九　據春秋，卿大夫弑君之例如下：（此外爲世子、公子、國人及閽盜所弑者不列。）

衞州吁弑其君完。（閔公）——隱四。

宋督弑其君與夷。（殤公）——桓二。

齊無知弑其君諸兒。（莊公）據左傳，實齊大夫連稱，管至父所弑，因公子無知以作亂，弑莊公後，奉無知爲君。所以春秋以無知爲禍首。——莊六。

宋萬弑其君捷。（閔公）——莊一二。

晉里克殺其君之子奚齊。按晉獻公卒，以奚齊託荀息，使輔之爲君。是里克所弑爲其君。春秋所以言殺其君之子，據左氏的解釋，「未葬也。」是因爲獻公還未安葬，所以不稱君。——僖九。

晉里克弑其君卓。——僖一〇。

晉趙盾弑其君夷皐。（靈公）按靈公實趙穿所弑。趙盾是時爲正卿，因見惡於靈公，出奔，得着公被弒的消息又回來了。太史董狐書曰：「趙盾弒其君」以示於朝。盾加以否認。太史說：「子爲正卿，亡不越竟，反不討賊，非子而誰？」孔子稱董狐爲古之良史，所以春秋因之。——宣二。

陳夏徵舒弒其君平國。（靈公）——宣一〇。

晉弒其君州蒲（厲公）。按公實晉大夫欒書，中行偃使程滑所弒，春秋託言國人所弒者，據杜註，「不稱臣，君無道。」實不可信，試思晉靈公何嘗有道？何以仍稱臣弒君？大約是晉以國人弒公赴於魯，而孔子據以記之。——成一八。

齊崔杼弒其君光（莊公）。——襄二五。

衞甯喜弒其君剽（殤公）。——襄二六。

齊陳乞弒其君荼。——哀六。

註四〇　「六國年表」。

註四一　左，昭五。

註四二　史記，三九，「晉世家」。

註四三　參看左傳，定一二；史記，三三，「魯周公世家」；四七，「孔子世家」。

註四四　「魯周公世家」。

註四五　「晉世家」。
註四六　「魯周公世家」。
註四七　參看史記，「晉世家」；四三，「趙世家」；四四，「魏世家」；四五，「韓世家」。
註四八　「齊太公世家」；「田敬仲完世家」。
註四九　公羊，穀梁，定八。
註五〇　魯定公七年，齊人歸鄆及陽關，陽虎居以爲政。——左傳。
註五一　「陽虎專季氏，季氏專魯國。」——公羊，定八。
註五二　左，定六。
註五三　同上。
註五四　左；公羊，定八。
註五五　論語，「季氏」。
註五六　左，僖九。
註五七　同上，僖二五；國語，「周語中」。
註五八　孟子，「告子下」。
註五九　論語，「季氏」。

註六〇　據春秋提要。
註六一　公羊，莊元，十。
註六二　穀梁，莊一〇，僖元。
註六三　左，僖元。
註六四　同上，成一五。
註六五　同上，昭九。
註六六　春秋，左，莊一〇。
註六七　左，莊元。
註六八　同上，閔二。
註六九　同上，隱元。
註七〇　同上，僖三一。
註七一　同上，文八。
註七二　同上，宣六。
註七三　同上，僖一六。
註七四　同上，昭四。

註七五　同上，莊十。
註七六　同上，僖一二。
註七七　同上，僖二五。
註七八　同上，僖二六。
註七九　同上，文四，五。
註八〇　同上，文一六。
註八一　同上，宣八。
註八二　同上，宣一五，一六。
註八三　同上，成一七。
註八四　同上，襄六。
註八五　同上，襄六。
註八六　同上，襄二五。
註八七　同上，昭四。
註八八　同上，昭八。
註八九　同上，昭一一。

註九〇　同上，昭一二。
註九一　同上，昭一三。
註九二　同上，昭一七。
註九三　同上，昭二二。
註九四　同上，昭二四。
註九五　同上，昭三〇。
註九六　同上，定四。
註九七　同上，定六。
註九八　同上，定一四。
註九九　俱見左傳，年代詳前。
註一〇〇　左，昭一三。
註一〇一　同上，隱一一。
註一〇二　同上，定六，林註。
註一〇三　左，公羊，僖三一。
註一〇四　左，隱一一。

註一〇五　同上，襄十。

註一〇六　同上，襄二五。

註一〇七　竹書紀年，五，「晉紀」。

註一〇八　詳見「周本紀」，「秦本紀」，「十二諸侯年表」，「六國年表」，「吳太伯世家」，「齊太公世家」，「周公世家」，「管蔡世家」，「陳杞世家」，「衞康叔世家」，「宋微子世家」，「楚世家」，「越王句踐世家」，「鄭世家」。

註一〇九　詳見「秦本紀」，「秦始皇本紀」，「六國年表」，「燕召公世家」，「楚世家」，「趙世家」，「魏世家」，「韓世家」，「田敬仲完世家」。

註一一〇　左，宣一二。

註一一一　「晉世家」。

註一一二　史記，「六國年表」，及六八，「商君列傳」，俱云三十一縣。「秦本紀」，則云四十一縣，玆從前者。

註一一三　參看「秦本紀」；「始皇本紀」，「十二諸侯年表」，「六國年表」，「燕召公世家」，「衞康叔世家」，「楚世家」，「趙世家」，「魏世家」，「韓世家」，「田敬仲完世家」；漢書，二八上，「地理志上」；王國維，「秦郡考」，「觀堂集林」，卷一二，頁八一一二，王忠慤公遺書初集。

按王氏云：「惠文君後九年，司馬錯伐蜀，滅之，秦于是更有蜀郡。」查漢書「地理志」亦稱蜀郡爲秦所置。攷之史記，「秦本紀」及「六國年表」，雖只云司馬錯滅蜀，並不曾說取以爲郡，但自納魏上郡後，滅國卽以爲郡縣，蜀當不能例外。同樣的道理，趙爲秦所滅，史記上雖不曾說以爲郡縣，也不會例外的。魏齊之爲郡縣，「魏世家」及「田敬仲完世家」上各有記載，只郡名略而未書，玆據漢書「地理志」斷爲邯鄲、鉅鹿、琅琊三郡。

本章所記秦郡縣只限於有年代可稽的，實數決不止此。王國維「秦郡攷」極爲詳盡，可參閱。

註一一四　「始皇本紀」。

註一一五　同上。

註一一六　「始皇本紀」，王綰、馮劫、李斯傳。

註一一七　「始皇本紀」。

註一一八　史記，一二九，「貨殖傳」，子貢列傳。

註一一九　同上，「范蠡傳」。

註一二〇　同上，八五，「呂不韋列傳」。

註一二一　「越王句踐世家」。

註一二二　左，襄九。

註一二三　「越王句踐世家」，「貨殖傳」，范蠡列傳。據「越王句踐世家」，裴駰集解引徐廣語，「貲累巨萬」爲萬萬。

註一二四　「呂不韋列傳」。

註一二五　「貨殖傳」，范蠡列傳。

註一二六　左，宣一五。

註一二七　同上，哀元；國語，「魯語下」。

註一二八　論語，「顏淵」。

註一二九　漢書，二四上，「食貨志上」。

註一三〇　「秦本紀」，「商君列傳」；漢書，二四上，「食貨志上」，班固及董仲舒語。

註一三一　文獻通攷，一，「田賦攷」。

註一三二　史記，「商君列傳」，張守節正義。

註一三三　商子，四，「來民第十五」。

註一三四　同上，二，「算地第六」。
註一三五　史記，七九，「范雎蔡澤列傳」，蔡澤傳。
註一三六　朱熹，開阡陌辯。
註一三七　詩，「周頌」，「臣工之什」，「噫嘻」。
註一三八　同上，「閔予小子之什」，「載芟」。
註一三九　「秦本紀」。
註一四〇　「商君列傳」。
註一四一　漢書，二四上，「食貨志上」。
註一四二　同上。
註一四三　同上。
註一四四　同上。
註一四五　同上。

結論

假如我們以整個的眼光來看，便會發現封建社會的形成是逐漸的，並不是突然的。其間包含經濟、政治、社會，各種結構全部的轉變。僅有一種結構的轉變，還只是部分的，不能說封建社會已經完成，只能說是正在形成的途中而已。

所以根據上述的眼光，及古代文獻，我以周代爲封建社會完成的時期。以經濟制度而言，周代已經完全進展到農業經濟，土地關係成了一切組織的中心。以政治制度而言，周初纔舉行大規模的封建制度。原有的部落，有的仍然存在，多數的則不免於周民族的窺覦裂割，成了分封的局面。

諸侯以下又有卿大夫，是受諸侯之封而有封邑的。這種層層分封以相統屬的關係，是封建政治的特點。

以社會制度而言，階級和宗法是兩個極重要的組織。

從天子到士，都屬於貴族階級，是役使百姓，食於百姓的特權階級。士農工商四民中，農民的義務最重要。他們代主人耕種田地，他們須以時獻納各種食用物品，他們有隨時應主人召使，擔任各種工役兵役的義務。而他們所得的報酬，只是從主人那裏得來一方田地以爲生活，以及從主人那裏得到一些保障而已。

封建社會中階級極其固定。這種固定自然是爲了藉以鞏固及維持貴族在他所在階級中所應享的權利，及平民對於在上階級所應負的義務，藉以使庶民奴隸永遠在他們的腳下爲他們服役。

爲了嚴密的維持，及免得混淆起見，所以不但特權階級和非特權階級截然的處在對立的地位，永沒有直接接觸的機會。就是特權階級中也有細密的劃分，各階級的權利義務都不一樣，而所用禮儀服飾也各不相同，不容僭越。

宗法組織也是由於維持封建制度應運而生的。爲了維持封邑或國土的完整，爲了維持封邑主或國君行政上的完整，便只有宗子能一系相承。沒有宗子，纔能旁及其他嫡子或庶子。

講到封建的崩潰，正和封建的形成一樣。其程序是逐漸的，而不是突然的。春秋時代已呈崩潰的現象，但一直到秦統一天下纔全盤的將封建制度推翻。其間經過階級的破壞，兼併的盛行，商業經濟的興起，及土地制度的改革。這些現象，在春秋戰國已經是不可避免的事實，是自然的發展，不過經秦國加以政治力量的結束而已。秦國若不如此，遲早總有一國會這樣的結束了封建制度，而代以中央集權的國家。

里 仁 書 局

台北市仁愛路二段 98 號 5 樓之 2

電話：3913325・3517610・3213487

傳眞：3971694

郵政劃撥：01572938「里仁書局」帳戶

LE JIN BOOKS LTD.

5 F-2, No. 98, Jen Ai Road, Sec. 2,

Taipei, Taiwan, R. O. C.

⑧中正紀念堂——中國音樂書房。

⑨陽明山——☆逸民書局。

淡水：☆驚聲書城（淡江大學內）、知書房（英專路、水源路二段）。

基隆：育德書局。

新莊：☆文興書坊。

新竹：古今集成文化公司、☆水木書苑（清大）、☆全民書局（竹師院）、十月書局。

台中：☆新大方書局、☆五楠圖書公司、☆主恩書房（東海別墅）、☆東海書苑（東海別墅）、☆寶山文化公司、敦煌書局（逢甲大學、東海大學、靜宜大學）、興大書齋、明還書屋、晶華書局。

彰化：復文書局（彰師大）。

嘉義：大人物書店、☆復文書局（中正大學內）。

台南：南一書局、☆成大書城、敦煌書局、超越書局。

高雄：☆復文書局、光統圖書百貨公司、☆宏總圖書大賣場、☆開卷田書店、☆高師大圖書文具部、☆中山大學圖書文具部。

屏東：復文書局。

花蓮：瓊林圖書公司、花師院圖書文具部、☆東華大學東華書苑。

台東：台東師範圖書文具部。

〔全省各地金石文化廣場〕

①中國佛寺詩聯叢話　董維惠編著　25開精裝三大冊　特價2000元(83)

②靈泉心語（基督教）　劉蓉蓉著　25開精裝　特價300元(83)

十二、新聞

①一勺集（一個新聞工作者的回憶）　耿修業著　25開精裝特價400元　平裝300元(81)

十三、人生管理系列

①敢於夢想的女人　吳娟瑜著　25開平裝　特價180元(85)

本書局全省經銷處

（有☆符號者書較齊整）

台北市：

①重慶南路——☆三民書局、☆書香林、☆建宏書局、☆建弘書局、文翔圖書公司、光統圖書百貨、☆建弘書局（火車站前）。

②台大附近——聯經出版公司、☆唐山出版社、☆施雲山（曉園出版社前）、☆百全圖書公司、結構群出版社。

③師大附近——☆學生書局、☆師大書苑、☆藍燈文化公司、☆樂學書局（金山南路）。

④延平南路（東吳大學城區部附近）——漢興書局。

⑤復興北路（民權東路口）——☆三民書局。

⑥木柵——☆政大書城。

⑦士林東吳大學——☆東吳大學圖書部（漢珍書店）。

開精裝三冊　特價1000元(73)

④彩畫本水滸全傳校注　李泉・張永鑫校注　戴敦邦等挿圖　25開精裝三大冊　特價1200元(83)

⑤三國演義校注　吳小林校注　附地圖　25開精裝二大冊特價700元(83)

⑥西遊記校注　徐少知校　朱彤・周中明注　25開精裝三冊　特價1000元(85)

⑦紅樓夢民俗趣語　高國藩著　25開平裝　特價200元(85)

⑧中國小說美學　葉朗著　25開平裝　特價200元(81)

⑨魯迅小說史論文集（中國小說史略及其他）　25開精裝特價350元(82)

⑩聊齋誌異研究　楊昌年著　25開平裝　特價200元(85)

⑪紅樓夢的語言藝術　周中明著　25開平裝　排校中

八、語言文字學

①漢語音韻學導論　羅常培著　25開平裝　特價130元(71)

九、社會

①中國法律與中國社會　瞿同祖著　25開平裝　特價200元(73)

②中國文化與中國的兵　雷海宗著　25開平裝　特價200元(73)

十、藝術

①中國繪畫理論　傅抱石著　25開平裝　特價160元(74)

②石鼓奇緣　沈映冬著　25開平裝　特價170元(84)

③于右任尋碑記　沈映冬著　25開平裝　特價200元(85)

十一、宗教

元(84)

②牡丹亭　湯顯祖著　徐朔方等校注　25開平裝　特價200元(84)

③長生殿　洪昇著　徐朔方校注　25開平裝　特價180元(85)

④桃花扇　孔尚任著　王季思等校注　25開平裝　特價180元(85)

⑤舞臺生涯　梅蘭芳述　許姬傳記　25開平裝　特價250元(68)

⑥王國維戲曲論文集（宋元戲曲考及其他）　25開精裝　特價350元(82)

⑦崑劇曲譜新編　江蘇省崑劇院編　25開平裝　再版中

⑧王驥德論曲斠疑　楊振良著　25開平裝　特價200元(83)

⑨歷代曲選注　朱自力・呂凱・李崇遠選注　25開平裝　特價250元(83)

⑩琵琶記的表演藝術　蔡孟珍著　25開平裝　特價160元(84)

⑪傳統戲曲的現代表現　王安祈著　25開平裝　特價200元(85)

⑫詞曲選唱　王正來・蔡孟珍・趙堅主唱　盒裝二卷　特價300元(85)

七、小說

①中國神話傳說　袁珂著　25開平裝三冊　特價480元(83)

②山海經校注　袁珂著　25開精裝　特價400元(83)

③革新版彩畫本紅樓夢校注　馮其庸等注　劉旦宅畫　25

②歷代詞選注（附「實用詞譜」、「簡明詞韻」） 閔宗述·劉紀華·耿湘沅選注 25開平裝 特價450元(82)

③唐宋詞格律 龍沐勛著 25開平裝 特價160元(84)

④倚聲學（詞學十講） 龍沐勛著 25開平裝 特價170元(85)

⑤唐詩選注 歐麗娟選注 25開精裝 特價500元(84)

⑥鬘華仙館詩鈔 曾廣珊著 25開平裝 特價160元(75)

⑦陳季三先生遺稿 25開平裝 特價200元(83)

⑧海綃翁夢窗詞說詮評 陳文華著 25開平裝 特價250元(85)

⑨珍帚集（古典詩集） 陳文華著 25開平裝 特價160元(85)

㈡中國近代學人文集

①聞一多全集㈠ 神話與詩 25開精裝 特價400元(82)

②聞一多全集㈡ 古典新義 25開精裝 特價400元(85)

五、文學研究

①文心雕龍注釋 周振甫注 25開精裝 特價450元(73)

②中國文學家傳 王保珍著 25開平裝 特價150元(82)

③說詩晬語論歷代詩 朱自力著 25開平裝 特價200元(83)

④中國散文美學 吳小林著 25開平裝 特價320元(84)

⑤韓柳古文新論 王基倫著 25開平裝 特價200元(84)

⑥碩堂文存三編 何廣棪著 25開平裝 特價200元(84)

六、戲曲

①西廂記 王實甫著 王季思校注 25開平裝 特價170

⑪中國近三百年學術史（附：清代學術概論） 25開精裝 特價400元⒁

二、中國歷史

①秦漢方士與儒生 顧頡剛著 25開平裝 特價140元⒁

②國史論衡㈠ 鄺士元著 25開精裝 特價400元⒁

③國史論衡㈡ 鄺士元著 25開精裝 特價400元⒁

④中國經世史稿 鄺士元著 25開精裝 特價400元⒁

⑤中國學術思想史 鄺士元著 25開精裝 特價400元⒁

⑥中國近代史研究 蔣廷黻著 25開平裝 特價200元⑺

⑦中國上古史綱 張蔭麟著 25開平裝 特價170元⑺

⑧中國歷史研究法（正補編及新史學合刊） 梁啓超著 25開平裝 特價180元⒀

⑨蒙事論叢 李毓澍著 25開精裝 特價500元⒆

⑩中國史學名著評介 倉修良主編 25開精裝三冊 特價1200元⒀

⑪隨唐制度淵源略論稿・唐代政治史述論稿 陳寅恪著 25開平裝 特價170元⒆

⑫清代政事軍功評述 唐昌晉著 25開精裝三冊 特價1500元⒂

三、史籍新校（注）

①史記選注 韓兆琦注 25開精裝 特價500元⒀

四、詩文集

㈠詩詞

①人間詞話新注 王國維著 滕咸惠注 25開平裝 特價130元⒃

里仁叢書總目

下列價格八十六年十二月三十一日以前有效，超過此時限，請來信或電話詢問。

※①表內價格全係優待價（含稅），書後括號為初版年度（民國紀年）。

※②郵購四〇〇元以內者，另加郵資五〇元；四〇〇元以上郵資免費優待。

一、中國哲學・思想

①莊子釋譯　歐陽景賢・歐陽超釋譯　25開平裝二大冊　特價800元(81)

②莊子通・莊子解　王夫之著　25開平裝　特價160元(73)

③中國文化要義　梁漱溟著　25開平裝　特價170元(71)

④東西文化及其哲學　梁漱溟著　25開平裝　特價200元(72)

⑤焦循年譜新編　賴貴三著　25開精裝　特價500元(83)

⑥焦循雕菰樓易學研究　賴貴三著　25開精裝　特價500元(83)

⑦周易陰陽八卦說解　徐志銳著　25開平裝　特價160元(83)

⑧周易大傳新注　徐志銳著　25開平裝二冊　特價360元(84)

⑨周易新譯　徐志銳著　25開平裝　特價230元(85)

⑩晚明思潮　龔鵬程著　25開平裝　特價225元(83)

敢於夢想的女人 吳娟瑜 著

已出版，25開平裝，特價180元。

六朝情境美學綜論（經售） 鄭毓瑜 著

已出版，25開平裝，特價200元。

于右任尋碑記（經售） 沈映冬 著

已出版，25開平裝，特價200元。

故事產生的背景、經過，版本的演變，七十回本的出現等等；有精闢的見解，並自成完整的體系。

這是一本非常重要的《水滸》著作，但因出版於一九五七年，坊間很少流通，原出版者作家出版社亦早經改組，不再再版，殊爲遺憾。本局有鑑於此，特將原本景印，以貢獻士林。唯原書意識形態甚濃，請讀者留意。

已出版，25開平裝，特價180元。

金瓶梅詞話　蘭陵笑笑生　著

《金瓶梅詞話》是現存最接近作者原意的本子，它不僅保留了較多作者原創作的斧痕，也保留了大量的山東方言和市井行話。這部珍貴的「詞話」在中國銷聲匿跡了三百年後，才在民國廿年左右在山西被發現、被購藏、被影印。

由於「詞話本」的影印，帶動了新一波《金瓶梅》的研究風潮，時至今日，仍方興未艾，蔚然成爲「金學」。

「金學」雖然盛行，但好的「詞話本」卻很難買到，這毋寧是可憾之事。本局有鑑於此，今據聯經影傳斯年藏本景印，以貢獻士林。

已出版，25開平裝六冊，特價1500元。

珍帚集　陳文華　著

——古典詩集

已出版，25開平裝，特價160元。

曲的情形，更是耐人尋索。本專輯結合海峽兩岸聲譽卓著之學者專家，將古譜重新研訂，俾使愛好古典音樂者經由此卷傳世樂曲領略詞曲之美及傳統音樂精髓。隨本專輯所附工尺唱譜，可提供學術研究之用。

已出版，盒裝二卷共300元。

中國古代史籍校讀法　張舜徽　著

我們今天面對著浩如烟海的四部之書，都只能看成歷史材料來處理。問題是這麼繁多的書籍，怎麼去讀？如果不小心讀了錯誤的本子，文字有異同、有訛脫，便直接影響到歷史的眞相。

這本書是專爲解決以上問題而寫的。它有系統的探討校讀古書的基本條件、辨識版本的依據，以及讀書的方法和經驗；由於文字簡明扼要並多有心得，成書雖已近四十年，仍風靡不衰。

作者張舜徽先生爲中國文獻學家，其所著《中國歷史要籍介紹》、《中國文獻學》等書；質量之精與數量之多，很少人能望其項背。

已出版，25開平裝，特價180元。

水滸傳的演變　嚴敦易　著

在《水滸》研究中，關於故事傳說的時代背景、作品如何產生、各種版本之間的關係、作者的考證，等等問題，都是研究者至今仍在探討之中，還難做出結論的。

本書參考歷史文獻，有系統的探討歷史上的宋江，《水滸》

清代政事軍功評述　唐昌晉　著

本書作者以匡時濟世爲己任，寫作時一改通採紀傳體撰述各朝歷史之體例，而以事件、制度爲主，於事件之來龍去脈、制度之利弊得失，詳加評述；另一方面爲務求眞實，亦多方搜求史料，舉凡滿文老檔、官修實錄、在野名人札記、外國史料等，皆爲撰述本書之參考資料。

此外，凡歷史中當事人之言論，與戰陣中之應變措施具高度智慧者，亦一一採錄，故此書可視爲智慧寶庫，爲培育軍政領袖人才的最佳教材。

已出版，25開精裝三冊，特價1500元。

傳統戲曲的現代表現　王安祈　著

傳統戲曲現代化，是近年來學界與劇壇均熱心關注的重要議題。本書選擇了京、崑、川等不同劇種，或由理念入手，或論其實踐成果，爲戲曲的現代表現做出深入的觀察與剖析。

本書作者王安祈爲台大文學博士，現任清華大學中文系所教授，曾爲雅音小集、陸光劇隊、當代傳奇、果陀劇場編有劇作十餘部，連得四屆編劇金像獎，另獲金鼎獎、魁星獎、文藝創作獎等，並曾當選第十二屆十大傑出女青年。本書結合作者之學術專業與編劇心得，論述頗爲精要。

已出版，25開平裝，特價200元。

詞曲選唱　王正來・蔡孟珍・趙堅　主唱

中國古典詞曲令人百聽不厭，其中溶入民族音樂、古典戲多且質精，爲學界所推崇。

已出版，25開平裝，特價180元。

桃花扇　孔尚任 著　王季思・蘇寰中、楊德平 合注

「桃花扇」傳奇是孔尙任通過明末復社文人侯方域與秦淮名妓李香君的愛情故事，來反映南明一代興亡的歷史戲。

孔尙任一面繼承了我國戲劇善惡分明、愛憎強烈，「公忠者雕以正貌，奸邪者刻以醜形」的優秀傳統；一面盡可能的忠於歷史事實，使讀者不僅當作藝術作品欣賞，而且當作有切膚之痛的歷史事件來看待；這是「桃花扇」傳奇所以成爲我國戲曲史上一部劃時代的歷史戲的原因。

「桃花扇」傳世以來引起廣大讀者的共鳴，孔尙任因此與洪昇齊名，人稱「南洪北孔」。

已出版，25開平裝，特價180元。

海綃翁夢窗詞說詮評　陳文華 著

吳文英詞意象豐褥，筆法精嚴，論者每方之於詩中之李義山，索解原自不易。陳洵爲清末民初著名詞家，於夢窗詞境，深有造詣，撰《海綃說詞》，選取吳詞七十闋，箋其詞旨詞藝，爲讀吳詞者之津梁。本書乃就海綃所析，爲作詮評，於其是者詮之，否者評之，或可爲讀吳研陳者之一助也。

已出版，25開平裝，特價250元。

本書對詞學的各種基本問題，結合各體作品，進行了全面的闡述；對許多唐宋詞名篇的思想內涵和藝術手法也作了深入的分析。本書是龍先生晚年的著作，反映了他在詞學若干方面的最終見解和心得，對詞學研究者和唐宋詞愛好者有很高的參考價值。

已出版，25開平裝，特價170元。

聊齋誌異研究　楊昌年　著

楊昌年，筆名戈壁，國立臺灣師範大學國文系教授，主授現代文學、古典小說。著有《古典小說名著析評》等學術論著十餘種。

本書以里仁本篇章爲準，進行《聊齋誌異》之作品、主題意識與寫作手法之評析，旁及蒲松齡之生平、家世。全書共十二萬言，係作者多年研究之結晶，爲研究、欣賞聊作者理想之參考。

已出版，25開平裝，特價200元。

長　生　殿　洪昇　著　徐朔方　校注

《長生殿》是洪昇的代表作，在中國戲曲史上佔有重要地位，它使得洪昇成爲古代戲曲的重要作家之一。

《長生殿》寫的是以安史之亂爲背景的唐明皇、楊貴妃的故事，不僅把李、楊的愛情故事發展到前所未有的高度，同時也將故事巧妙的融入眞實的歷史劇中。它的愛情傳說和歷史主題兩者都有傑出的成就，値得吾人細細品味。

校注者徐朔方，杭州大學中文系教授，戲曲名家，著作量校者徐少知，里仁總編輯；注者朱彤，前安徽師範大學中文系教授；周中明，安徽大學中文系教授。

25開精裝三冊，特價1000元。已出版。

聞一多全集

朱自清　郭沫若　吳　晗　葉聖陶　編

聞一多先生是中國近代著名的詩人、學者和民主鬪士。

他的新詩非常講究節的勻稱和句的均齊，藝術至上的作風，頗影響當時和以後的詩壇。

但他的詩人時期很短。離開北平後，他轉而從事歷史和中國文學史的研究工作，對神話、周易、詩經、莊子、楚辭、唐詩下過很扎實的功夫。現在，我們就他已發表的文章看來，其眼光之犀利、考索之深博、立論之新穎，不僅前無古人，恐怕也要後無來者了。

聞先生之所以加入政治活動，是很激情、很浪漫的，我們可以從現有的演講稿中，看出他以天下國家爲己任的胸懷。

「聞一多全集」一套四冊，第一冊「神話與詩」已出版，25開精裝，特價400元。第二冊「古典新義」，已出版，25開精裝，特價400元。

倚　聲　學

龍沐勛　著

——詞學十講

龍沐勛（榆生）先生是近代詞學名家，其所撰《中國韻文史》、《唐宋詞格律》（已由本局出版）、《詞曲概論》和爲數甚夥的相關論文，早已蜚聲國際，爲士林所推崇。

錄〈寫眞〉、〈離魂〉，充滿無限深刻的古典浪漫之情。全部重新製作，畫面清晰、音質優美。

VHS共二卷一套，特價600元。已出版。

紅樓夢民俗趣語　高國藩　著

二百年來，《紅樓夢》給中國文化的影響是難以估計的，人們不僅喜愛它，並且引用它的語言，形成日常生活不可分割的一部份。

本書試圖從民俗的角度，來探討《紅樓夢》，從而揭示人生的眞諦、民俗的心音。

作者現任南京大學中文系教授，專攻敦煌民俗學以及敦煌民間文學，著有專書《敦煌曲子詞欣賞》、《敦煌民俗流變》等書，兼任江蘇省社會科學院特約研究員。

25開平裝，特價200元。已出版。

西遊記校注

吳承恩　著
徐少知　校　朱彤・周中明　注

吳承恩的《西遊記》不只是民間取經故事的集大成者，它更對原有的取經故事進行了巨大的加工、改造和提高，成就了一部高度藝術的神魔小說。

《西遊記》的刻本以「世德堂本」爲最早，但「世德堂本」所據以翻刻的祖本却較「李卓吾評本」的祖本爲晚。新校本即以崇禎《李卓吾先生批評西遊記》爲底本，以「世德堂本」爲主要對刊本，並參校「眞詮本」、「新說本」等，作分段、標點、詳注。

使廣大讀者能夠正確地認識陰陽八卦，掌握基本原理和方法。

25開平裝，特價160元。已出版。

韓柳古文新論　王基倫　著

韓柳為中唐古文家，其作品能反映民生，寄寓山川，諷喻現實，具有別開生面的藝術成就。

本書試圖在前人研究的基礎上，由外在宏觀而至作品之微觀，冀能運用文體學觀念，討論韓愈如何將詩之情韻融入古文作品的問題；運用選集分類批評觀念，瞭解韓柳古文擅長之作有那些；運用文法與修辭學觀念，探究韓柳古文的助詞用法，分析其寫作原則及變化之美；運用風格學觀念，探究韓愈古文陽剛風格之形成及其特色；運用美學觀念，討論韓柳古文的社會美、自然美和藝術美的美學價值。

著者王基倫，國立臺灣師範大學文學碩士，國立臺灣大學文學博士，現任教國立臺北師院語文學系。

25開平裝，特價200元。已出版。

崑曲《牡丹亭》版權錄影帶

——大陸首屆戲劇梅花獎得主張繼青主演

我國古典戲劇薪傳迄今，惟崑曲最存典麗；目前大陸六大崑劇院，當以南崑、上崑為優。

南崑劇院之名譽院長張繼青女士，執古典戲劇牛耳，歐洲劇壇並譽為「世界五大女優」之一，乃中共國寶級之戲劇藝術家。

本錄影帶第一卷收錄〈遊園〉、〈驚夢〉、〈尋夢〉，第二卷收又不能完全割裂。

本書即從上述實際出發進行注釋，並對其哲學思想作出了相應的評價。通過注釋全文，力圖揭出其間的通例，尋求各部份之間的內在聯繫，以方便讀者了解。

已出版，25開平裝二冊，特價360元。

周易新譯　徐志銳　著

《周易》具有獨特的風格和章法體例。因此，單純的文字訓解未必能見其精髓，而其思想眞意則常常要靠現象去仔細領會。文字翻譯往往會顧此失彼。

本書係作者《易傳今譯》和《易傳解讀》兩書的修訂合刊本。其特點是文字簡明易懂，並作必要的注釋；象與理並重，但點到爲止，不作引伸發揮。應該可以爲初學的人起著舖石引路的作用。

本書與作者另著《周易陰陽八卦說解》、《周易大傳新注》，三書雖各有側重，但構成一個系列，可以相互參閱。

已出版，25開平裝，特價230元。

周易陰陽八卦說解　徐志銳　著

這是一部通俗、曉暢、明快的說解《易經》中「陰陽八卦」的書。

「陰陽八卦」是易學中的精髓，內含許多博大精深的道理，長期以來，在群衆中具有廣泛的影響。但是，深奧的「陰陽八卦」的基本原理和方法往往困擾廣大讀者，不易弄懂。

本書以精煉的語言，深入淺出地對陰陽八卦進行了說解，

版權新著簡介

以下各著作物已取得原著作人授權或委託里仁書局出版，請尊重智慧財產權，不要翻印：《周易大傳新注》、《周易新譯》、《周易陰陽八卦說解》（以上徐志銳著）、《韓柳古文新論》（王基倫著）、《崑曲牡丹亭版權錄影帶》(張繼青主演)、《西遊記校注》(徐少知校、朱彤、周中明注)、《倚聲學》(龍沐勛著)、《聊齋誌異研究》（楊昌年著)、《長生殿》（徐朔方校注)、《桃花扇》(王季思等校注)、《傳統戲曲的現代表現》(王安祈著)、《詞曲選唱》（王正來·蔡孟珍·趙堅主唱)、《海綃翁夢窗詞說詮評》(陳文華著）等。

以下各書著作權雖已消失，但經本書局重排，擁有排版權：《田園詩人陶潛》（郭銀田著)、《朱元璋傳》（吳晗著)。

以下各書已無版權，影印以貢獻士林：《聞一多全集》、《中國古代史籍校讀法》（張舜徽著)、《水滸傳的演變》（嚴敦易著)、《金瓶梅詞話》（蘭陵笑笑生著）等。

周易大傳新注　徐志銳　著

《周易》古經成書於殷周之際，是一部占辭匯編；《周易大傳》成書於戰國末期，是一部哲學著作。二者相距七、八百年，時代不同，性質也不同。

將《經》、《傳》混爲一談，看不到二者的差別；割斷《經》、《傳》，《傳》就成了無本之木，看不到它思想內涵的發展淵源。因此，《經》與《傳》，既有區別又有聯繫，既不能完全等同，

國家圖書館出版品預行編目資料

中國封建社會／瞿同祖著. --初版.
--臺北市：里仁，民73
面；　公分
ISBN 957-9113-93-9（平裝）

1.封建政治

541.92　　86003806

瞿同祖著
中國封建社會
校對：楊正翠・粘子瑛・謝寶蓮・陳美倫
發行人：徐　秀　榮
發行所：里　仁　書　局
局版台業字第二〇九六號
台北市仁愛路二段98號五樓之2
電話：3913325，3517610
FAX：3971694
印刷所：琦海印刷有限公司
郵政劃撥：01572938「里仁書局」帳戶
中華民國七十三年六月二十日初版
中華民國八十六年四月十五日初版三刷

參考售價：平裝300元
ISBN 957-9113-93-9（平裝）